상황화
선교신학

상황화
선교신학

이수환 지음

KSI 한국학술정보㈜

서 문

　21세기 세계 선교는 아직도 미완성의 과제로 남아 있다. 오늘날 복음화되지 않은 종족들이 많기 때문에 미전도 종족(unreached people group) 선교가 21세기 추세이다. 특히 이슬람 국가나 불교 국가, 인도와 이스라엘, 그리고 북아프리카는 아직도 기독교를 거부한다. 이러한 21세기 선교의 국제적 상황 속에서 세계 선교는 백인 선교사 중심에서 다국적 선교사 중심으로 점차적으로 변하고 있다.1) 특히 많은 비서구 선교사들이 서구 선교회에서 활동하고 있는데, 많은 한국 선교사들은 이러한 선교단체에 동참하고 있다. 기독교가 가장 연약한 지역은 아시아로 세계 선교사의 35%를 차지한다. 또한 한국 교회의 선교신학(Theology of Mission)이나 선교정보 역시 동일한 상황이라고 본다. 이제 세계 선교는 다양한 선교전략을 가지고 있어, 일부 나라들은 인터넷을 제한하고 감시하지만 인터넷은 국경을 초월한다는 장점이 있기 때문에 정보의 공유로 인해 독재 사회도 변화의 압력에 직면했지만 외부의 바람이 몰래 안방으로 들어갈 수 있다.2) 그래서 IT가 발달된 나라마다 안방에 앉아서 아프리카나 아시아 오지의 사람들에

---

1) 전호진, "21세기 상황에서 복음과 선교", 『성경과 신학』 제42권 (2007, 4월), 15.
2) 전호진, "21세기 상황에서 복음과 선교", 15~16.

게 인터넷으로 선교하는 시대가 되었다.[3]

아울러 문화의 활동이 선교에 영향을 미치는 시대로 한국 경제와 선교는 한류 열풍을 톡톡히 보고 있다. 그러나 이보다 더 위력을 발휘한 것은 2004년 미국 영화 "더 패션 오브 더 크라이스트(The Passion of The Christ)"로 심지어 중동 국가마저 그 영화를 보고 많은 무슬림들이 울었다고 한다. 그들의 선교지에서 주도적으로 회심시키는 사람들이 선교사들이다.[4] 이 시대에 선교사들은 급속도로 변해 가는 문화적 상황 속에서 사람들에게 계시된 보편주의(Universalism)에 입각한 복음을 전하도록 지상위임령(the Great Commission)을 받았다.

그래서 모든 목회자와 선교사가 고민하는 가장 중요한 문제들 중에 하나가 있는데, 그것은 다문화주의(Multiculturalism)로 인해 사람들이 자신의 문화적 상황에서 영향을 받은 다양한 방식에 대한 자신의 세계를 구성한다는 사실을 어떻게 다룰 것인가 하는 인식이다.[5] 이

---

3) 인터넷을 접속하는 사람들은 밥은 굶어도 인터넷은 꼭 해야 한다고 말한다. 우리는 이메일(E-mail)을 확인하지 않으면 무언가 허전하다는 인터넷 시대에 살고 있다.

4) 지금 많은 이슬람 국가에서 선교사들과 MBB(Muslim Background Believer), 즉 모슬렘 출신 신자들은 모슬렘 전도에 효과적인 도구로써 꾸란과 성경을 잇는 연결다리를 건축하고 있다. 모슬렘에게 친숙한 용어로 된 성경과 전도지, 그리고 '예수' 영화 상영, 모슬렘 청취자를 위한 라디오 복음방송, 성경카세트 배포, 모슬렘 구도자를 위한 채팅룸과 웹 사이트 등이 오늘날 모슬렘 전도에 사용되는 도구들이다. 특히 어떤 복음 전도자는 현지어로 된 꾸란을 구입하여 직접 배포하기도 한다. 그 복음 전도자는 모슬렘들이 코란을 읽기 원했던 것이다. 왜냐하면 무슬림들이 꾸란을 직접 읽으면서 느끼는 절망감이 오히려 복음의 진리를 더욱 탐구하도록 만들기 때문이라고 한다. 1993년부터 미국 침례교 국제선교부를 섬기며, 16년 동안 남아시아 모슬렘 선교 사역을 한 케빈 그리슨(Kevin Greeson)은 구체적으로 이러한 절망감의 원인에 대하여 말하기를, "사우디아라비아 국왕 킹 화드(King Fahd)는 1984년에 아랍어로 쓰인 꾸란을 모슬렘들이 사용하는 모든 언어로 번역하도록 허락하였다. 아랍어로 된 꾸란 만이 유일하다는 고집으로 이맘들은 막강한 권력을 소유하여 그들의 추종자를 마음대로 조종했었다. 그러나 이제 평신도 모슬렘들이 자국의 언어로 꾸란을 읽게 됨으로써 이맘들이 저지른 수많은 곡해들이 만천하에 드러나게 되었다. 그동안 예수와 성경에 대하여 반 기독교적으로 가르쳐 왔던 것들이 꾸란 원전에는 전혀 기록되지 않았다는 것을 모슬렘들이 알게 된 것이다. 그래서 이 때문에 많은 모슬렘이 그들의 종교 지도자인 이맘의 정직성과 인품에 의문을 품게 되었다. 신뢰를 잃은 것은 이맘뿐이 아니었다. 꾸란 경전 자체에도 치명적인 오류가 내포되어 있음이 여실히 드러났다. 모슬렘들이 모국어로 꾸란을 읽게 되면서 그동안 자신들이 알고 있던 지식이 얼마나 편협했는지를 직접 확인하게 되었다."라고 하였다. Kevin Greeson, 『모슬렘을 위한 낙타 전도법』, 이명준 역(서울: 요단출판사, 2009), 68-70.

5) Paul G. Hiebert, *Anthropological Reflections on Missiological Issues*(Grand Rapids: Baker Book House,

렇게 상황화의 문제는 선교지에서 실제적인 문제이다. 그것은 선교신학자들이 보기에 선교사가 상황화의 과정을 이해하는 데 필수적이라고 생각하기 때문이다.

1999년 사망하기까지 미국 필라델피아에 있는 웨스트민스터신학교(Westminster Theological Seminary)의 선교신학 교수로 왕성하게 활동했던 하비 칸(Harvie M. Conn)은 타문화권(cross-cultural) 선교를 할 때 필요한 것으로 상황화를 강조하였다.6) 타문화권(cross-cultural)에서 사역하는 선교사에게 있어 상황화는 필요 이상으로 복음을 전하는 데 모든 사역에 필수적으로 적용되기 때문이다. 더욱이 상황화 개념은 반드시 타문화권(cross-cultural) 사역을 위해서만 제시된 것은 아니다. 이러한 이론이 선교신학(Theology of Mission)의 한 분야만 다루어진 것은 신학과 목회뿐만 아니라 선교에도 큰 소실이 아닐 수 없다.7) 그래서 사실 상황화는 선교신학(Theology of Mission)과 관련하여 광범위한 신학적 논쟁이 오가는 주된 주제가 되어 왔다.8)

21세기 현대 선교는 지구촌의 문화의 교류에 따라 지역 문화의 동질성이 약화되고 있으며, 다문화가 되어 가는 현상을 염두 해 두지 않으면 안 된다. 아직도 복음화되지 않고 남아 있는 많은 민족들에게

1994), 35. 다문화주의(多文化主義)의 '다문화'라는 뜻은 '많을 다'(多)자에 '문화'(文化)라는 말이 붙어서 '여러 나라의 생활양식'이라는 뜻이다. 다문화주의의 이념은 1970년대에 서구 민주주의 사회에서 전면적으로 등장했고, 대한민국은 1980년대 말 이후에 다문화주의의 민족국가와 소수집단 현상이 등장하였다. 세계화가 진행됨에 따라 단일한 민족 국가들이 가지고 있던 다양한 문화를 서로 인정하고 교류하기 위해 여러 문화를 존중하고자 하는 이론으로 여성문화, 소수파문화, 비 서양문화 등 여러 유형의 이질적인 문화의 주변 문화를 제도권 안으로 수용하자는 입장을 이르는 말이다.

6) Harvie M. Conn & Manuel Ortiz, 『도시목회와 선교』, 한화룡 역 (서울: 기독교문서선교회, 2006), 14.

7) 문상철, "도시 목회를 위한 복음의 상황화", 『목회와 신학』 (2002, 3월), 107.

8) 배춘섭, 『기독교와 조상숭배』 (서울: 도서출판 목양, 2010), 417. 선교학을 대표적으로 분류하면, 선교신학, 문화인류학, 선교역사, 비교종교학과 종교현상학, 상황화, 도시 선교학, 타문화권 커뮤니케이션, 교회성장학, 선교사 리더십, 영적전쟁 등으로 나눌 수 있다.

예수 그리스도의 복음을 전파하기 위해서 선교지에 대한, 상황화에 대한 깊은 통찰력이 중요한 과제로 부각되고 있다.9) 선교사들은 이러한 문화적 변화를 주목하면서 타문화권(cross-cultural)에서의 선교 사역에 주로 적용할 수 있는 상황화 선교신학(Contextual Theology of Mission)의 이론과 사례들을 중심으로 도움을 받아 목회적인 상황 속에서 보다 적절히 적용하여 효과적으로 복음을 전하려는 노력을 다해야 할 것이다.

이 책을 출판할 수 있도록 도움을 주신 한국학술정보(주) 채종준 사장님과 강태우 과장님과 출판 관계자분들에게 진심으로 감사를 드린다.

2011년

성결대학교에서

이수환 박사(Ph.D.)

---

9) 정세진은 선교를 함에 있어 상황화 전략에 대한 지역연구에 대하여 말하기를, "지역연구는 생활과 생산 및 재생산 단위로서의 지역을 기초로 지역에 연관되는 전반적인 것을 연구하는 분야이다. 넓은 뜻으로 파악한다면 지역 문제의 연구이나 본래는 지리학의 한 분야로서 시작되었다. 지역연구는 인간을 연구하는 문화인류학의 중요한 영역으로 시작되었다. 지역연구는 세속적 연구 학문 분야의 영역이다. 세계 선교를 위해서는 그 지역에 대한 총체적인 연구가 있어야 한다. 선교지에서 상황화는 하나의 지역에 대한 지역연구를 통해 이루어진다. 이는 하나의 민족 혹은 종족에 대한 총체적인 상황을 하나님의 관점에서 해석, 그 민족에 대한 하나님의 역사적 구원을 이루는 선교 방법이다. 이러한 전략은 선교지에서 적극 적용되어야 한다. 기존의 전통적인 방법으로는 이슬람권의 사람들에게 복음을 전하기 어렵다는 사실을 가정해볼 때에 상황화 전략은 그 중요성이 요구된다. 즉 그 지역에 대한 총체적인 이해를 통해 선교의 상황화 전략을 적용, 선교접근 전략을 도출해 나가는 것이 바람직하다. 이것은 성경적인 방법이다. 선교지에서도 동일하게 적용해 본다면, 하나의 민족권 문화를 가지고 있는 그리스도인이 다른 문화권의 선교지로 갈 때는 그 지역 문화권의 상황화를 전략적으로 접근하는 방식이 필요한 것이다."라고 하였다. 정세진, "선교와 지역연구, 상황화 전략에 대한 한 고찰(考察): 카프카즈 분쟁의 모델화를 중심으로", 『선교와 신학』 제17집 (2006, 6월), 145.

추천사

　　현대 선교의 중요한 이슈는 문화의 상황화입니다. 다양한 문화 속에서 선교의 양식은 달라질 수 있습니다. 선교사는 서로 다른 문화 속에 살고 있는 피선교자들에게 하나님의 말씀을 효과적으로 전할 수 있는지 관심을 가져야 합니다. 상황화는 복음을 효과적으로 전하기 위해 그 문화 현장 속에서 복음의 전달 방식을 일시적으로 바꾸는 것을 말합니다. 이수환 박사는 탁월하고 날카로운 눈으로 『상황화 선교신학』을 출간하였습니다. 이수환 박사는 책에서 상황화의 정의를, 신구약 성경에서 상황화를 성경적으로 이해하기 위해 상황화의 근원을 찾았고, 토착화와 상황화, 상황화의 역사적 이해, 상황화 신학의 5가지 모델, 비판적 상황화, 성육신적 상황화, 그리고 현대교회에서 보여지는 상황화를 잘 설명하였습니다. 그의 글은 늘 살아 있고 예리하여 현실적 상황에 있는 독자에게 생동감을 제공합니다. 이에 이수환 박사의 책을 추천하게 되어 영광입니다. 아무쪼록 선교학도들에게 귀하게 읽히기를 소망합니다.

손석원 박사(성결대학교 선교신학 교수)

종교다원주의와 문화상대주의 상황 속에서 기독교 복음을 특정한 문화와 상황 속에 적절하게 표현하고, 전달하는 일은 결코 쉬운 일이 아닙니다. 상황화는 선교신학과 뗄 수 없는 관계 선상에 놓여 있기 때문에 이수환 박사의 책『상황화 선교신학』은 선교지의 상황을 고려하여 복음을 수용자에게 효과적으로 전달할 수 있는 방법론을 제안하고 있습니다. 본 저서는 상황화를 통해 선교를 효과적으로 수행할 수 있는 바람직한 선교전략을 강구하고 있는데, 특히 복음의 보편성에 강조점을 두는 특징이 있습니다. 보통 상황화가 로마 가톨릭이나 에큐메니칼의 주요 선교전략으로 사용된 것에 반하여, 이수환 박사는 복음주의 선교신학적 대응방안으로 상황화를 제시하였습니다. 이에 본 저서가 선교 연구가와 현장의 선교사들에게, 그리고 신학생들에게 선교 현지 상황에서 만나는 복음과 문화의 관계성을 분석하고, 해석하여 상황화 선교신학을 정립하는 데 도움이 되기를 바라며 선교학 교과서로 추천합니다.

노윤식 박사(성결대학교 선교신학 교수,
성결대학교 신학대학원장)

복음이 문화의 벽을 넘어갈 때에 상황화라는 길을 비켜 갈 수는 없습니다. 특히 오늘날과 같은 포스트모던 시대는 다양한 세계관이 공존하기 때문에 상황화의 방향을 잡지 못하는 경우를 자주 볼 수 있습니다. 이런 어려움 속에 성경적 입장에서 상황화의 모델을 제시한 이수환 박사는 다년간 종교 현상학을 연구하여 기독교 정체성을 일깨워 주는 중요한 업적의 쾌거입니다. 이번에 출판된 『상황화 선교신학』은 학문적 깊이 또한 탁월합니다. 모처럼 접한 훌륭한 책을 통해, 많은 신학자와 신학도들이 문화의 벽을 넘어가는 데 반드시 필요한 성경적 상황화에 대한 깊은 성찰을 얻을 수 있기를 바랍니다.

조귀삼 박사(한세대학교 선교신학 교수)

이수환 박사의 저서는 그동안 상황화 선교신학에 관한 최근의 다양한 자료들을 효과적으로 정리한 책입니다. 그러므로 상황화에 대한 관심 있는 모든 선교학도와 타문화권 선교사역에 관심 있는 자들에게 일독을 권합니다.

김성욱 박사(총신대학교 선교신학 교수)

전지전능하시고 무소부재하신 하나님께서 인간의 몸으로 이 땅에 오셔서 거룩한 삶을 사신 예수님은 모든 인류의 구원의 소망이 되셨을 뿐 아니라, 우리 모든 그리스도인과 선교사, 그리고 목회자가 어떻게 살고 섬겨야 할지를 보여줍니다. 따라서 성육신적 삶을 추구하고 따르고자 하는 모든 사람들에게 상황화라는 선교학적 주제는 매우 중요합니다. 이제까지 국내의 많은 선교학자와 실천가들이 진행한 연구와 저술의 양을 보더라도 상황화에 대한 관심이 많음을 쉽게 알 수 있습니다. 그러나 대부분의 연구가 상황화의 지엽적인 이슈를 다루거나, 특정 학자의 이론을 집중적으로 다루었기 때문에 이 주제를 처음 접하는 사람들이 거시적 안목으로 상황화에 대한 통찰적 이해를 돕는 데 많은 어려움이 있었습니다. 특별히 3장에서 5장까지는 상황화에 대한 성경적·교회사적 이해를 돕고 있으며, 6장에서 8장까지는 현대의 주요 상황화 이론들을 이해하기 쉽게 소개하고 있으며, 9장과 10장은 선교 현지와 국내 목회현장에서 적용할 수 있는 실제적인 내용들을 담고 있습니다. 이에 이수환 박사의 『상황화 선교신학』을 선교사와 선교사 후보생, 그리고 목회자들에게 적극 추천합니다. 교육과 사역으로 바쁜 가운데에서도 이처럼 귀한 저술을 마치신 이수환 박사에게 다시 한 번 축하의 말씀을 전하며, 많은 독자들이 이 책을 통해 상황화에 대한 통찰력을 얻어 타문화권 선교뿐만 아니라 국내 목회사역에도 좋은 결실을 거둘 수 있기를 바랍니다.

김한성 박사(아세아연합신학대학교 선교영어학과 교수)

이수환 박사의 저서는 상황화 선교에 초점을 맞춘 책입니다. 선교학이나 신학을 전공하지 않았지만, 선교사로서 또는 선교적 삶을 살아가는 모든 헌신된 전문인 사역자들에게 꼭 필요하기에 적극 추천합니다. 상황화 선교신학에 대해 아직도 정확히 알지 못하는 선교사들이나 신학생들에게 저자는 상황화 선교에 대하여 폭넓은 이론을 소개하면서 아주 자세하게 설명하고 있어 이 책을 읽으면 다른 책이 필요 없을 것 같습니다.

이한신 선교사(동말레이시아 사바신학대학 교수)

contents

제 1 장
문화와 복음

19세기 미국의 선교 선구자들은 동시대의 다른 이들과 비교해 볼 때, 문화를 이해하고 타문화권(cross-cultural)과 소통하는 것에 아주 정교하고 세밀하였다. 그런데 제국주의(Imperialism) 시대 절정기, 즉 1880년부터 1950년까지는 모든 그룹에서 문화적 인식과 민감성이 심각하게 약화되었다. 그러나 제2차 세계대전 이후에는 강력한 복음주의자 그룹을 포함하여 모든 사람들이 복음의 긴급성만큼이나 언어 훈련과 문화적 이해의 필요성을 강하게 인식하기에 이르렀다.[10]

　　더 나아가 21세기 문화는 명실상부 주변이 아니라 중심이 되었다. 이미 문화 이미지가 국가 이미지를 결정하는 시대가 된 것처럼 세상과 교회 간에도 문화를 통한 영적전쟁이 더욱 치열해질 전망이다. 이와 마찬가지로 문화 없는 교회와 문화에 적극적인 교회 간의 공방도 두드러지고 있다.[11] 이러한 문제는 복음과 문화의 상호관계에서도 나타나는데 오늘날 신학과 선교에 매우 중요한 관심 사항이 되고 있다.[12]

---

10) 사랑NEW우리, "미국의 기독교가 곧 지구촌 전체의 기독교인가", http://news.sarang.org/frameindex.asp.

11) 신상언, 『이제는 문화 패러다임입니다』 (서울: 낮은울타리, 1998), 45.

12) Johannes Nissen, 『신약성경과 선교』, 최동규 역 (서울: 기독교문서선교회, 2005), 264.

세계복음주의협의회 선교위원회(WEF MC) 주최로 지난 1999년 10월 10일부터 15일까지 53개국에서 160명의 선교 실천가와 선교학자, 그리고 교회 지도자들이 모였는데, '이구아수 선언문(Iguassu Affimtion)' 전문에 보면 복음과 문화에 대하여 말하기를, "복음은 항상 문화적 상황 속에서 제시되고 받아들여진다. 모든 문화에 좋은 면과 나쁜 면이 있다는 것을 인정하면서 복음과 문화의 관계를 이론과 실제 속에서 규명하는 것이 필요불가결하다. 우리는 기독교의 메시지가 모든 문화에 적합하다는 것을 계속해서 나타내 보이면서, 선교사들이 복음과 문화의 관계를 성경적으로 다루는 것을 배울 수 있도록 할 것이다. 우리는 모든 세계관들이 복음에 의해 비평을 받고 변화되어야 한다는 점과, 다른 문화적 관점들이 우리의 복음에 대한 이해를 어떻게 풍부히 할 수 있는가에 대해 진지하게 연구할 것을 다짐한다."라고 하였다.13)

이렇게 상황화의 중심에는 두 가지 요소라 할 수 있는 복음(text)과 문화(context)가 존재한다. 목회자와 선교사가 이런 복음과 문화의 관계성을 바로 이해하지 못한다면 온전히 복음을 전달할 수 없다. 복음과 문화는 서로가 동떨어져 있는 것이 아니며, 전달과정에서 아주 밀접한 관계를 이루고 있다는 사실이다.14)

이러한 상황화에 가장 중요한 사안은 선교지의 문화이다. 다시 말

---

13) 한국선교훈련원, "선교산책: 이과수 선언문(IGUASSU AFFIRMATION)", http://www.gmtc.or.kr/5gmtc_subject.htm. "The Gospel is always presented and received within a cultural context. It is therefore essential to clarify the relationship between Gospel and Culture, both in theory and practice, recognizing that there is both good and evil in all cultures. We commit ourselves to continue to demonstrate the relevance of the Christian message to all cultures, and ensure that missionaries learn to wrestle biblically with the relationship between Gospel and culture. We commit ourselves to serious study of how different cultural perspectives may enrich our understanding of the Gospel as well as how all worldviews have to be critiqued and transformed by it."

14) 김준상, "개혁주의 선교적 상황화 모델", 『선교와 개혁』 제1권 (2006. 11월), 132.

하면, 상황화의 가장 주된 문제는 선교사가 현지의 다양한 문화들을 어떻게 이해하고 평가할 것인가에 관한 것이다. 현지 상황(local context)에 대한 문화와 그 사회의 전통을 알지 못하면 결코 상황화에 관해 말할 수 없게 된다. 그래서 효과적인 상황화를 위한 핵심적인 과업은 문화와 복음과의 관계를 바로 이해하는 데 있다. 그리고 난 이후 선교현장에서 제기되는 실제적인 문제들을 성경적인 관점에서 처리하며, 현실적인 상황에 맞게끔 적용해야 한다. 목회자와 선교사는 이러한 상황화의 문제를 잘 다루려면 먼저 문화와 복음이 무엇인지를 살펴보아야 할 것이다.

1. 문화란 무엇인가?

선교는 진공상태에서 일어나는 것이 아니다. 선교지에는 항상 문화가 있다. 선교 사역은 본질상 타문화권(cross-cultural) 사역이다. 이러한 문화에 대한 이해는 선교사들에게만 필요한 것이 아니라 목회자들에게도 절실한 것이다.15) 일반적으로 문화라는 말은 어원적으로 고찰하면, 영어로 '컬처(Culture)'인데 이 말은 라틴어 '콜레레(Colere)'의 수동태인 '컬툼(Cultum)'에서 나온 말이다. 라틴어 '콜레레(Colere)'는 우리말로 "양육하다", "땅을 경작하다"의 뜻을 가지고 있으며, 사람은 동물들과 달리 이성, 양심, 의지, 정서와 같은 정신적인 능력을 가지고 있어서 자연을 가꾸고 경작할 뿐만 아니라 자신의 내면적인 정서를 경작하고 가꾸는 능력을 가지고 있다. 이러한 능력으로부터

---

15) missionmagazine, "선교지에서의 신학교육을 위한 제언2", http://missionmagazine.com/main/php/searchview.php?idx=3305.

인간의 문화가 시작된다.

많은 사람들이 문화라고 하면, 드라마, 음악, 미술, 시 등을 연상하게 되는데 이러한 일반적인 정의는 너무나 편협하다. 왜냐하면 문화는 삶 전체를 포괄하기 때문에 삶의 도구라 할 수 있기 때문이다. 또한 문화는 사회가 그 자체를 사회적이고, 관념적인 환경에 적응시키는 데에 사용되는 계획이다. 문화라는 용어는 그 자체만으로 추상적인 개념이다. 그것은 언제나 삶과 연결되어 있어 개념화해야 한다.16) 1978년 세계 복음화를 위한 로잔위원회(Lausanne Committee for World Evangelization)의 윌로우뱅크 보고서(The Willowbank Report)는 문화에 대하여 말하기를, "문화는 신앙과 가치와 관습과 이런 것들이 표출되는 제도를 말한다."라고 하였다.17) 이렇게 문화를 한 마디로 정의하기란 매우 어려운 문제일 것이다.

영국에 인류학의 아버지라 불리는 에드워드 타일러(Edward B. Tylor)는 『원시문화(The Primitive Culture)』라는 책에서 문화에 대하여 말하기를, "폭넓게 지식, 믿음, 예술, 도덕, 법, 관행, 그리고 사회의 구성으로서 습득한 그 외의 다른 능력과 관습을 포괄하는 복잡한 총체(complex whole)이다."라고 하였다.18) 어떤 사람들은 문화를 연구, 음악, 미술, 문학과 같은 분야와 연관시켜 생각하기도 하며, 인격과 매너, 그리고 잘 가꾸어진 인격을 문화의 척도로 보는 사람들도 있다.

---

16) Bruce J. Nicholls, 『상황화: 복음과 문화의 신학』, 김성웅 역 (서울: 생명의말씀사, 1992), 12.

17) 정흥호, 『복음과 상황화』 (서울: 기독교문서선교회, 2004), 9. 신앙은 신이나 현실이나 궁극적 의미에 관한 것을 말한다. 가치는 무엇이 진리이며, 무엇인 선이며, 무엇인 아름다운 것이며, 그것이 규범적이냐 하는 것이다. 관습이란 어떻게 행동하며 다른 사람들과 관계를 맺고 대화, 기도, 의상, 일, 놀이, 상거래, 경농, 식사예절, 등등에 관한 것을 말한다. 제도란 정부, 법원, 사원, 교회, 가족, 학교, 병원, 공장, 상점, 노동조합, 단체 등을 말한다.

18) 이재완, 『선교인류학적 관점에서 본 선교와 문화이해』 (서울: 기독교문서선교회, 2008), 86.

화란 레이던대학교(Leiden University)의 문화인류학 교수였던 드 죠슬랭 드 용(De Josselin De Jong)은 문화에 대하여 말하기를, "자의식을 가진 인간 공동체가 만들어 낸 삶의 표현 체계 및 그 산물이다." 라고 하였다.19)

미국 인류학자인 멜빌 헤르스코비츠(Melville J. Herskovits)도 문화에 대하여 말하기를, "본질적으로 사람들의 생활방식을 표시하는 신념, 태도, 방식, 금기, 가치, 목표의 총체를 기술하는 구성물이다."라고 주장하였다.20) 즉, 문화란 정신적이고 세련된 성취만이 아니라 의식주와 같은 일상적인 삶의 내용 전체를 포함하는 넓은 개념으로 확대된다는 것이다.

가톨릭 선교학자요, 인류학자인 루이스 루즈베탁(Louis J. Luzbetak)은 문화의 다섯 가지 특징에 대하여 말하기를, "첫째, 문화는 삶의 방식이다. 둘째, 문화는 삶의 전체적인 플랜이다. 셋째, 문화는 기능적으로 하나의 체계로 이루어진 조직이다. 넷째, 문화는 배움의 과정을 통하여 습득되는 것이다. 다섯째, 문화는 한 개인의 삶의 방식이 아니라 한 공동체 혹은 한 그룹의 삶의 방식이다."라고 정리하였다.21)

따라서 대체로 문화는 태도와 가치, 그리고 신념을 총체적으로 일컫고 있으며, 이 문화가 사람들의 행동과 발전에 아주 중요한 역할을 한다. 사람들이 가지고 있는 신념은 그들의 행동 양식과 밀접한 관계성을 갖게 되는 것으로, 또한 그러한 신념은 태도와 가치에 반영되기도 한다.22)

---

19) 신국원. 『신국원의 문화 이야기』 (서울: 한국기독학생회 출판부, 2002), 64.

20) 신국원. 『신국원의 문화 이야기』, 64.

21) Louis J. Luzbetak, The Church and Culture (New York: Orbis Books, 1995), 59-64.

특히 많은 선교신학자들에게 영향을 미친 제임스 스프래들리(James Spradley)는 문화에 대하여 말하기를, "사람들이 자신의 경험을 해석하고 사회 행동을 조절하는 데 사용하는 획득된 지식이다."라고 하였다.[23] 여기서 획득된 지식이란 인간의 가족(family)과 학교(school), 그리고 공동체(community)와 같은 인간 제도들에서뿐만 아니라 하나님과의 관계에서 비롯된 신학적 관점을 절대적으로 놓쳐서는 안 되는 것을 말한다.[24] 특히 선교 문화인류학에서 강조하는 것은 문화를 정신의 지도 혹은 프로그램이라 할 때 무엇을 위한 것인지에 대해서 그것은 하나님의 말씀과 기독교 신앙이 최종적인 결정이 되어야 한다는 것이다.

유명한 성서 번역가인 유진 나이다(Eugene A. Nida)는 문화에 대하여 말하기를, "한 세대에서 그 다음 세대로 전달되어지는 물질적이고 비물질적인 경향들을 사회적으로 획득한 모든 학습된 행동들이다."라고 하였다.[25]

덴마크 아르후스대학교(Aarhus University)의 신약성경 석의학 교수 요하네스 니센(Johannes Nissen)은 문화에 대하여 말하기를, "일정한 공통적 의미의 틀을 제공함으로써 공동체를 경합시키는 것이다. 또한 그것은 언어, 사고방식, 생활양식, 태도, 상징, 전제 조건 안에 녹아 있으며, 미술, 음악, 드라마, 문학 등을 통해서 경축된다. 그것은 사람

---

22) Samuel Huntington & Lawrence Harrison, 『문화가 중요하다』, 이종인 역 (서울: 김영사, 2001), 60. 세계적인 석학 새뮤얼 헌팅턴과 로렌스 해리슨의 책은 문화적 가치가 인류발전을 결정한다고 말한다. 그리고 문화와 인류발전에 대한 세계 석학들의 심층 보고서. 문화와 경제발전의 관계부터 민주적 정치제도에 기여하는 문화적 가치를 비롯해 젠더의 변화와 그 변화에 순응, 그리고 저항하는 문화까지 정리한 명쾌한 문화이론을 담았다.

23) 이재완, 『선교인류학적 관점에서 본 선교와 문화이해』, 91.

24) 이재완, 『선교인류학적 관점에서 본 선교와 문화이해』, 91.

25) Eugene A. Nida, *Customa and Culture* (Pasadena: William Caret Library, 1975), 24-30.

들의 집합적 기억과 집합적 유산으로 구성되는데 이것들은 계속해서 다가올 세대들에게 전해질 것이다."라고 하였다.26)

탁월한 문화인류학자요, 선교학자인 폴 히버트(Paul G. Hiebert)는 문화에 대하여 말하기를, "한 사회에서 습득된 행동과 사고의 양식들(patterns)과 한 사회에 특징적인 생산품들의 종합적인 시스템이다."라고 하였다.27) 더 구체적으로 히버트는 문화의 특징에 대한 성격을 다섯 가지로 설명하면 다음과 같다.28) 첫째, 문화는 정형화된 행동이다. 하나의 문화는 그 나름대로의 특색 있게 정형화된 사고와 행동의 체계를 가지고 있다. 이 정형화된 체계에 의해서 그 문화에 속한 사람들의 사고와 행동이 형성되어진다. 그리고 개인적인 다양성도 문화가 허용하는 범위 안에서 이루어진다. 둘째, 문화는 습득되어진 것이다. 반복되는 경험이나 자극적인 경험들을 통하여 사회적인 환경에 어떻게 적응해야 하는지를 말한다. 예를 들면, 어린아이들이 차가운 물체나 뜨거운 물체, 위험한 물체들을 접했을 때 자연스럽게 경험들이 축적된다. 이러한 반복되는 경험들을 통해 보다 안정한 생활방식을 스스로 습득하게 되는 것이다. 셋째, 문화는 종합적인 시스템이다. 한 나라의 정치, 종교, 교육, 사회, 도덕, 법률 등의 다양한 시스템이 하나의 문화를 형성하게 되는 것이다. 넷째, 문화는 사고들(ideas)이다. 문화는 그 문화가 공유하고 있는 세계관적인 관점들과 지식의 체계

---

26) Johannes Nissen, 『신약성경과 선교』, 264. 니센은 1944년에 태어나 덴마크의 아르후스대학교에서 신학을 공부한 후 1971년부터 출신 대학교에서 강의를 시작하였다. 현재는 신약성경 석의학 부교수로 재직하고 있다. 영어로 쓰인 저서로는 『빈곤과 선교』 (Poverty and Mission, Leiden, 1984), 『요한복음 새로 읽기』 (New Readings in John, Sigfred Pedersen과 공저, 1999)가 있으며, 그 밖에 덴마크어로 쓰인 저서로 『노동의 양상』 (1996), 『성경과 윤리』 (2003) 등이 있다.

27) Paul G. Hiebert, *Anthropological Insights for Missionaries* (Grand Rapids: Baker Book House, 1985), 36.

28) Paul G. Hiebert, *Anthropological Insights for Missionaries*, 36–37.

를 가지고 있다. 마지막으로 다섯째, 문화는 산물들이다. 문화는 물질적인 대상물들로 집, 수레, 자동차, 컴퓨터 등등을 포함한다. 이런 것들은 그 문화가 가지고 있는 보이지 않는 것의 표현이다. 그리고 그 문화 집단에만 해당하는 특징적인 성격을 표출하게 되는 것이다.

이렇게 신학자가 보는 문화의 관점에서 헨리 반 틸(Henry R. Van Til)은 문화에 대하여 말하기를, "하나님께서 인간에게 땅에 충만하고 다스리고 개발하라는 창조의 명령(creation mandate)을 완성하기 위해 하나님의 형상을 닮은 인간의 활동이다."라고 보았다.29) 문화는 외형적인 관심에 있는 것이 아니라 삶의 본질이다. 그래서 문화는 문명화된 사람들에게만 해당되는 것이 아니라 하나님의 뜻에 따라 창조해 주신 자연에 대해 하나님의 형상을 지닌 인간의 활동이다. 그래서 인간은 하나님이 어떤 분이신가를 의식하는 도구이다. 그러나 죄로 인해 인간은 타락했기 때문에 더 이상 창조주의 명령을 받아들이지도 않았다. 따라서 문화는 인간에 대한 하나님의 선물이지만 동시에 책임이기도 하다.30)

성경적인 관점에서 살펴보면, 사도 바울은 누구보다도 문화에 대한 이해를 통달했던 사람이었다(고전 9:22). 그는 언제든지 아무데서나 자기의 지조를 버리고 환경이나 문화에 따라 태도를 바꾸겠다는 것으로 해석하지 않았다. 또한 상황에 따라 그가 추구하고자 했던 가치관이나 윤리관을 바꾸겠다는 의도로 풀이하지 않는다. 단지 그는 선교 사역의 대상이 되었던 다양한 사람들의 입장에 서서 그들처럼 되려고 하였다.

---

29) Henry R. Van Til, *The Calvinistic concept of culture* (Grand Rapids: Baker Book House, 1959), 27.
30) Henry R. Van Til, *The Calvinistic concept of culture*, 34.

이런 점에서 세계적인 선교 전문가요, 미국 윌리엄캐리국제대학교 총장이었던 랄프 윈터(Ralph D. Winter)는 선교를 함에 있어 문화에 대하여 말하기를, "바울이 유대전통이라는 두터운 옷에 가려진 복음을 구출하고 마르틴 루터가 라틴의 옷에서 복음을 구출한 것처럼 이제는 복음을 너무나도 서구화한 옷으로부터 구출시켜야 한다."라고 주장하였다.31) 오늘날 세계 선교학계에서는 서구 기독교가 많은 무슬림들에게 텔레비전에서 보이는 미국 문화를 연상케 함으로써 오히려 복음에 대해 거부 반응을 일으키는 요인이 된다는 것을 알게 되었다.32)

사도 바울은 문화를 이해하는 것은 바로 하나님께로 그들을 인도하여 구원하기 위해 간절했던 그의 선교의 소원이었다. 그러므로 상황화를 통한 선교의 목적은 예수 그리스도를 통하여 배운 것을 삶과 언어로 표현하면서 동시에 세상의 삶 가운데서 십자가의 정신을 실행하기 위하여 노력하며, 참 진리와 하나님의 사랑을 타문화권(cross-cultural) 사람들과 함께 추구하는 것이다.

또한 자율적인 민족교회를 세우는 데 있는 것이 아니라 세계를 예수 그리스도와 하나님 나라에 굴복시키기 위해 전 세계적인 비전을 가지고 함께 동역(partnership)할 수 있는 교회를 세우는 것이다. 이것은 서로 다른 다양한 형태의 교회들이 상호 간 인정되어질 뿐만 아니라 이들 교회들이 세계를 복음화하는 데 있어서 동반자로서 함께 사역에 임하는 하나님의 부르심을 입은 몸 된 교회의 부분들이라는 것을 분명히 인식하게 될 때 비로소 가능해진다.33) 사도 바울은 그들이

---

31) islammission.org, "이슬람 이해 – 상황화 사역과 교회 개척운동", http://www.islammission.org/islam/evangel/str_CP.htm.

32) Kevin Greeson, 『모슬렘을 위한 낙타 전도법』, 57.

33) Paul G. Hiebert & Eloise Hiebert Meneses, *Incarnational Ministry: planting churches in band, tribal,*

처해 있는 상황과 신분, 그리고 그들이 살고 있는 문화적인 성향을 파악하고 있었다. 또한 그는 그들의 형편에 따라 그들과 같이 되려고, 공감대를 형성할 수 있는 선교적인 삶의 방법을 터득하였던 것이다. 그래서 빌립보서 4:12에 의하면, 사도 바울은 "내가 비천에 처할 줄도 모든 일에 배부르며 배고픔과 풍부와 궁핍에도 일체의 비결을 배웠노라."고 고백했던 것이다.

　　사도 바울과 같은 사람을 문화적인 관점에서 보면, '수용자-지양적인 사람(receptor-oriented person)'이라고 말한다. 누구나 자기가 살아가는 삶의 패턴과 각자가 자라 온 문화적인 배경들을 가지고 있다. 그러나 인간 공동체 안에서 혼자서 살아갈 수는 없다. 인간은 어떤 형태를 불문하고 공동체적 유대관계를 맺고 살아가야 한다. 이러한 관점에서 인간은 곧 자기와 다른 문화를 갖고 있는 사람과 함께 살아가야 한다는 것을 의미한다. 또한 각기 다른 문화적 배경 때문에 알게 모르게 소위 '문화적 충동'이 일어나기도 한다.[34] 그러나 사도 바울처럼 우리에게 맡겨진 분명한 목적과 사명이 있다면, 그 목적을 위해 나 자신을 내려놓고 수용자가 살아온 문화의 자리로 내 자신을 투영시켜 그들로부터 배우려는 자세로 나아갈 때 가장 기본적인 태도의 모습이라고 본다.[35] 이것은 선교를 하는 데 있어 진정한 문화를 이해하는 사람의 태도로 목회자와 선교사들에게 필수적인 목양의 자세라고 할 수 있을 것이다.

---

peasant, and urban societies *peasant, and urban societies* (Grand Rapids: Baker Book House, 1995), 166.

34) 정흥호, 『복음과 상황화』, 14-15.

35) 정흥호, 『복음과 상황화』, 15.

2. 문화의 특수성

선교사는 무엇보다 선교지에서 일어날 수 있는 문화의 특수성을 이해해야 한다. 어떤 사람이 변화되기를 바란다면 인내하고 기다려 주어야 하는 것처럼 물론 같은 문화 속에 살지만 세대 간의 차이는 생기기 마련이다.36) 최근 중국의 경우에 신세대 결혼부부가 이혼하는 비율이 46%에 육박하고 있다. 한국의 경우도 TV 드라마를 통해서 부부간의 갈등, 또는 가족 구성원의 갈등 원인 등을 볼 수 있는데, 이러한 신구세대의 간의 문화적 차이와 경제는, 즉 돈이 제일 문제되는 것 같다. 지금 한국은 세대 간의 갈등 차이가 극심한 나라가 되면서 나이 많은 교수들은 강의실에 모자를 쓰고 들어오는 대학생들을 보고서 버릇없다고 생각한다. 그러나 많은 경우 모자를 쓰는 경우는 패션 혹은 머리를 감지 않았기 때문이다. 따라서 두 세대 간에 나타나고 있는 문화 상황화의 특수성을 잘 이해해야 할 것이다.

1) 문화는 삶의 총체적인 방식이다

문화를 살펴보면, 사람들은 제각기 삶의 방식들이 있다. 즉, 문화는 사람이 살아가면서 느끼고 생각하고 믿는 그 모든 방식을 지칭한다. 특히 아랍 문화의 경우, 사회집단의 삶의 방식이지만 개인에 대한 것은 아니다. 이런 관점에서 문화는 인간에 대한 삶의 패턴(pattern)과 생활방식(lifestyle), 그리고 의사소통(communication)의 매체로 인간 존

---

36) 이재완, 『선교인류학적 관점에서 본 선교와 문화이해』, 94-95.

재의 의미이다.

중국인이 말레이시아인에게, 한국인이 방글라데시인에게, 필리핀인이 아랍인에게 복음을 전한다고 한다면, 목회자와 선교사 중에는 자신의 문화적 방법을 고수하려는 사람이 있다. 선교사가 할 일은 단순히 그 지역 무슬림들의 언어를 배우는 것 이상으로, 즉 그 민족의 문화를 잘 알아야 하는 것이다. 만일 동일한 문화권에서 자바 기독교인이 자바 무슬림들에게 복음을 전하는 상황이라면 전혀 문제가 되지 않는다. 그러나 아시아인이 자바인들에게 복음을 전한다면, 반드시 문화적 충돌이 일어난다.[37]

고린도전서 9:20과 9:22에 의하면, 사도 바울은 어떤 민족이든지 간에 복음을 전하려면 가능한 그 민족의 상황인 문화적 생활방식을 취해야 한다고 말한다.

> "유대인들에게 내가 유대인과 같이 된 것은 유대인들을 얻고자 함이요 율법 아래에 있는 자들에게는 내가 율법 아래에 있지 아니하나 율법 아래에 있는 자 같이 된 것은 율법 아래에 있는 자들을 얻고자 함이요…… 약한 자들에게 내가 약한 자와 같이 된 것은 약한 자들을 얻고자 함이요 내가 여러 사람에게 여러 모습이 된 것은 아무쪼록 몇 사람이라도 구원하고자 함이니"(고전 9:20, 22)

2) 문화는 수용적이다

변화된 문화는 사람에게 필요한 의식주뿐만 아니라 컴퓨터, 자동차 등이 있다. 이러한 문화는 매우 수용성이 강함을 의미한다. 한국의

---

37) Don Mccurry, 『무슬림은 무엇을 믿는가?』, 주지현 역 (고양: 도서출판 예수전도단, 2008), 17.

경우 많은 문화를 볼 수 있다.

첫째는 생활문화에 있어서 잠자리 문화가 온돌에서 침대로 변화되었다. 둘째는 의복문화를 보아도 여자들이 이제 한복을 거의 입지 않는 추세이다. 셋째는 교통수단의 변화에도 미래형 차인 전기자동차는 그간의 산업의 패러다임을 바꿀 만한 혁명적인 발전이라고 보인다. 자동차에 일단 내연기관이 존재하지 않기 때문에 배기가스가 전혀 없다는 장점을 가지고 있고, 가솔린을 넣기 위해 별도의 연료탱크가 없으며, 이로 인해 충전소에 갈 시간을 절약해 주는 장점이 있다. 넷째는 한국의 휴대폰 문화는 단연 외국의 추종을 불허한다. 특히 90년대 후반에 이루어진 휴대폰의 급속한 보편화는 뉴미디어에 의해 새롭게 변화하는 생활양식의 모습을 확연하게 보여 주는 것이다. 그런데 최근 이러한 문화적 변화 중에 주목할 점은 청소년들의 무선통신기기에 대한 높은 관심과 이용이다. 경제적인 측면에서 우리보다 앞서 있는 미국이나 서구 유럽에서는 무선통신기기가 대체로 성인을 중심으로 한 업무용 등의 기능적인 목적으로 주로 사용되고 있다. 그러나 현재 한국의 청소년들 사이에서 이루어지는 휴대폰의 과도한 소비와 이용은 주목할 만한 하나의 문화적 현상이라 할 수 있다.

이처럼 문화는 계속해서 변화한다. 그만큼 문화는 매우 수용성이 강하기 때문에 어떤 일을 하는 데 있어서 많은 방법론이 있다. 예를 들면, 한국어는 왼쪽에서 오른쪽으로 읽는다. 그러나 일본어는 오른쪽에서 왼쪽으로 읽는다. 어떤 것이 옳은지는 옳고 그름의 문제가 아니라 서로 다름에 관한 문화적인 차이점에서 온다. 미국은 집을 지을 때, 미국의 톱은 밀 때 더 잘 잘린다. 그러나 아시아의 톱은 반대로 잡아당길 때 더 잘 잘린다. 이처럼 다양한 문화의 인식은 도덕과 연관된 것이 아니라면 다른 방법들을 수용해야 한다는 것을 알려 준다.38) 오늘날 교회들은 예배 형식이나 건축물, 그리고 주일예배 시간도 많은 상황화가 이루어지고 있다.

3) 문화는 학습이다

문화는 정의함에 있어 학습된 믿음(learned beliefs)이나 행위(behavior)에 국한한다.39) 인간의 생리적 현상은 문화가 아니다. 인간은 태어나서 한 사회에서 자라면서 그 공유된 문화의 사회화를 통하여 배우게 마련이다. 문화는 세상을 바라보는 강력한 안경이기에 자민족중심주의(Ethnocentrism) 생각으로 학습되는 경향이 짙다. 자민족중심적인 사람은 자기가 최고라고 생각한다. 즉, 사람은 누구나 다 자민족주의적인 생각을 가지고 살아간다. 그래서 문화가 우리에게 가르쳤다는 것을 인식하고 타문화를 접하게 될 때 다르다고 생각하게 된다.

예를 들면, 일본 선교사들은 일본 사람이 볼 때 자민족중심적이다. 자민족중심주의가 강한 일본 사람과 만나게 될 때, 매우 조심스러워하지 않으면 안 된다. 문화는 보고 느끼도록 만들어 주는 것이다. 이렇게 학습된 행위는 문화적인 안경이 무엇이 옳은지 그릇된 것인지를 바라보는 강력한 영향력을 미치게 된다.40)

어떤 사람이 캄보디아에서 태어났는데 그 나라의 세계관(worldview)으로 형성되는 문화적인 안경을 끼게 된다. 그래서 그들의 세계관

---

38) 이재완, 『선교인류학적 관점에서 본 선교와 문화이해』, 96.

39) Paul G. Hiebert, *Anthropological Insights for Missionaries*, 50.

40) 이재완, 『선교인류학적 관점에서 본 선교와 문화이해』, 96-97.

(worldview)은 병에 걸리게 되면 악령이 들어서 그렇다고 생각한다. 사실 그들은 대부분이 더러운 물을 마심으로 말미암아 대장균에 의하여 질병에 걸렸음에도 불구하고 악령에 의해서 아프다고 생각한다. 만약 선교사가 그들의 위생 문제를 도와주려면 그들의 안경을 바꿔 주어야 한다. 예를 들면, 현미경으로 그들이 마시는 물을 보게 하고, 세균을 보게 할 수 있을 것이다. 더 나아가 근본적인 문제해결은 그 세균이 우글거리는 물을 뜨겁게 펄펄 끓여 세균을 죽이는 것이다. 그러고 난 후 그들에게 물을 끓여 먹으면 아프지 않을 것이라고 가르쳐야 한다.[41]

따라서 이러한 근본적인 문제를 해결하는 방법은 그들의 세계관 (worldview)을 바꾸어 주는 것이다. 이렇게 문화에 대한 현실의 관점을 형성하는 것이 얼마나 중요한지를 인식해야 한다. 문화는 학습된 행위로 통합된 체계이다. 특히 사회에서 사람들은 위대한 영웅이나 이상적인 인물들을 선호한다. 아이라면 좋은 선생님을 통해서 혹은 부모님을 통해서 어떻게 행동해야 하는가에 가르침을 받게 된다. 따라서 한쪽에서 무엇을 바꾸면 다른 쪽에 영향을 미치기 때문에 신중해야한다. 그러나 학습된 것을 위해서는 기다리고 인내해야 할 것이다.

4) 문화는 사람들에게 매우 합리적이다

각기 다른 문화마다 다른 논리의 체계를 가진다. 어떤 문화권에서는 사람이 아픈 이유를 악령 때문이라고 하며, 혹은 영혼을 빼앗겨서,

---

41) 이재완, 『선교인류학적 관점에서 본 선교와 문화이해』, 97.

또는 병균 때문이라고 각기 다르게 결론짓는다.

한국의 문화 상황 가운데 중매결혼 제도에 관하여 외국 사람들은 매우 아이러니하게 이해한다. 그런데 결혼이란 남자와 여자의 결혼이 아니라 가문과 가문의 결합이라는 것을 생각하게 되면 부모의 역할이 결혼에 들어가야 한다는 것을 이해할 수 있다.[42] 이것은 특히 그룹 중심의 문화와 개인 중심의 문화의 차이에서만 이해할 수 있는 관점이라 하겠다.

5) 문화는 세월이나 공간변화 등 많은 요소로 변한다

1970년대만 해도 한국에는 한자 간판이 많았는데, 지금은 한자 간판을 찾아볼 수 없다. 오히려 영어 간판들이 많이 늘어났다. 전 박정희 대통령이 마이카(My Car) 시대를 말했을 때, 많은 학자들은 비웃지만 1990년대 이후에 자동차의 소유가 보편화되는 이른바 마이카 시대에 접어들었다. 또한 비디오 콘텐츠를 지상파 TV와 영화관에서 보고, VCR이 보급되면서 동네 비디오 가게에서 영화를 빌려 보던 시절이 있었다. 그러나 1980년대와 1990년대에는 케이블 TV와 위성방송이 등장하였고, 2000년대에는 DMB, IPTV, 온라인 TV, PMP가 등장하여 동영상을 접할 수 있는 대안이 증가하였다. 특히 2000년대에 등장한 매체 중에는 매체 수의 증가라는 의미와 함께 매체 이용 방식의 변화를 가져오는 측면이 강하기 때문에 플랫폼 사업자는 물론이고 콘텐츠 사업자도 이전과는 다른 방식의 전략 수립을 요구받고 있다.

---

42) 이재완, 『선교인류학적 관점에서 본 선교와 문화이해』, 97-98.

비디오 콘텐츠를 극장 스크린이나 TV 수상기를 통해서 이용하던 방식에서 벗어나 PC 모니터, 핸드폰, PMP, 내비게이션, 게임기 등을 통해서도 비디오 콘텐츠를 이용할 수 있기 때문이다. 특히 2000년대 후반부터 인터넷과 핸드폰의 이용이 일상화되었기 때문에 PC 모니터와 핸드폰은 비디오 콘텐츠 사업자에게 주요한 매체가 되었다.43) 이러한 다양한 매체로 인해 지구촌은 점점 인터넷 시대 혹은 사이버 시대, 그리고 핸드폰 시대가 되어 가고 있다.

6) 문화는 세계관을 중심으로 형성된다

문화의 각기 다른 요소들은 세계관(worldview)에 의해 형성되고 접착되어 있다. 세계관(worldview)이라는 것은 가치관 등으로 우리의 관점을 이루는 기본이다. 세계관(worldview)은 한 세대 속으로 무엇이 중요한지를 잘 보여 준다.44) 예를 들면, 남태평양 미크로네시아 제도에서는 가장 중요한 가치관 중에 인간관계에서 최악의 것은 화를 벌컥 내는 것이다. 작은 섬이기 때문에 화를 내면 다른 곳으로 갈 수 없다. 그 섬에서 가장 중요한 가치관은 서로 화목하게 잘 지내는 것이다. 그래서 그 섬에서는 서로 화내고 싸우는 것을 거의 볼 수 없다고 한다. 그것은 어린 시절부터 인간관계에서 서로 친절해야 한다고 배웠기 때문이다. 또한 이곳에서는 윗도리를 입지 않는다. 그러나 한국은 옷 입은 것을 중요하게 생각한다. 이러한 문화적인 이해는 세계관

---

43) 권호영, "인터넷과 핸드폰시대에 생각해 볼 수 있는 미디어 전략", http://roma0522.egloos.com/2168873.

44) 이재완, 『선교인류학적 관점에서 본 선교와 문화이해』, 98.

(worldview)이 속한 사회에서 무엇이 중요한지 알려 주는 것이다.

7) 문화는 작용하게 만든다

두 종류의 문화가 있다면, 그 핵심적인 요소는 여러 사람들에게 각기 다르게 행동하지만 때로는 공통적인 생각을 가지게도 한다. 예를 들면, 한국에서는 어른들이 여자는 꼭 치마를 입어야 한다고 생각한다. 그러나 젊은이들은 바지를 입어야 한다고 동시에 주장한다. 즉, 성차별과 평등이 함께 존재하는 것이다.

8) 문화는 과거의 것을 보존하려고 한다

문화는 과거에 대해 보존(preserves)하려는 흥미로운 속성을 가지고 있다. 예를 들면, 베트남인에게 있어 농경문화는 정착과 정체성, 그리고 조상과 토지에 대한 전적인 애착으로 생각한다.

9) 문화는 안내하는 지도와 같다

문화는 다른 환경이나 사람들을 만났을 때 무엇을 해야 할지를 알려 준다. 예를 들면, 라오스(Laos)에 살았던 사람이 미국으로 이민을 와서 사는데 한 사람에게 창고 페인트칠하는 일을 시켰다. 그런데 이 사람은 페인트를 칠하는 것을 알지 못한다. 그래서 주인이 페인트를 칠하는 시범을 보여 주었다. 한 시간 후에 와서 보니 한 곳에만 덧칠을 하고 있었다. 라오스 문화는 페인트를 칠하는 일이 전혀 없기 때문이다. 그래서 전체를 칠해야 하는데 한 곳에만 계속해서 칠한 것이다. 다른 문화에 가게 되면 그 문화에 적응해야 한다. 그래서 문화란 안내하는 지도와 같은 것이다.

10) 문화는 복합적이다

모든 문화는 그 문화적 상황에 사는 사람에게 적절하며, 그 안에 사는 사람에게 해답을 제공한다. 예를 들면, 개고기가 건강에 보신이라고 생각하는 한국인이 미국인들에게 설명한다는 것은 매우 어려운 일이다. 물론 표면적으로는 분명한 차이를 보이지만 미국 또한 한국과 비슷한 보신문화가 있다. 미국의 30대 이후의 성인남녀가 굳이 어디가 크게 아픈 것도 아닌데 약을 너무나 많이 먹는다는 사실이다. 종합 비타민은 기본이고, 적어도 네다섯 가지 정도의 약은 항시 복용을 한다. 거기에 불면증이 있다면 수면제, 스트레스로 인한 만성 편두통이나 두통이 있으면 진통 효과가 있는 타이레놀 혹은 아스피린, 반대로 만성 피로에 허덕이면 각성제나 피로 회복제를, 알레르기 혹은 천식이 있다면 항히스타민제, 철분과 칼슘을 보충한다며 철분, 칼슘 보충제 등의 약들을 추가로 복용하는 경우도 굉장히 많다고 한다. 심지어 파티나 외식 혹은 여러 날 진행되는 캠핑에 가게 될 경우에는 소형 약병을 여러 개 갖고 와서 그날 그 시간에 먹어야 할 약들을 각각 병에 따로 담아 두었다가 식사 후 일정 시간이 되면 모두가 스스럼없이 약을 꺼내서 복용하는 것을 여러 차례 목격할 수 있다. 동서양을 막론하고 사람은 누구나 무병장수하려고 하는 사람의 마음은 한결같은 것이다.

따라서 복음을 전하는 데 있어서 사람들은 전혀 다른 복합적인 관점을 가지고 있다. 개고기를 전혀 먹어 본 적이 없는 다른 사람들에게 설득하기란 어렵다. 물론 복음을 전한다는 것이 어렵지만 사람들이 교회 남아 있도록 하기 위해 목회자와 선교사는 어떻게 해야 할지를 생각해야 할 것이다.

3. 왜 복음인가?

분명한 것은 유럽이나 북미의 문화들은 복음을 늦게 받아들였는데 본래 기독교 문화가 아니었다. 그러므로 그리스도 시대의 유대 문화가 복음이 되어야 한다. 복음이 아브라함으로부터 예수 그리스도까지 유대 문화 상황 속에서 전해져 내려왔고, 또 그 상황 속에서 이해되어져야 하지만 기독교의 복음이 유대인들의 문화적 틀에 의해 제한당할 수는 없다.[45] 복음은 어느 특정한 문화에 속한 것이 아니다. 그것은 하나님 자신의 계시이며, 모든 인류를 향한 하나님의 행동하심이다. 이러한 복음에 대한 올바른 이해는 선교에 있어서 가장 기본적인 것이다. 그러나 각 문화 속에 인간들은 복음이 가져다주는 구원의 소망과 실재를 제대로 누리지 못하고 있을 뿐만 아니라 올바른 성경적 세계관과 가치관을 정립하지 못하여 올바른 삶을 살지 못하고 있다. 그래서 복음은 항상 인간의 문화적 형태 안에서 표현되고 이해되어야 한다. 하나님은 인간들에게 자신의 목적을 알리시기 위해 최우선적 도구로 인간을 사용하셨다.

---

45) Paul G. Hiebert, *Anthropological Insights for Missionaries*, 54.

특히 한국 교회는 성결의 복음을 전하는 사도적 교회(apostolic church)로서 지구촌에 복음을 선포하여 잘못된 종교들 속에서 신음하는 사람들과 맘몬(mammon) 우상숭배로 인해 시달리는 사람들을 구출하는 세계 선교에 있어서 큰 사명을 부여받았다.46) 모든 종교는 본질로 들어가면 성스러움(sacredness)을 만나게 된다. 한국 교회는 모든 종교의 본질적인 측면이라고 할 수 있는 성결, 곧 거룩성(holiness)을 강조하는 교회이다. 한국 교회는 성결의 복음의 진정성을 다른 종교에 전해야 할 선교적(missional) 책임이 있다.47) 모든 종교가 성스러움에 이르기 위해 많은 노력을 하고, 성현(hierophany)의 경험을 중시하고 있는데 한국 교회의 성결은 이러한 점에서 매우 탁월하게 보인다. 복음을 믿는 자는 예수 그리스도의 구속(redemption)의 피로 모든 죄로부터 사함을 얻어 성결하게 된다는 성결의 복음은 다른 종교를 믿는 사람들에게도 전해져야 할 뿐만 아니라 그들도 이 진리를 들을 권리가 있다는 것이다. 그러므로 한국 교회는 복음의 본질을 이야기하는 타종교와의 대화에 적극적으로 참여해야 한다.48) 따라서 복음을 올바르게 이해하고, 올바르게 선포하기 위해서는 복음과 문화의 관계성에 대해서 잘 살펴보아야 할 것이다.

---

46) 성경은 우상을 논하면서 '맘몬'이라는 말을 사용한다. 이 맘몬은 단순한 재물의 개념이 아니다. 재물을 넘어선 그 이면의 인격적 존재를 가리키는 말이다. "너희가 하나님과 재물을 겸하여 섬길 수 없느니라(눅 16:13)." 누가복음에서 보이듯 맘몬은 하나님과 동등한 위치에 서려는 존재이다.

47) 노윤식, 『새천년 성결선교신학』 (안양: 성결대학교 출판부, 2001), 44.

48) 노윤식, 『새천년 성결선교신학』, 44.

4. 복음과 문화의 관계성

목회자와 선교사들이 직면하는 많은 문제들 가운데 가장 큰 어려움은 인류의 문화와 복음의 관계성을 다루는 데 있다. 물론 그러한 문제들이 새로운 것은 아니지만 사도행전에서 이방인들이 하나둘씩 들어오는 것이 아니라 몇 천 명씩 교회에 들어오면서 심각한 문제들이 발생하였다. 그들은 유대교로 개종하였고, 할례와 같은 유대 풍습과 돼지고기를 금하는 문제, 그러한 유대인의 금기사항을 받아들여야 하는 문제, 그리고 교회가 어떤 구약의 가르침은 따르고, 어떤 유대인의 문화는 폐기할 것인가라는 문제 등이었다.[49] 이것은 오늘날 선교사가 선교지에서 경험하게 되는 문제들이다. 특히 회심자가 없는 한 계속적으로 사역하기란 쉽지 않다. 물론 선교사는 새로운 회심자를 돌보지 않으면서 설교하고, 가르치고, 홍보하고, 소책자를 나누어 줄 수 있다. 그러나 타문화권(cross-cultural)의 현지인들이 그리스도인이 되었을 때, 선교사는 수많은 결정을 내려야만 할 것이다.

예를 들면, 그들이 '여러 명의 아내를 계속 데리고 살 수 있는가?(Can they keep several wives?),' '그들이 조상숭배 때에 음식을 바쳐도 되는가?(Should they give food to their ancestors?),' 그리고 '그들은 종교적 습관을 어떻게 받아들여야만 하는가?(And what should they do about their old religious custome?),' '그들에게 우리의 문화 예식들을 주로 가르치게 되지 않겠는가?(Should we teach them our rituals, or are their mainly Western?),' '선교사로서 우리는 그 사람들처럼 살아야

---

49) Paul G. Hiebert, *Anthropological Insights for Missionaries*, 29.

만 하는가?(Should we as misionaries live like these people?),' '우리는 양심에 거리낌 없이 그들의 노래나 춤에 참여할 수 있는가?, 그것들이 비기독교적 의미를 담고 있는 것은 아닌가?(Can we in good conscience participate in their songs and dances, or do these have non-christian connotations?).' 이러한 문제들은 대부분 복음과 인간 문화 사이의 관계성에서 발생하는 것이다.50)

각 민족마다 각기 다른 문화를 발전시켜 왔다. 그 소속한 집단에 따라 생각하는 방법이 각각 다르고, 행동하는 방식이 다르다. 그러면 기독교의 복음은 이러한 문화들과 어떤 관계가 있는가? 과연 기독교인들에게 가장 합당한 문화가 무엇인가? 이러한 질문은 선교에 있어서 매우 중요한 것이다. 선교사역에 있어서 복음과 문화의 관한 가장 심각한 오류는 서구 문화에 대한 우월주의(Paternalism) 문화였다. 20세기 중반까지 세계 선교는 서구 선교사들에 의해 주도되었고, 대부분의 선교사들은 서구 국가들에게서 선발되어 아시아 지역으로 파송되었다. 그러나 아시아 지역의 미개한 국가들의 문화에 대한 선교사들의 태도는 매우 부정적이었다. 그것은 동양 문화의 고유한 가치를 인정하지 않았고, 동양의 문화에 비해 서구의 문화가 더 가치 있고 성경적인 문화라는 태도를 취하였던 것이 매우 잘못된 태도였다. 서구 선교사들의 이러한 태도는 그리스도인이 되려고 하는 아시아 지역의 사람들에게 많은 혼란과 거부감을 주었고, 서구 선교사들의 문화 정복에 대한 동양인들은 많은 의문을 제기하게 만들었다. 그것은 '우리가 그리스도인이 되기 위해서 꼭 서구의 문화의 옷을 입어야 하

---

50) Paul G. Hiebert, *Anthropological Insights for Missionaries*, 29.

는가?'라는 것이다.

사실 서구 문화가 기독교의 문화의 표준이 되어야 하는 근거는 없다. 역사적으로 볼 때, 유럽과 북미의 문화는 복음을 매우 늦게 받아들인 문화들이며, 확실하게 기독교적 문화라고 말할 수 없다.[51] 기독교 복음이 이스라엘의 국경을 넘어 이방인들에게 전하여졌을 때 당시 초대교회의 지도자들은 이방인들 가운데 그리스도인이 되고자 하는 사람들이 유대인들이 문화를 다 수용해야 한다고 말하지 않았다(행 15:1-14). 사도들은 분명하게 이방인 회심자들에게 구원을 얻기 위해 유대인이 될 필요가 없다고 말했다. 서구 선교사들의 일반적인 오류는 자신들의 문화와 복음을 동등하게 생각하려는 경향이었다. 서구 문화와 기독교가 동일하다는 생각으로 인해 서구에서 파송된 선교사들은 아시아인들에게 은연중에 자신의 문화의 우월성을 강조하였고, 때로는 자신들의 문화를 심어 놓기 위하여 현지인들의 문화와 전통을 짓밟아 버리기도 하였음을 부정할 수는 없다. 많은 경우에 타문화권(cross-cultural)에서의 선교가 실패하는 원인은 신학적인 문제에서 시작되는 것이 아니라, 그것은 서구 문화의 주입 문제에서 시작된다는 사실이다.

복음과 문화는 어떤 관계인가? 서로 충돌하는 관계인가? 아니면 서로 조화를 이루어야 할 관계인가? 이 문제는 매우 중요한 질문으로 이에 대한 다양한 견해들이 제시되고 있다. 리차드 니버(Richard Niebuhr)는 『그리스도와 문화(Chirst and Culture)』라는 책에서 다섯 가지의 입장으로 기독교의 복음과 문화의 관계에 대하여 다섯 가지로 소개하고 있다.[52]

---

51) Paul G. Hiebert, *Anthropological Insights for Missionaries*, 52.
52) David J. Hesselgrave, 『선교 커뮤니케이션』, 채은수 역 (서울: 한국로고스연구원, 1993), 22.

첫째, "문화에 대립하는 그리스도(Christ against culture)"로 여기서는 그리스도만이 절대의 권위이다. 따라서 문화의 요구는 거절된다.

둘째, "문화를 수용하는 그리스도(Christ of culture)"로 여기서는 그리스도인의 조직은 문화와 종류상 다르지 않고 질에 있어서만이 다르다. 최상의 문화는 예수 그리스도를 닮도록 성별되어져야만 된다.

셋째, "문화 위에 있는 그리스도(Christ above culture)"로 여기서는 은혜의 수용으로 문화를 완전케 한다. 비록 거기에는 양자 사이의 수탄한 회전이나 계속적인 병행성이 없을지도 모른다.

넷째, "역설적인 관계를 가진 그리스도와 문화(Christ and culture in paradox)"로 그리스도와 문화 양자는 다 같이 복종해야 할 권위이다.

마지막으로 다섯째, "문화의 변혁자인 그리스도(Christ and Transformer of culture)"로 여기서는 문화가 인간의 타락한 상태를 반영한다. 예수 그리스도 안에서 사람은 구속되고 하나님께 영광 돌리며, 그의 목적을 촉진하도록 새롭게 될 수 있다.

복음주의 선교신학(Theology of Mission)의 입장은 문화의 변혁자인 예수 그리스도라는 관점에서 문화를 바라보고, 세상 문화를 변혁시키는 데 초점을 둔다. 모든 종류의 문화는 궁극적으로 하나님의 심판 아래 놓여 있으며, 모든 기독교인들은 예수 그리스도에게 순종하는 가운데 문화 활동을 수행해야 한다고 말하며, 이들은 세상의 모든 문화가 예수 그리스도를 만날 때 그리스도인에게 합당한 모습으로 변혁되어야 한다고 주장한다.

1978년 윌로우뱅크 보고서(The Willowbank Report)에서 복음과 문화에 대하여 말하기를, "사람들이 때로 복음을 거절하는 이유가 복음이 잘못되었기 때문이 아니라 복음이 그들의 문화 특히 그들의 사회

구조나 민족적인 연대성 또는 조국의 전통에 위배된다고 생각하기 때문이다. 이것은 어느 정도 불가피한 문제이다. 그들에게 예수 그리스도는 혼란케 하는 자이기도 하고 동시에 화평케 하는 자이기도 하다. 오늘날 예수 그리스도는 모든 문화와 사회의 관습에 도전하고 있다."라고 발표하였다.

로잔위원회 성명서의 내용을 볼 때, 복음과 문화의 관계를 살펴보는데 매우 중요한 원리를 찾아볼 수 있다. 그것은 선교사는 현지 문화에 대하여 일반적인 태도를 취할 것이 아니라 현지 문화에 대한 매우 예민하고 신중한 태도를 가져야 한다는 것을 알 수 있다. 무조건적으로 비판한다거나 무조건적으로 수용하려는 태도는 올바른 자세가 아니다. 또한 자신의 문화에 대한 우월감을 가지고서 자신의 문화를 선교지에 이식시키려는 태도는 모두 잘못된 것이다. 선교사는 현지인들의 문화를 평가하고 분석한 후에 각 상황에 따라 적절한 태도를 가져야만 할 것이다.

제2장
상황화란 무엇인가?

상황화의 등장은 포스트모더니즘(Postmodernism) 시대에 있어서 시대적 사조의 영향이 절대적임을 부인할 수 없다.[53] 포스트모던(Postmodern)이란 단어는 모더니즘(Modernism) 내의 일종의 반작용을 나타내기 위해 프레데리코 드 오니스(Frederico de Onis)가 1930년대에 처음으로 도입하였다.[54] 그러나 포스트모더니즘(Postmodernism)이란 어휘가 전반에 걸쳐 언어로 시작된 것은 1956년 출판된 영국의 역사가 아놀드 토인비(Arnold J. Toynbee)의『역사가의 종교 이해(An Historian's Approach to Religion)』라는 책이다. 이 책에서 토인비는 포스트모더니즘(Postmodernism) 시대의 특징에 대하여 말하기를, "자포자기와 도피주의, 그리고 표류라고 보았으며, 그 시대는 언어와 관습, 그리고 종교 등 사회 문화의 모든 영역에서 아무것이나 무차별 수용하는 중심적이지 않는 혼합주

---

53) 포스트모더니즘은 용어 자체가 너무나 다의적이고 그 양태가 너무나 복잡해서 한 마디로 쉽게 정의할 수가 없다. 그러나 어느 정도 그 공통된 이념구조를 살펴보면, 상대주의, 다원주의, 혼합주의, 해체주의, 대중문화주의, 감성주의 체계로 나눈다. 이러한 주장을 하는 사람들은 절대적인 진리와 절대적인 가치를 부정한다. 그러므로 그들은 절대주권자이신 하나님을 인정하지 않는다. 그래서 그들의 정서는 늘 불안정하며, 그런 정서가 신앙인의 영혼 속에 스며들면 신앙인 자체가 무기력해지고 역동성과 가치관과 비전도 모두 파괴되어 버린다.

54) Eddie Gibbs, 『NEXT CHURCH』, 임신희 역 (서울: 교회성장연구소, 2000), 27.

의와 무비판적 관용의 시대이다."라고 표현하였다.[55] 그것은 기독교의 탈 서구화 현상에 의한 것인데 포스트모더니즘(Postmodernism)에 의한 발전과정 사고의 붕괴가 영향을 미쳤다. 실제로 포스터모더니즘(Postmodernism) 시대에 복음주의적 기독교인의 70%가 대부분 제2/3 세계에 위치해 있다.

이렇게 오늘날 기독교 선교는 다른 도전인 포스트모더니즘(Postmodernism)에 직면해 있다. 물론 영적인 체험에 대해 더 이상 부인하지 않지만, 문제는 세속주의(Secularism)가 아니라 상대주의(Relativism)와 실용주의(Pragmatism)의 논쟁이다. 그것은 예수 그리스도의 독특성과 유일한 구원의 길이라는 예수 그리스도의 선포에 대한 것이며, 이러한 복음의 진리를 부인하는 것이다.[56] 많은 사람들은 예수 그리스도를 유일한 구원자와 하나님으로 선포할 때 종교적 교만이라고 고소한다. 그러나 진리를 말하는 것은 교만이 아니라 다른 문화를 판단는 표준이 되려는 모든 문화의 교만에 대항하는 거룩한 하나님의 사랑의 표현이다. 따라서 21세기 선교는 현재 선교지에서 효과적인 선교의 방법과 전략, 그리고 원리들을 제공해야 하지만 복음주의적 상황화의 시도가 필요한데, 컨텍스트(context)를 강조하다가 텍스트(text)를 희생시키는 그러한 우선순위를 훼손하는 함정에 빠져서는 안 될 것이다.

상황화 신학(Contextual Theology)에는 텍스트(text)와 컨텍스트(context)의 관계가 나오는데, 복음주의 상황화 신학과 진보주의 상황화 신학으로 나눌 수 있다. 복음주의 상황화 신학은 텍스트(text)가 컨텍스트

---

55) 신국원, 『포스트모더니즘: 우리 시대의 사상과 문화에 대한 기독교적 조망』(서울: 한국기독교학생회출판부, 1999), 14.

56) Paul G. Hiebert, *Anthropological Reflections on Missiological Issues*, 73.

(context)를 주도하게 되며, 진보주의 상황화 신학은 컨텍스트(context)가 텍스트(text)를 주도하는 관점을 의미한다.57) 그래서 포스트모더니즘(Postmodernism) 시대에 살아가는 목회자와 선교사는 복음주의 상황화 신학의 관점에서 문화적 흐름과 사상적 배경을 제대로 이해하고 파악하여 적절하게 대응함으로써 이러한 문화에 압도되거나 침몰하지 않고, 오히려 포스트모더니즘(Postmodernism) 시대의 문화와 사회를 선교의 기회로 바르게 이용할 필요가 있다.58) 그래서 목회자와 선교사는 선지자적인 입장에서 상황화를 어떻게 이해하고 있는가는 매우 중요한 것이다.

사실 상황화(常況化, contextualization)는 토착화의 많은 것을 포함하고 있다. 그것은 토착화의 성취 위에 편승되어 그것의 오류와 편견, 그리고 틈을 메우기 위한 시도이다.59) 상황화의 용어는 선교신학(Theology of Mission)분야와 제3세계 신학분야, 그리고 문화인류학 등에서 이미 익숙해진 개념이다.60) 그러나 상황화라는 용어는 세계의 많은 민족들에게 복음을 전할 때 복음주의자들이 추구하는 이상으로 선

---

57) 조귀삼. "조상제사의 비평적 상황화 선교 연구", 『聖靈과神學』 제24호 (2008. 12월), 123. 진보주의 상황화 신학은 정치 사회적 이데올로기에 신학적 옷을 입히는 작업으로 인식되어 왔다. 오히려 기독교만의 독특한 메시지를 잃어버리고 기독교의 옷을 입었지만 속의 내용은 특정한 정치사회적 이데올로기화한 상황화 신학 논의를 접하게 된다. 이러한 상황화 신학은 기독교의 정체성을 잃어버리게 되는 공허한 작업으로 끝이 나게 되며, 이러한 신학적 작업은 생명도 길지 않다. 따라서 상황화에 대한 논의가 특정한 사회 정치적 이념을 위한 기독교적 옷을 입히기 위한 작업을 뛰어넘어, 각 문화적 토양에 교회가 뿌리를 내릴 수 있는 안목을 길러 주는 논의를 지향해야 할 것이다. 복음신학대학교대학원 오순절신학연구소, 『21세기에 읽는 오순절신학』 (대전: 복음신학대학원대학교, 2009), 78-79.

58) 전석재, 『21세기 세계선교전략』 (서울: 도서출판 대서, 2010), 73-74.

59) Dom M. McCurry, The Gospel and Islam (California: MARC, 1979), 107.

60) 이현모. "설교의 상황화, 어떻게 할 것인가?",『그 말씀』 (1998. 1월), 52. 여기서 문화인류학과 선교가 처음 관계를 맺게 된 것은 성경번역에 중요한 역할을 하는 언어학 때문이다. 문화와 문화 사이의 근본적인 차이에 대한 인식이 깊어지면서 여러 가지 새로운 질문이 제기 되었다. 그것은 타문화 의사전달, 성육식 사역, 상황화, 신학과 사회문화의 관계 등에 관한 것들이다. Paul G. Hiebert, Anthropological Reflections on Missiological Issues, 9-10.

호하는 표지(marks)로서 오래 역사를 갖고 있지 않다. 이 용어는 1970
년대 후반에 비로소 토착화(indigenization)라는 표지로 대치되었다.61)

상황화의 영어 단어인 '컨텍스추얼라이제이션(contextualization)'은
단어 '컨텍스트(context)'에서 나왔다.62) 상황화는 특수한 상황으로 지
역, 문화, 성별, 나이, 직업 등 여러 가지 상황에 있는 사람들에게 말
씀을 정확하게, 그리고 그들이 잘 이해할 수 있도록 적절하게 전하려
고 하는 신학적 작업이다. 때로는 상황화(contextualization)란 용어 대
신 토착화(indigenization)이란 용어를 쓰기도 하지만, 토착화는 주로
문화적 형식(cultural form)을 통해 복음을 전하려는 시도라고 할 수
있다.

이러한 상황화의 시도는 기독교뿐만 아니라 타종교를 통해서 찾아
볼 수 있다. 제2차 세계대전이 끝나면서 불교가 부흥하고 국제화하여
선교적 종교로 변호하였다. 기독교와 서구 문명의 영향을 받으면서
불교도 조직과 제도, 그리고 의식 등 많이 근대화를 이루었다. 더 중
요한 것은 불교의 국제화의 시도로 방콕에서 모인 세계적 불교대회
에서 태국 고위층 인사가 불교는 세계의 모든 문제를 해결할 수 있다
고 외쳤다. 불교도 에큐메니칼 운동을 전개하여 한국의 승려들이 몽
골과 스리랑카, 그리고 태국으로 가고 반대로 오기도 하여 불교도 세
계적으로 선교운동을 확대하고 있다.63)

---

61) Charles H. Kraft, 『말씀과 문화에 적합한 기독교』, 김요한 · 피터 강 · 크리스티나 강 · 백신종 역 (서울:
    생명의말씀사, 2007), 43.

62) 상황(context)이란 말은 라틴어의 'contextus'에서 온 말로 '함께 엮다(weaving together)'라는 뜻을 가지
    고 있다. 'contex'는 'text'를 동반하고 둘러싸인 모든 것을 지시한다. 또 다른 정의는 그것은 한 단어나
    구절을 둘러싸고 있는 어떤 의견이나 그것들의 의미에 빛을 던지는 것, 그리고 주변에서 존재하고 일어나
    고 관계된 조건들을 지시한다. Orlando E. Costas, *Christ Outside the Gate* (New York: Orbis Books,
    1984), 4.

63) 강승삼 편저, 『한국교회의 새로운 도전 전방개척선교』 (서울: 한선협, 2005), 319.

한국에도 이미 많은 서구 승려들이 한국 문화를 실천하며, 한국 불교를 배워서 서구에 전파하려고 한다. 이렇게 불교의 근대화는 물론 서구 문명과 기독교의 영향이다. 기독교가 불교에서 배운 것은 없고, 도리어 불교가 기독교에서 많은 것을 상황화하여 근대화를 진행하였다.[64] 또한 불교의 찬불가와 불교학교, 그리고 합동 수계식 등을 도입하며, 심지어 도시를 중심으로 전세 사원을 세우기도 하여 과감하게 사회 속으로 들어와 불교의 모습을 드러내고 있다. 안국동 불교서점은 소프트웨어만 다르지 기독교 서점에 온 것으로 착각할 수 있다. 이러한 불교의 상황화의 시도는 한국의 불교가 오히려 동남아보다 늦은 감이 있다.[65] 스리랑카의 경우는 이미 1970년대에 제도와 기구의 상황화를 시도하여 기독교의 **YMCA**를 모방으로 **YMBA**라는 조직을 구성하기도 하였다. 물론 이상한 대조 현상이지만 비서구에서 기독교가 상황화보다 먼저 전통 문화에 복음을 접목시키려는 토착화를 시도하였다면, 타종교는 오히려 기독교를 모방하며 과감하게 현대화를 시도했다는 것이다.[66]

원불교도 이미 기독교에서 많은 제도를 모방하여 상황화하였다. 이것은 기독교로서는 심각한 문제가 아닐 수 없지만 타종교가 기독교로부터 많은 것을 수용하여 외형적으로는 종교의 차이를 점차 훼손함으로써 이제 모든 종교가 궁극적으로 동일하다는 인상을 주어 기독교 선교를 더 어렵게 만들고 있다.

상황화는 최근 선교신학계에서 주목 받고 있는 중요한 주제들 가운

64) 강승삼 편저, 『한국교회의 새로운 도전 전방개척선교』, 319.
65) 전호진, 『종교 다원주의와 타종교 선교전략』 (서울: 개혁주의신행협회, 1997), 16.
66) 전호진, 『종교 다원주의와 타종교 선교전략』, 16.

데 하나이다. 하나님의 말씀을 전달하는 것은 상황과 분리될 수 없기에 선교에서 상황화 작업은 필수적인 요구이며, 사실 위험한 작업이기도 하다. 상황화 작업은 문화적인 측면과 사회적인 측면, 그리고 정치적인 측면과 신학적인 측면을 함께 포괄한다. 즉, 문화와 사회, 그리고 정치 안에서 기독교 진리의 전달은 본질적인 성경의 의미에 변화를 가하지 않고 토착의 문화의 형태와 사고를 빌려야 사회와 정치, 그리고 문화에 상응하는 접근일 때 효과적이라 할 수 있을 것이다.[67]

제3세계에서의 기독교 선교는 사회와 정치적으로 식민주의와 제국주의적 환경에서 시작된 과거와 자본주의와 세속주의적 환경의 현재라는 상황에 놓여 있다. 이러한 상황에서 제3세계 교회는 어떻게 효과적으로 복음의 진리를 적용할 것인지에 대한 상황화의 문제일 것이다.[68] 상황화가 되지 않거나 부족할 경우, 하나님의 말씀은 특정한 상황에 제대로 뿌리를 내릴 수 없게 된다. 그리고 선교활동이 진행되는 과정에서 본래 의도했던 하나님의 말씀을 벗어나면 혼합주의(Syncretism)로 빠질 위험성이 있다.[69] 남인도의 시골 성도들의 경우에 혼합주의(Syncretism)란 기독교와 힌두교를 짬뽕한 것이라고 말한다.[70]

---

67) 영남신학대학교 선교신학 교수인 안승오는 상황화에 대하여 말하기를, "상황화는 상황(Context)을 성경의 텍스트보다 우선하면서 말씀으로부터 신학을 배제하거나 경시하는 경향이 강하고, 상황의 변화를 이끌어 갈 수 있는 교회의 개척보다 상황의 혁명적 변화를 강조하는 상황화는 복음의 생명력과 본질을 변질시킬 위험성이 있다."고 지적하였고, "하나님의 선교에 참여하기 위해 정의와 인간화, 즉 인간의 소외문제의 해결을 위한 투쟁에 참여하는 것보다 더 중요한 것이 바로 복음을 전달하는 것이다."라고 강조하였다. 그리고 안승오는 바람직한 상황화에 대하여 말하기를, "사회변혁을 추구하되 기본적으로 사회변혁의 기본적인 단계인 자립교회 개척이 선행되어야 한다."라고 강조하였다. 특히 현장의 지역적 다원성에 집착하다 보면 복음의 보편성을 잃기 쉬우므로 복음의 보편성 속에서 지역신학 작업이 적용되어야 하며, 아울러 복음은 현장 상황에 따라서 전달과정에서 그 강조점은 달라질 수 있지만 전달해야 할 복음의 내용은 결코 변질되지 말아야 한다. 그동안 상황화는 사회변혁 쪽에 치우쳐 있었다. 그러나 이제는 건강한 상황화 교회를 세움에 더 강조점을 두어야 할 것이다. 안승오, "상황화, 사회변혁 쪽에 치우쳤다", http://www.newspower.co.kr/sub_read.html?uid=17415.

68) 채은수, "선교에 있어서 상황화", 『신학지남』 통권 제253호 (1997, 12월), 15-16.

69) 김승호, 『복음주의 선교신학에 대한 이해』 (서울: 예영B&P, 2008), 209.

선교는 상황화를 통해 이루어진다.[71] 그러나 잘못된 상황화로 인해 하나님의 말씀이 변질되어 훼손시킬 수 있기 때문에 복음을 전하는 선교사는 본래 말씀의 순수성을 지켜야 한다. 동시에 듣는 자들이 하나님의 말씀을 쉽게 이해할 수 있도록 상황화에 대한 전(全) 이해가 필수적이다.

1. 상황화의 역사

상황화의 용어는 제2차 세계대전이 끝난 이후에 제국주의적 식민 통치 시대가 종식되고, 제2/3세계 교회들이 자기 정체성을 찾아가는 과정에서 기존의 서구신학에 대해 공개적인 의문을 제시하기 시작하면서 탄생하였다.[72] 상황화란 주제가 공식적으로 등장한 것은 1957년부터 1958년까지 가나에서 열린 국제선교협의회(IMC: International Missionary Council)의 총회에서 결성된 '신학교육기금(TEF: Theological Education Fund)'의 제3차 위임 프로그램의 결과로 태동되었다. 특히 이 연구 결과로 교회 사역을 위한 인간의 교육과 변화라는 관점을 가지고 1972년에 세계교회협의회(WCC) '신학교육기금(Theological Education Fund)'의 책임자였던 대만 신학자 쇼키 코우(Shoki Coe)와 부책임자 아론 삽세지안(Aharon Sapsezian)이 상황화란 용어를 처음으로 『상황 속의 사역(Ministry in Context)』이라는 책에서 사용하였다.[73] 이것은

---

70) Paul G. Hiebert, 『21세기 선교와 세계관의 변화』, 홍병룡 역 (서울: 도서출판 복 있는 사람, 2010), 17.

71) 최정만, 『월드 뷰와 문화이론』 (서울: 도서출판 이레서원, 2006), 386.

72) 이현모, 『설교의 상황화, 어떻게 할 것인가?』, 53. 제2/3세계라는 용어는 제 3세계라는 용어와 지리적으로 동일한 지역을 일컫는 말이다. 그러나 제3세계라는 용어가 서구 국가들이 일방적으로 경제적 능력에 따라 나라들의 등급을 매긴 개념이어서 기독교계에서는 점차 이 용어의 사용을 거부하고 동일한 지역을 지칭하지만 세계 인구의 2/3가 거주하는 지역이라는 의미로 2/3세계라는 용어를 사용하고 있다.

토착화에 포함된 모든 것뿐만 아니라 세속화의 과정 및 제2/3세계에서 벌어지고 있는 인류 정의에 대한 투쟁까지도 고려하였다.[74] 그들은 사회 속에서 일어나는 결정적인 문제들에 관하여 기독교 메시지의 적용을 강조하였던 것이다.[75]

실제로 이 책자는 '신학교육기금(Theological Education Fund)'을 위한 세 번째 위임의 적용 정책으로 그 기원은 우선 록펠러 재단이 제2/3세계에 있는 교회들을 위해 지도자들을 훈련시키기 위한 '신학교육기금(Theological Education Fund)'으로 3백만 달러를 기부하였던 1957년으로 거슬러 올라간다. 이 '신학교육기금(Theological Education Fund)'은 "복음의 상황화"라는 견해에 따라 사용되었던 것이다. 전체 1970년에서 1977년까지의 기간 중에서 이 세 번째의 경우는 다른 때보다 좀 더 급진적(radical)이었다고 말할 수 있다. 이는 예전보다 더 새로운 방향을 제시하려 하였으며, 옛날 방식을 개혁하려는 데 강조점을 두고 있다.[76]

상황화라는 용어는 에큐메니칼 신학 운동에 그 배경을 두고 있다. 그러나 1974년에 복음주의자들 사이에서도 상황화라는 용어를 많이 쓰게 되었다.[77] 빌리 그래함(Billy Graham) 목사를 중심으로 스위스 로잔에서 열린 세계복음화국제대회에서 아프리카 신학자 비양 카토(Byang H. Kato)가 『복음과 문화적 상황화, 종교 혼합주의』라는 글을 발표하고

---

73) David J. Bosch, *Transforming Mission: Paradigm Shifts in Theology of Mission* (New York: Orbis Books, 1991), 421. 김승호, 『선교와 상황화』 (서울: 도서출판 토라, 2007), 23. 코우는 1972년 이전에도 'text'와 'context'와 같은 용어들을 자주 사용하였다.

74) Bruce J. Nicholls, 『상황화: 복음과 문화의 신학』, 27.

75) 정흥호, 『복음주의입장에서 본 상황화신학』 (서울: 한국로고스연구원, 1996), 22.

76) 정흥호, 『복음과 상황화』, 58-59.

77) Phil Parshall, 『무슬림 전도의 새로운 방향』, 채슬기 역 (서울: 도서출판 예루살렘, 2003), 40.

부터 이 용어를 사용하게 되었다. 물론 복음주의 그룹에서는 소극적인 자세로 상황화 개념을 동의하고 수용하지 못하였다.[78] 사실 고전적인 신앙 개념에 있어서 신앙의 범주에 문화라는 요소를 포함시켜 생각한다는 것은 마치 신학 및 신앙의 문화적 상대성을 인정하는 것과 같다. 1978년 버뮤다(Bermuda)에서 열린 월로우뱅크(The Willowbank Report) 회의는 대표적인 학자들이 이러한 문제에 관한 논의를 한 후 성서적으로 볼 때 상황화가 합당한 개념임을 널리 알렸다. 그들은 오히려 성경 자체가 상황화되어진 책임을 지적하였다. 그 이후 1980년대 초반까지 여러 차례의 회의를 거치면서 복음주의 그룹 내에서도 점진적으로 상황화라는 개념을 수용하게 되었다.[79]

한국은 1970년대 후반부터 상황화라는 개념이 소개되었다. 처음 소개될 때에는 경계의 대상으로 바라보았지만 1980년대 몇몇 학자들이 상황화를 주제로 하는 글을 서서히 쓰기 시작하였고, 1990년대에 들어서 상황화를 주제로 하는 박사학위 논문들이 나오면서 긍정적으로 받아들였다.[80]

이러한 상황화의 필요성은 '교회 선교(Church Mission)'라는 도식에서 '하나님의 선교(Missio Dei)'라는 전이를 제공하게 되었던 것이며, 사역의 형태가 하나님께 복종하는 모든 사람들의 연대성에 궁극적으로 공헌할 수 있다는 새로움에 대한 큰 가능성을 던져 주게 되었던 것이다.[81]

---

78) 이현모, 『설교의 상황화, 어떻게 할 것인가?』, 53-54.
79) 이현모, 『설교의 상황화, 어떻게 할 것인가?』, 54.
80) 이현모, 『설교의 상황화, 어떻게 할 것인가?』, 54.
81) Harvie M. Conn, *Eternal word and changing worlds* (Grand Rapids: Academie Books, 1984), 180.

루이 코스타(Ruy O. Costa)는 문화화나 토착화에 대하여 말하기를, "어느 한 문화에 받아들여진 복음에 대한 번역이나 해석에 집중한 변증학적 방법론인 반면에, 상황화는 성경과 상화의 상호 의존성을 풀어야 하는 변증법적 진행 과정을 갖고 있다."라고 지적하였다. 물론 이 말에는 사람들이 무엇을 믿고, 무엇을 생각하며, 어떻게 행동하는가에 관한 여러 가지 양상들이 상황에 따라 전개되고 형성되어 간다는 인식이 깔려 있는 것이다.82) 상황화는 현재까지도 많은 토의와 논쟁이 진행되고 있다. 사실 상황화의 기원은 성경과 지난 2000년의 교회 역사 속에서 이미 그 흔적을 광범위하게 찾을 수 있는 신학적 기원과 근거를 갖고 있는 주제이다.83)

여기서 사전적 정의 이외에 몇 가지 강조점을 가지고 있다. 첫째, 상황화의 기본 자료는 복음이라는 것이다. 이는 상황화의 대상이 기존의 신학이나 기존의 어떤 개념이 아니라 복음 자체라는 것이다. 둘째, 상황화는 지속적인 행동이라는 것이다. 상황화는 완료되어지는 것이 아니라 상황 자체가 변화되어지는 것이기 때문에 계속적으로 진행되는 작업이다. 마지막으로 셋째, 상황화는 단순한 의미의 문화가 아니라는 것이다. 상황은 기독교가 소개되어지는 사회 내에 존재하는 모든 양상을 의미한다. 전통적인 문화뿐만 아니라 정치, 경제, 사회, 윤리, 관습 등 모든 것이 상황에 해당된다.84) 상황화의 관심은 문화나 상황인데 전통적인 문화가 아니라 항상 현재의 문화임을 강조한다는 것이다. 즉, 지금의 한국 문화가 무엇이냐고 한다면, 고전

---

82) 정흥호, 『복음과 상황화』, 64
83) 김승호, 『선교와 상황화』, 5.
84) 이현모, 『설교의 상황화, 어떻게 할 것인가?』, 54.

의상, 탈춤, 궁중 요리, 고전적 결혼 제도, 전통적 가치 및 윤리관에 그치는 것이 아니라 연령에 따라 힙합 바지와 물들인 머리, 피자, 독신 생활의 선호, TV 중독 등을 포함한다는 것이다. 이러한 측면을 부인하면서 상황화를 시도한다면 가렵지 않은 곳을 긁어 주는 꼴밖에 되지 않을 것이다.[85)]

따라서 복음주의 입장에서는 신학의 상황화(The Contextual of Theology) 작업에 대해 조심스러운 접근을 하지 않을 수 없다. 즉, 상황에 따라 변화가 가능한 성경의 영역이 어디까지인지, 성경에서 절대 변화될 수 없는 초문화적, 초시대적인 영역이 어디까지인지를 놓고 조심스럽게 접근해야 한다. 이러한 관점에서 비추어 구체적으로 상황화가 무엇인지를 살펴보고자 한다.

2. 상황화의 정의

상황화는 여러 사람들에 의해 여러 가지 의미로 이해되어 사용되고 있다.[86)] 첫째, 복음주의적인 입장이 있다. 복음주의에서는 상황화의 목표를 하나님의 말씀을 전달하는 데 그 초점을 맞추고 있다. 이 것은 전하는 자의 입장에서는 하나님을 말씀을 특정한 상황에 맞게 그리고 계시자의 입장에서는 바르고 정확하게 또한 계시를 받는 자의 입장에서는 의미 있고 이해하기 쉽게 전하는 것을 목표로 한다. 둘째, 자유주의(Liberalism)의 입장이 있다. 자유주의에서는 사회와 정치, 그리고 경제와 인권과 같은 영역까지를 포함하여 인간 감의 형편

---

85) 이현모, 『설교의 상황화, 어떻게 할 것인가?』, 54-55.
86) 김승호, 『선교와 상황화』, 5-6.

과 상황을 증진시킬 목적으로 상황화 작업을 시도하고 있다. 마지막으로 셋째, 혼합주의(Syncretism) 입장이 있다.

미국 트리니티복음주의신학교(Trinity Evangelical Divinity School) 선교신학 교수 헤롤드 네틀란드(Harold Netland)는 혼합주의(Syncretism)에 대하여 말하기를, "특정 종교가 다른 종교의 어떤 것들을 채택해서 본래 자기의 것을 잃을 때 나타나는 것이다. 본래 자신의 종교가 가진 색채도 잃고 상대방의 것도 아닌 중간 색채를 띠는 것이다."라고 하였다.[87] 예를 들면, 16세기 중국에서의 가톨릭 선교의 이야기 가운데 조상에게 향을 피우는 의식들에 대해서 예수회 신자들은 괜찮다고 생각하였다. 이것이 바로 혼합주의(Syncretism)이다.[88] 이러한 관점에서 상황화의 분명한 위험은 기독교의 위상을 높이는 것보다 오히려 배반과 타협을 통해 기독교와 문화를 혼합할 수 있는 것이다. 예를 들면, 문화를 진지하게 다루는 신학이 19세기 자유주의(Liberalism) 신학의 경향에 따라 쉽게 문화신학이 될 수 있다는 것이다.

하비 칸(Harvie M. Conn)은 복음주의 진영에서는 혼합주의(Syncretism)에 대한 두려움이 상황화 신학(Contextual Theology)에 논의된 이후 분명히 존재하였다. 그러나 지난 10년 내지 15년 사이에 열렸던 많은 신학회에서 나타난 것은 이런 두려움의 표현들을 실례로 들었던 것이 사실이다.[89] 물론 비록 복음주의에서 가장 긴박하게 논의했지만 이런 두려움은 복음주의에만 국한된 것이 아니다. 에반겔리 눈티안디

---

87) Harold Netland, 『선교와 종교다원주의: 선교신학과 선교훈련에 있어서의 쟁점들』, 안점식 역 (서울: 한국해외선교회 출판부, 1997), 144.

88) Harold Netland, 『선교와 종교다원주의: 선교신학과 선교훈련에 있어서의 쟁점들』, 144.

89) Eugene Hillman, *Polygamy Reconsidered: African Plural Marriage and the Christian Churches* (New York: Orbis Book, 1975), 88-89.

(Evangelii Nuntiandi)와 같은 로마 가톨릭 교황 문서에도 상이한 문화와 사회, 그리고 인종적 환경을 고려하는 신학적 표현을 권장하지만 신앙의 내용이 손상되거나 훼손되어서는 안 된다며 경고한 적이 있었다.[90]

복음주의 선교신학자 브루스 니콜스(Bruce J. Nicholls)는 자신의 글에서 『복음의 유일성(the uniqueness of the gospel)』은 상황화가 지켜야 할 절대적인 진리라고 보았다.[91] 현재 진행되고 있는 상당수의 상황화 작업이 성경의 기초를 이탈하고 있으며, 단순히 청중들의 필요와 이해에만 초점을 맞추려고 하다가 기독교의 핵심적인 교리들을 훼손하는 방향으로 흘러가고 있음에 주목할 필요가 있다. 특히 이슬람권을 선교하고자 하는 간절한 소망 때문에 기독교의 핵심인 교회를 포기하거나 훼손하면서까지 상황화를 하려는 시도는 결코 바람직하지 않다.

상황화가 복음을 전하는 방법과 수단, 그리고 생활방식(life style)에 영향을 줄 수 있겠지만 영원불변한 하나님의 말씀을 변경시키는 실수를 범해서는 안 된다.[92] 에베소서 6:17에 의하면, 성경은 그리스도인들에게 주신 유일한 공격형 무기이며 매우 유용한 무기임을 가르쳐 주고 있다. 하나님의 말씀을 변경시키는 것은 말씀 자체를 약하게 만드는 해적 행위이며, 말씀의 능력을 빼앗는 하나님 앞에서의 범죄 행위이다.

특정한 문화 혹은 상황에 있는 자들로 하나님의 말씀을 더 잘 이해

---

90) Stephen B. Bevans, 『상황화 신학』, 최형근 역 (서울: 죠이선교회출판부, 2002), 63.
91) Phil Parshall, *New Paths in Muslim Evangelism* (Grand Rapids: Baker Book House, 1981), 195-196.
92) 김승호, 『선교와 상황화』, 179.

할 수 있는 방식으로 복음을 제시하려는 상황화 작업은 반드시 필요하며, 또한 요구는 할 수 있겠지만 하나님의 말씀이 훼손되거나 하나님의 관심사보다 인간의 관심사가 강조되는 상황화 작업은 경계해야 할 대상이다.[93]

사실 그동안 상황화는 문화수용(accommodation)과 적응(adoption), 그리고 문화화(inculturation), 토착화(indigenization)와 같은 용어들과 혼용되어 사용하였다.[94] 따라서 물론 만족할 만한 정의로는 통일하지 않았지만 지금까지 상황화에 대한 여러 학자들이 내린 주장들은 다양하다.

1) 찰스 테이버(Charles Taber)의 주장

의미의 원천에 관한 하나의 단순한 개념에서 시작하여 상황적 해석을 발전시킨 미국의 복음주의 선교학자인 테이버는 상황화에 대하여 말하기를, "모든 인간 공동체와 각 사람을 그 사람 자신들의 언어

---

93) 김승호, 『선교와 상황화』, 179.

94) 문화수용은 개신교에서 이 방식을 어느 정도 따르고 있지만 전통적으로 로마 가톨릭 교회가 가장 선호하는 상황화의 방식이었다. 가톨릭 선교신학자인 루이스 루즈베탁(Louis J. Luzbetak)은 문화수용 혹은 적응에 대하여 말하기를, "특정 문화에 대한 태도와 외형에서 그리고 실제적 방식에 있어 존중하며, 세심하게, 숙련되게 그리고 신학적으로 바람직하게 적용하고자 하는 노력이다."라고 하였다. Louis J. Luzbetak, *The Church and Cultures* (IL: Divine Word, 1963), 60. 사실 로마 가톨릭과 예수회(Jesuit)의 선교전략은 전통적으로 강한 수용성의 경향을 갖고 있다. 그 이유는 선교의 확장과 진보를 위해 수용성을 중요하게 여겼기 때문이다. 그들은 이 수용이라고 하는 자신들의 선교개념을 성경에서 찾고자 했다. 김승호, 『선교와 상황화』, 32. 문화화는 미국 뉴욕에 나약대학(Nyack College)의 교수이자 선교사였던 바니에 의해서 1973년에 만들어졌다. 바니는 복음이 각각의 문화에 어울리게 전달되어야 하지만 초문화적인(supracultural) 복음의 본질 또한 상실되거나 왜곡되어서는 안 된다고 주장한다. 그는 문화화에 대하여 말하기를, "복음의 초자연적 성격을 복음전도자의 문화로부터 분리시킨 후 다른 사람의 사회제도, 문화에 아식시킴으로 그 문화와 사회제도의 변혁을 추구하는 과정이다." 하였다. David J. Hesselgrave, *Theology and Missions* (Grand Rapids: Baker Book House, 1978), 90. 토착화는 내부에서 만든 것 혹은 내부적으로 낳는 것을 의미한다. 정지된 개념이 아니라 미래 지향적이며, 일반사람들에 의해 더욱 쉽게 이해될 수 있는 개념이다. 토착화는 이 용어와 상황화 사이에 현재 일어나고 있는 논쟁을 살펴봄으로 그 의미가 더 구체적으로 설명될 수 있다. David J. Hesselgrave, *Theology and Missions*, 92-93.

와 문화적, 종교적, 사회적, 정치적, 경제적 모든 차원에서 구체적인 상황을 심각하게 생각하고 이해하며, 복음이 그 상황에 있는 사람들에게 무엇이라 말하는지를 분별하고자 하는 노력이다. 여기서 고정관념에 사로잡힌 성급한 판단보다는 실험 관찰하며 상황을 깊이 분석하는 것이 필요하다. 상황화는 하나님께서 이 사람들에게 뭐라고 말씀하시는지 성경에서 발견하고자 하는 것이다. 즉, 상황화란 예수님께서 복음을 전하실 때 민감하고 조심스럽게 각 사람의 상황에 맞게 전하신 그분이 예를 매우 진지하게 취하는 것이다."라고 하였다.95)

2) 루이스 루즈베탁(Louis J. Luzbetak)의 주장

가톨릭 선교학자 가운데 복음적인 성향을 띠고 있는 루즈베탁은 상황화에 대하여 말하기를, "교회와 특정한 문화 사이의 적절한 관계를 맺는 것으로 이해한다. 그리고 상황화는 태도와 외적 행동, 실제적인 사도적 접근에 있어서 원주민 문화에 대한 교회의 예의 바르며, 신중하고 과학적이며, 신학적으로 건전한 적용이다."라고 하였다.96)

3) 도날드 맥가브란(Donald McGavran)의 주장

교회성장운동의 아버지인 맥가브란은 상황화에 대하여 말하기를, "만일 신학이 어떤 문화의 사람들에게 사용되고자 한다면, 그들이 사고 세계의 용어들로 이루어져야 한다. 그리고 그들에게 이해될 수 있

---

95) Stephen Neill, *Christian Missions* (Baltimore: Penguin Books, 1964), 179.

96) Louis J. Luzbetak, *The Church and Cultures* (Pasadena: William Carey Library, 1970), 343.

어야 한다. 이것은 일반적으로 그 사람들이 그것을 구성한다는 것을 의미할 것이다. 각 부족과 각 단일단위와 각 인종 안에 있는 기독교인들은 성경 계시와 더불어 씨름해야 한다. 그들은 성경을 그들 자신의 언어로 번역할 뿐만 아니라 그 계시들을 그들 자신의 사고구조로 표현할 것이다. 오늘날 이와 같은 과정을 표현하는 일반적인 단어가 상황화이다."라고 하였다.[97]

4) 브루스 니콜스(Bruce J. Nicholls)의 주장

세계복음주의협의회(World Evangelical Fellowship) 신학위원회 총무를 역임한 니콜스는 상황화에 대하여 말하기를, "변하지 않는 하나님 나라의 복음의 내용을 특정한 문화나 그 문화에서 살고 있는 사람들의 삶의 상황에 맞게 의미 있는 구두적인 형태로 바꾸는 것이다."라고 하였다.[98]

상황화는 문화 변동에 있어서 동시대의 요인들을 진지하게 다룬다.[99] 또한 니콜스는 기존의 상황화에 대한 정의에 색다른 요소들을 적용하므로 다른 복음주의신학자들과는 약간 다르게 상황화에 대하여 말하기를, "상황화는 토착화 작업에 수반되는 모든 요소들을 포함시키지만 또한 제3세계의 역사적인 운동(historical movement)으로 특징되는 세속화(secularity)와 기술화(technology), 그리고 인권을 위한

---

97) Arthur F. Grasser, *A Contemporary Theologies of Mission* (Grand Rapids: Baker Book House, 1983), 139.
98) David J. Hesselgrave & Edward Rommen, *Contextualization: Meaning, Methods and Models* (Grand Rapids: Baker Book House, 1989), 149.
99) Bruce J. Nicholls, 『상황화: 복음과 문화의 신학』, 28.

투쟁도 함께 고려하는 신학적 작업이다."라는 정의를 시도하였다.

5) 쇼키 코우(Shoki Coe) & 아론 삽세지안(Aharon Sapsezian)
의 주장

1972년 상황화라는 용어를 최초로 사용했던 대만 신학자 코우와 삽세지안은 상황화에 대하여 말하기를, "특정 상황에 있는 사람들이 복음에 대해 의미 있게 반응하는 능력이다. 상황화는 단순히 일시적인 유행이나 슬로건이 아니라 말씀의 성육신적인 성격에 의해 필연적으로 요구되는 신학 작업이다. 상황화는 토착화(indigenization)가 추구하는 모든 것을 포함하면서도 그 이상을 향해 나아가며, 특별히 제3세계가 처한 특수성 및 역사적 현실을 중요하게 고려한다."라고 하였다.100)

6) 데이비드 헤셀그레이브 & 에드워드 롬멘(David J. Hesselgrave &
Edward Rommen)의 주장

성경과 선교를 통합하여 시도한 헤셀그레이브와 최근에 선교신학자로 부각된 롬멘은 상황화에 대하여 말하기를, "복음의 해석적 주장들을 하나님의 백성들에게 의식화시키는 과정이다."라고 하였다.101) 상황화는 복음의 본질의 불변성을 강조하면서 복음을 전해야 할 사람들의 사회문화적 상황을 변혁할 가능성에 더 많이 주목한다.102) 그

---

100) Theological Education Fund, *Ministry in Context* (London: Theological Education Fund, 1972), 19.
101) David J. Hesselgrave & Edward Rommen, *Contextualization: Meaning, Methods and Models*, 34.

래서 상황화는 청중의 문화적 상황에 메시지를 적응하여 전달하는 것이다.103) 상황화는 효과적인 커뮤니케이션을 위해 문자적으로 관련하여 성경의 진리를 해석하는 것으로 볼 수 있다.

7) 비양 카토(Byang H. Kato)의 주장

아프리카 신학자인 카토는 상황화에 대하여 말하기를, "시대와 대상, 그리고 문화에 따라 변화는 방식으로 불변의 하나님을 말씀을 적합하게 표현하고자 하는 노력이다. 하나님의 말씀은 영감되었지만 그 표현방식은 그렇기 않기에 표현방식의 상황화란 옳은 것일 뿐만 아니라 필요한 것이다."라고 하였다.104) 다시 말하면, 상황화는 어떤 개념(concepts)이나 아이디어(ideas)를 특정한 상황 가운데 적절하게 만드는 것이다.105)

8) 하비 칸(Harvie M. Conn)의 주장

미국 웨스트민스터신학교(Westminster Theological Seminary)의 선교신학 교수였던 칸은 상황화에 대하여 말하기를, "문화 및 인간이 처한 모든 상황 전반을 고려하며, 특히 제3세계의 문화와 모든 상황 전반을 고려하는 신학적 작업이다."라고 하였다.106) 이러한 관점에서

---

102) David J. Hesselgrave & Edward Rommen, *Contextualization: Meaning, Methods and Models*, 31–32.
103) David J. Hesselgrave & Edward Rommen, *Contextualization: Meaning, Methods and Models*, 1.
104) 김승호, 『선교와 상황화』, 20.
105) 김승호, 『복음주의 선교신학에 대한 이해』, 211.
106) Harvie M. Conn, *Evangelicals and Liberation* (NJ: Presbyterian and Reformed, 1977), 93

칸은 모든 하나님의 백성이 복음의 해석학적 책임에 대해 의식화되어지는 과정으로 보았다.107) 다시 말하면, 하나님의 백성이 판단과 구원의 원천이라고 할 수 있는 성경을 그들의 문화 제한적 삶의 모든 요소에 의식적으로 적용한다는 것을 의미한다.108) 칸은 1977년 『복음주의 해방』이라는 글에서 하나님 중심의 상황화를 주장하였는데, 신학의 상황화(The Contextual of Theology)보다는 선교에 대한 상황화를 강조하였다.

9) 스티븐 베반스(Stephen B. Bevans)의 주장

시카고 가톨릭연합신학대학원(Catholic Theological Union)에 역사교리학부 교수 베반스는 신학교에서 그리스도의 강림은 빛과 따뜻함을 주는 태양이라는 설교를 했다. 그런데 그 예배에 참석한 한 인도인이 인도에서 태양은 은혜나 기쁨이 아니라 적(敵)이라고 한 것이다. 그때부터 베반스는 상황화의 중요성을 인식하기 시작했다.

베반스는 상황화에 대하여 말하기를, "신학이 전통적인 문화적 가치뿐만 아니라 사회적 변화와 새로운 종족집단, 그리고 현시대 세계화의 현상으로 지구상의 다양한 민족과 접촉하면서 야기된 충돌문제와 상호작용라고 대답할 필요가 있다는 사실을 지적해 준다. 그러면 상황화란 인간경험, 사회적 위치, 문화, 문화적 변화 등을 신중하게 다루는 신학을 기술하기 위해서 사용된 용어인 것이다."라고 하였다.109)

---

107) William J. Larkin, *Culture and Biblical Hermeneutics: Interpreting and Applying the Authoritative Word in a Relativistic Age* (Grand Rapids: Baker Book House, 1988), 170.

108) William J. Larkin, *Culture and Biblical Hermeneutics: Interpreting and Applying the Authoritative Word in a Relativistic Age*, 171.

10) 더키 스미트(Drikie Smit)의 주장

남아공에 웨스턴 케이프 주에 스텔렌보스대학교(Stellenbosch Univeresity)의 조직신학 교수 스미트는 상황화에 대하여 말하기를, "상황화 신학들은 서구 기독교의 전통적인 신학이라고 불리는 모든 형태를 포함해서 하나님에 대하여 생각하고 말하는 모든 신학들은 신자들이 살아가는 상황에 영향을 받은 상황적인 것이다."라고 강조하였다.[110]

11) 스탠리 그렌즈(Stanley J. Grenz)의 주장

캐나다 밴쿠버에 있는 캐리신학교(Carey Theological Seminary)의 신학 및 윤리학 교수이자, 리젠트대학(Regent College)의 신학 및 윤리학 교수였던 그렌즈는 상황화에 대하여 말하기를, "상황화는 신학자들이 현시대의 사람들에게 이해 가능한 언어로 성경의 영원한 진리를 설명하기 위해서 신학화로 밝혀지는 문화의 사고형식과 사고유형을 신중하게 다루도록 요구하고 있다."라고 하였다.[111]

---

109) Charles H. Kraft, 『말씀과 문화에 적합한 기독교』, 315.

110) Charles H. Kraft, 『말씀과 문화에 적합한 기독교』, 317.

111) Stanley J. Grenz, *Revisioning Evangelical Theology* (Downers Grove: Inter Varsity Press, 1993), 90. 그렌즈는 현재 브리티시 콜롬비아, 밴쿠버에 있는 캐리신학교(Carey Theological Seminary)의 신학 및 윤리학 교수이자, 리젠트대학(Regent College)의 신학 및 윤리학 교수로 재직 중이다. 주요 저서로는 『에이즈: 유행병 한가운데서의 선교(AIDS: Ministry in the Midst of an Epidemic)』 (공저, 1990), 『교회 내의 여성들: 성서적 여성목회신학(Women in the Church: A Biblical Theology of Women in Ministry)』 (1995), 『포스트모더니즘 입문서(A Primer on Postmodernism)』 (1996), 『기독교인들이 실제로 믿는 것 (What Christians Really Believe)』 (1998), 『현대신학 개론(Fortress Introduction to Contemporary Theologies)』 (공저, 1998), 『하나님의 공동체를 위한 신학(Theology for the Community of God)』 (2000), 『근본주의를 넘어서: 포스트모던 상황에서 새롭게 신학하기(Beyond Fundamentalism: Shaping Theology in a Postmodern Context)』 (공저, 2000), 『사회적 하나님과 관계적 자아: 하나님의 형상의 삼위일체 신학(The Social Gad and the Relational Self: A Trinitarian Theology of the Imago Dei)』 (2001) 등이 있다.

12) 조지 피터스(George W. Peters)의 주장

미국 달라스신학교(Dallas Theological Seminary) 선교신학 교수인 피터스는 상황화에 대하여 말하기를, "주어진 상황 속에서 복음의 적법한 의미를 발견하는 것으로 규정하면서 상황화가 적용의 단계 이전에 성경 석의(exegesis)의 단계를 포함하는 것이다."라고 하였다.[112] 이러한 상황화의 중심은 복음을 새로운 상황으로 가지고 가서 해당 상황의 종족이 이해할 수 있도록 소통하기에 적절한 방식을 찾는 것이다. 상황화란 단지 신학에만 머무르는 것이 아니라 성경적으로 신실하고 문화적으로 적절한 교회 생활과 사역을 개별하는 일도 포함된다.[113]

13) 마이클 프로스트(Michael Frost)와 앨런 허쉬(Alan Hirsch)의 주장

호주 몰링대학(Morling College)의 부학장인 프로스트와 풀러신학교를 포함한 여러 대학교에서 강의하고 있는 허쉬는 상황화에 대하여 말하기를, "자신들이 소속되어 있는 지역 공동체의 언어와 필요와 생활양식과 세계관을 이해하는 것을 말한다. 또한 복음을 타협하지 않고 실천 방식을 적절히 바꾸는 것을 의미한다."라고 하였다.[114] 많

---

112) George W. Peters, *Evangelical Missions, Tomorrow* (Pasadena: William Carey Library, 1977), 169. David J. Hesselgrave & Edward Rommen, *Contextualization: Meaning, Methods and Models*, 149.

113) Michael Pocock, Gailyn Van Rheenen, Douglas McConnell, 『변화하는 내일의 세계선교』, 박영환 · 백종윤 · 전석재 · 김영남 역 (인천: 도서출판 바울, 2008), 16.

114) Michael Frost & Alan Hirsch, 『새로운 교회가 온다』, 지성근 역 (서울: 한국기독학생회 출판부, 2009), 161. 프로스트는 호주 몰링 칼리지의 부학장이자, 부설 선교 연구소인 틴슬리 연구소의 소장이다. 포스트모던 시대에 사명을 잃고 표류하는 서구 교회의 대안을 꿈꾸는 이론가이자 실천가로서, 혁신적 선교 훈련 네트워크인 FORGE 창립에 참여하고 시드니에 'Small Boat Big Sea'라는 대안적인 선교적 공동체

은 교회가 자신들이 속한 지역 공동체에 대해 연구하지 않고, 주일예배의 형식만을 바꾸고 있다. 이러한 상황 속에서 일어나는 문제를 타문화 선교의 지식을 통해 열망하지도 않고, 스스로 변화를 원하지 않기 때문에 이것저것 바꾸는 것이다.[115]

14) 데이비드 실즈(M. David Sills)의 주장

미국 남침례신학교(Southern Baptist Theological Seminary)의 기독교 선교와 문화인류학 교수인 실즈는 상황화에 대하여 말하기를, "하나님의 말씀에 충실하면서도 선교대상 종족의 문화에 적합한 방식으로 기독교의 형식을 적응시키는 것이다."라고 하였다.[116]

이러한 상황화의 관점을 통해 지역 교회(local church)는 성경적인 상황화 과정에 동참해야 한다. 그것은 자신의 유산에도 부합할 뿐만

를 세웠다. 이 공동체를 통해, 기성 교회의 양식을 떠나 식탁 교제, 문화 활동, 사회 참여 등을 매개로 서로를 돌보고 하나님을 예배하는 새로운 공동체를 탐구하는 실험을 지속하고 있다. 『일상, 하나님의 신비』, 『바보 예수』 (이상 IVP), Freedom to Explore, ReJesus(공저) 등 다수의 책을 저술하였고, 그중 『새로운 교회가 온다』와 Exile은 포스트모던 교회의 선교적 틀을 탐구하는 혁신적인 저서들로 전 세계 교회에 신선한 영향을 끼쳤다. 허쉬는 선교 전략가, 선교사, 작가, 몽상가 등 많은 이름으로 불리는 이 시대의 열정적인 리더로 변화하는 문화적 지형을 인식하고, 통전적으로 사역하는 선교적 리더 양육 및 선교적 교회 개척을 위해 FORGE를 세웠다. 그리고 호주 지역 대표 및 코디네이터로 일하고 있다. 또한 소외 계층을 위한 지역 교회 운동을 주도적으로 이끌고, 풀러신학교를 포함한 여러 대학교에서 강의하고 있다. 마이클 프로스트와 함께 『새로운 교회가 온다』, ReJesus를 저술했으며, 이머징교회 운동가들의 활동적인 실천을 고무했던 Forgotten Way는 새로운 교회 흐름을 분석하고 미래 교회의 방향을 제시한 책으로 잘 알려져 있다. 호주의 세인트킬다에서 공동체 생활을 하다가 지금은 미국 내 리더십 훈련 프로그램 구축하고 있다.

115) Michael Frost & Alan Hirsch, 『새로운 교회가 온다』, 161.

116) M. David Sills, 『선교사 소명』, 김태곤 역 (서울: 생명의말씀사, 2010), 221. 실즈는 남침례교신학교의 기독교 선교와 문화인류학 교수이다. 그는 에콰도르에서 하일랜드 끼추아족에게 복음을 전하는 선교사로서, 에콰도르 침례교신학교의 교수로서 사역한 후에 남침례교신학교에 부임하였다. 데이비드는 해외와 미국을 두루 여행하면서 가르치고 설교하며 선교 팀들을 인도하고 있다.

아니라 자신이 속한 지역 교회(local church)에서 복음화를 앞당기는 데 훨씬 효과적인 일이 될 것이다. 새로운 급진주의자들이 복음을 상황에 맞게 전달하는 데 하나님의 일하심이 세계 속에서 일어날 것이다.[117] 또한 하나님의 말씀을 지역 교회(local church)에 상황화할 때, 그것이 하나님을 영화롭게 하는 일일 뿐만 아니라 사역의 대상인 그들을 사랑하여 그 메시지를 효과적으로 전달할 수 있도록 모든 최선을 다하는 것을 보여 주는 태도이기 때문이다.[118]

3. 상황화의 필요성

상황화에 대한 필요성이 선교학계에서 갑자기 등장한 것은 아니다. 오래전부터 선교신학의 변천 과정과 서구 주도형의 선교가 벽에 부딪히기 시작하면서, 소위 제2/3세계에서 자신의 상황과 문화에 대한 자각으로부터 나오게 된 자연스런 현상이었다. 문화에 대한 이해의 변화가 일어나며 인류학(Anthropology)의 관점에 폭이 넓어지면서 선교학계에서도 이에 대한 변화가 반영되어 특히 선교신학(Theology of Mission)에서 그 변화가 일어나게 된 것이다.[119]

---

117) Michael Frost & Alan Hirsch, 『새로운 교회가 온다』, 163.
118) Michael Frost & Alan Hirsch, 『새로운 교회가 온다』, 163.
119) 정흥호, 『복음과 상황화』, 47. 인류학이란 명칭은 원래 헬라어 'anthropos(인간)'와 'logia(학문, 지식)'에서 나왔다. 그런 의미에서 인류학은 인간의 삶에 대해 연구하는 학문이다. 그리고 인간 역사와 사회의 다양한 문화적 상황에 대한 연구와 아울러 사람들이 실제적으로 사고하고 행동하는 것에 대한 연구를 기반으로 하는 학문이다. 이러한 관점에서 선교인류학의 목표들을 살펴 보면, 첫째는 문화의 개념과 선교지 문화에 대한 총체적인 이해를 돕는다. 둘째는 선교사역의 필수적인 상황화, 문화와 복음과의 관계에 대한 이해의 폭을 넓혀 준다. 셋째는 효과적인 복음전달로 선교지에서 복음전달을 위한 문화적인 접촉에 대한 안목을 극대화한다. 마지막으로 넷째는 선교사의 선교사역을 통하여 필수적으로 가져올 문화적인 변동을 예측할 뿐만 아니라 건설적인 방향으로 문화적인 변동을 이룰 수 있는 안목을 키워 준다. 이런 관점에서 선교인류학은 선교사가 선교지에서 가져야 할 중요한 도구를 제공해 주어 사람들을 총체적으로 이해하고 현지인들과의 좋은 관계를 맺으며 복음을 전달하는 데 중요한 기능을 발휘하는 것이

1) 딘 길리랜드(Dean S. Gilliland)

미국 풀러신학교(Fuller Theological Seminary)는 1977년에 길리랜드를 신학의 상황화(The Contextual of Theology) 교수로 임명하였다. 그때, 그는 상황화라는 용어를 공식적으로 사용했던 교수로는 처음이었다. 길리랜드는 상황화가 현재와 미래의 선교사역에 매우 필요한 여섯 가지 이유들을 제시하였다.[120] 첫째, 상황화는 신학이 제국주의화가 되는 것을 막는다. 둘째, 상황화는 성령 안에서 신학적 훈련을 제공한다. 셋째, 상황화는 선교의식(missions conscious)적인 교회가 되도록 촉진한다. 넷째, 상황화는 교회의 성장과 증식을 촉진시킨다. 다섯째, 상황화는 인간이 갖고 있는 다차원적인(multidimensional) 필요에 대처하게 해 준다. 마지막으로 여섯째, 성육신적인 증거의 길을 열어 준다.[121]

2) 찰스 크래프트(Charles H. Kraft)

서구신학자들이 중요하게 여기는 이슈들은 아프리카와 아시아, 그

다. 이재완, 『선교인류학적 관점에서 본 선교와 문화이해』, 34-39.

120) Dean S. Gilliland, *The Word Among Us* (Dallas: Word Publishing, 1989), 13. 길리랜드는 상황화의 목표를 인간적으로 가능하다면 말씀하신 예수 그리스도가 각 인간 상황에서 분명하게 정립되어지는 것이 무엇을 의미하는지의 이해를 가능하도록 하는 것으로 보았다. Allan Anderson, "한국에서의 상황화 신학으로서의 영산의 오순절 신학", 『聖靈과 神學』 제19권 (2003, 5월), 314-315.

121) 길리랜드에 의해 편집된 『우리 가운데 있는 말씀(The Word Among Us)』 (1989)은 매우 다양한 상황화에 대한 복음주의 헌신에 대하여 말하기를, "성경에 기초하고 성령의 인도를 받는 상황화는 오늘날 복음주의 선교를 위한 필수조건이라는 것이다. 상황화는 성육신적이다. 육신을 입은 말씀은 우리 가운데 거한다. 그것은 각 나라와 사람들을 위해 예수는 주라는 고백의 의미를 명확하게 한다. 그것은 어느 곳에 있는 교회라도 성령이 말씀하시는 것을 듣도록 해방시킨다. 상황적 신학은 듣는 자가 이해하고 받아들일 수 있게 하는 방법으로 복음의 소통을 위한 길을 열 것이다. 그것은 신자들이 믿음 안에서 서로 지어져 갈 수 있도록 자유와 편의를 제공한다. 상황화는 기독교 복음 증거가 죄악된 사회에 있다는 것이 무엇인지를 명확하게 하고 복음에 대한 어떤 순종이 필요한지를 보여 준다. 이것은 오늘날 세계의 필요를 충족시키는 선교신학의 구성요소이다."라고 진술하였다. Charles H. Kraft, 『말씀과 문화에 적합한 기독교』, 66.

리고 라틴 아메리카 사람들이 중요하게 생각하는 이슈들과 다르기 때문에 상황화는 절대적으로 필요하다.122) 크래프트는 물고기가 물에 있는 것처럼 인간은 문화에 잠겨 있다는 관점을 통해 문화가 인간 상황의 가장 기본적인 측면을 구성한다는 점을 지적하였다.123) 복음주의 신학자들은 복음이 모든 인간 문화 상황의 외부에 계시는 하나님의 마음으로부터 나온 것이기 때문에 어떤 중대한 의미에서 복음은 자신의 문화적 맥락 바깥에서는 진리에 도달할 수 없는 인간을 위한 좋은 소식이다. 그러므로 크래프트와 또 다른 사람들은 하나님은 문화를 넘어 계시지만 그분의 목적을 이루시기 위해 문화 속에서 일하기로 작정하셨다는 기본적인 전제를 가진다.124)

3) 조지 피터스(George W. Peters)

현재 아프리카에서는 아프리카화(Africanization)가 크게 유행하고 있다. 그것은 아프리카화에 매우 긍정적인 면이 있기 때문이다. 서구인들은 기독교를 표준화(standardize)하는 권리를 마치 자신들만이 가지고 있는 것처럼 착각해서는 안 된다. 또한 자신들이 예수 그리스도 안에 있는 모든 부요를 발견해 왔다고 믿어도 안 된다. 지금까지 서구인들이 잘못 생각해 왔던 것을 수정할 필요가 있다. 아프리카의 교회는 분명 서구의 교회와는 달라야 한다. 그것은 문화가 다를 뿐만 아니라 살아가는 삶의 환경과 삶의 정신이 다르기 때문이다. 이러한

---

122) Charles H. Kraft, "The Contextualization of Theology", *Evangelical Missions Quarterly* 14 (1978), 33.
123) Charles H. Kraft, *Christianity in Culture* (New York: Orbis Books, 1979), 46.
124) Michael Frost & Alan Hirsch, 『새로운 교회가 온다』, 163.

현실과 필요를 두려워 할 필요가 없고 기꺼이 인정해야만 한다. 아프리카화는 계속 진행되어야 한다.[125] 피터스의 이러한 상황화의 필요성은 크래프트와 비슷하다고 볼 수 있다.

예를 들면, 각 문화와 사회가 안고 있는 문제성이 다름과 문화마다 독특성과 탁월성이 각각 다름에 있다. 라틴아메리카의 고뇌는 하나님의 존재 규명과 같은 철학적인 문제에 있는 것 보다 착취와 억압, 그리고 정의 등과 같은 사회적인 문제에 두고 있다는 사실이다. 아프리카에서는 역시 철학적 사변의 문제에 대한 것보다 영적존재들과 악령을 극복하는 정령숭배(Animism) 사상에 대한 바른 신학정립이 신학의 중요한 문제점인 것이다.[126]

상황화 신학(Contextual Theology)의 필요성은 종래의 교리적 신학과 구별되는 독특성 때문이다. 양자 모두가 다 필요한 것은 양자의 기본적 차이에서 찾을 수 있다. 따라서 브루스 프레밍(Bruce C. E. Fleming)은 그것을 다음과 같이 말한다.[127]

첫째, 갈라짐의 관점에서 보면, 교리적 신학은 계시로부터 현재의 세계로 움직이고, 상황화 신학은 현재의 상황으로부터 계시로 움직인다.

둘째, 계속성의 선상에서 보면, 교리적 신학은 우주적으로 타당하고 거기에는 기본적 원리와 공개적인 윤곽이 있다. 상황화 신학은 특별한 상황을 취급한다.

셋째, 시간 개념으로 말하면, 교리적 신학은 시간의 전체인 과거와 현재, 그리고 미래를 고려하고 상황화 신학은 현재에 집중한다.

---

125) George W. Peters, "Current Theological Issues in World Missions", *Bibliotheca Sacra* 135 (1978), 162-163.

126) Dean S. Gilliland and Charles H. Kraft, *The Contextualized Theology* (California: Fuller, 1980), 32.

127) Bruce C. E. Fleming, *Contextualization of Theology* (California: William Carey Library, 1980), 11-12.

넷째, 존재론적이고 기능론적으로 말하면, 교리적 신학은 존재의 지식을 인식론적으로 취급하고, 상황화 신학은 존재를 기능적으로 취급한다.

다섯째, 통일성 대 다수성에 대해 말하면, 교리적 신학은 통일성을 강조하고, 상황화 신학은 다수성을 강조한다.

여섯째, 수용적 그리고 행동적 선상에서 보면, 교리적 신학은 하나님의 행동을 인정하지만 인간은 그것을 수용하는 자로서 인정한다. 상황화 신학은 인간편의 스스로 확신적 행동을 강조한다.

마지막으로 일곱째, 귀납적 대 연역적 접근으로 보면, 교리적 신학은 귀납적이고 교회에 언급함이다. 상황화 신학은 연역적이고 세상에 관계된다.

지금까지 서구신학은 높은 특권을 향유하며, 어떤 시대나 장소, 그리고 모든 사람에게 적절한 것으로 여겨져 왔기 때문이다. 오늘날 여전히 그렇게 고집한다면 문화 제국주의적이고 자문화중심주의임에 복음을 타문화와 사회, 그리고 정치적 환경에 적용하기를 거부하는 바리새인적인 비난을 모면하기 어려울 것이다.128)

4. 상황화 신학의 문제점

상황화 신학(Contextual Theology)을 다룸에 있어 신학적인 적용의 문제점은 대체로 성경과 하나님 나라, 그리고 구원과 하나님의 선교(Missio Dei), 죄의 문제에 대한 해석과 같은 몇 가지로 요약할 수 있

---

128) 채은수, "선교에 있어서 상황화", 20.

다.129) 이 네 가지의 문제에 걸쳐 있는 모든 주제는 예수 그리스도의 구심점이다. 이것은 단순히 하나가 아니라 네 가지 모두 퍼져 있는 요소이다. 그래서 목회자와 선교사가 상황화하려는 것은 하나님의 선교(Missio Dei)이지 교회나 선교사 자신을 위한 선교가 아니다. 하나님의 선교(Missio Dei)는 예수 그리스도 안에서 주권적으로 주어진 것이다. 그래서 예수 그리스도가 상황적으로 적합한 상황화 신학의 모든 영역의 중심에 계셔야 한다.130)

1) 성경

성경을 하나님의 말씀으로 믿는 사람은 성경을 통해 가장 분명하고도 오류 없는 하나님에 관한 계시를 발견하게 된다. 성경은 기적과 예언, 그리고 예수 그리스도와 영적 체험과 하나님의 교훈 등이 기록되어 있다. 그 다음은 인간의 믿음에 대한 원칙과 구원의 완성에 대하여 세밀하게 계시해 주고 있다.131) 성경을 어떤 형태로 해석해 나가느냐에 따라 성경에 대한 관점의 견해 차이는 크다고 할 수 있다. 만일 성경 구절들이 항상 사회 과학적 방법에 의해 해석되어 진다면 사회 안에서의 계급적 갈등과 사회 구조의 모순으로 인하여 빚어지는 역사적 사건에만 관심을 갖지 않을 수 없게 된다. 그렇게 될 때 우리는 행동 신학을 위한 해석학적 기준을 제공하는 데 있어서 상황이 너무 중시된 나머지 성경의 본질이 희석되고, 사회학적 분석이 우선

---

129) 정흥호, 『복음과 상황화』, 88-105.
130) Charles H. Kraft, 『말씀과 문화에 적합한 기독교』, 334.
131) 이성주, 『조직신학 (1)』 (안양: 성지원, 1989), 53-54.

하게 되는 위험을 안게 된다.132)

다시 말하면, 미국 프린스턴신학교(Princeton Theological Seminary)의 기독교 사회윤리학 교수였던 맥스 스택하우스(Max L. Stackhouse)가 지적한 것처럼 상황주의에 빠지게 되면, 그 결과로 성경 자체나 기독교의 전통은 사라지고 오직 현재 상황 안에서 일어나는 '삶의 자리'에만 관심을 갖게 되며, 성경이 '정경(Canon)'으로서 기준과 원칙을 제공해 주는 것이 아니라 단지 하나의 '참고 서적(Reference)' 정도로 전락하게 되는 것이다. 즉, 성경이 더 이상 절대적인 계시도 되지 못하여 신학을 위한 규범도 아닌, 단지 참고할 수 있는 접촉점을 제공하는 데 불과한 것으로 되어 버린다.133) 사람들이 성경 자체에서 신학적 근거의 원칙을 찾아내지 못한다면 역사적인 사건이나 그 공동체(community)의 민속적 전통에서 근거를 발견해 보려고 시도하게 될 것이다. 다시 말하면, 문화 자체가 혹은 역사적 사건 자체가 성경화되는 위험성이 도사리고 있다는 것이다.134)

따라서 성경에는 분명히 절대적으로 타협할 수 없는 참된 진리가 있다. 그것은 유일하신 하나님, 동정녀 탄생, 예수 그리스도의 대속의 죽음, 회개, 지속적인 회개의 필요성, 은혜와 믿음으로 말미암아 의롭게 되는 것 등 결코 사람들의 문화에 따라서 변화될 수 있는 것이 아니다.

---

132) 정흥호, 『복음과 상황화』, 88.
133) 정흥호, 『복음과 상황화』, 88-89
134) 정흥호, 『복음과 상황화』, 89.

2) 하나님의 나라(the Kingdom of God)

사실 성경은 하나님의 나라에 대하여 처음부터 끝까지 설명하고 있다. 그래서 성경은 하나님의 나라가 이미 하나님의 창조 활동을 통해서 이미 시작되었다고 기록하고 있다. 또한 하나님의 나라는 전통적으로 예수 그리스도께서 다시 오실 때(parousia)를 통해서 건설될 미래적 완성으로 이해하고 있다.

기독교 사회주의자들의 경우에는 하나님 나라의 현재적 성격을 강조하는 데 있어 사회적, 경제적 진보라는 개념에서 정치적인 주제에 관심을 기울였다.135) 이런 주장들은 각자 기독교인들의 삶의 형태나 윤리에 대한 기준을 제공해 왔을 뿐만 아니라 삶을 적용하는 데 있어서도 그 행동 근거를 제시해 온 것이 사실이다. 이런 이해 속에서, 사회 질서의 계속적인 개혁이 하나님 나라의 실제적 의미이며 유일한 본보기가 된다고 주장하는 사람들이 생기기도 하였다. 또한 하나님 나라는 역사와 분리된 영적인 분야가 아니며 가난한 자들과 억눌린 자들의 세상과 동일한 것으로써 이 세상에서 실현되어야 할 역사의 목표라고 이해하기도 하였다.136)

따라서 이들에게는 정치적인 억압과 경제적인 착취로부터의 해방과 하나님 나라에 대한 갈망은 불가분리의 관계성을 가지고 있다고 보았다. 그러므로 역사적 의식을 갖고 사회 개혁적 차원에서 기독교의 믿음을 해석하려 했기 때문에 자연히 하나님 나라에 대한 의미도 달라질 수밖에 없었던 것이다. 후자를 지지하는 사람들은 다소 이상

---

135) Milliard J. Erickson, *Christian Theology* (Grand Rapids: Baker Book House, 1985), 1156.
136) 정흥호, 『복음과 상황화』, 93.

주의적이고 유토피아적 사상을 가지게 되었으며, 하나님 나라는 생명이 끊어진 후에 갈 수 있는 곳이 아니라 스스로의 노력에 의해 확장되고, 이 세상에서 완성시킬 수 있는 것이라고 생각했던 것이다.[137]

그래서 찰스 벤 엔겐(Charles Ven Engen)은 하나님 나라에 대하여 말하기를, "우리가 교회와 하나님 나라의 관계를 바로 이해할 때, 우리는 교회와 세상의 선교적 관계를 하나님 나라의 시공간 안에서 이해할 수 있게 된다."라고 주장하였다.[138] 벤 엔겐은 선교적 교회(missional church)는 이미 임한 하나님의 나라를 체험하고 있으며, 하나님의 나라의 도래를 실천할 뿐만 아니라 전하고 보여 주고 있다고 강조하고 있다.[139] 따라서 상황화 신학(Contextual Theology)에 있어서 문제가 되는 하나님 나라의 올바른 이해는 진정한 교회의 정체성(identity)을 새롭게 함으로써 출발할 뿐만 아니라 성경적인 교회론을 제시할 때 비로소 모든 그리스도인들이 지상에서 참된 역할을 하게 될 것이다. 그래서 그의 나라와 그의 의를 구하며, 이 땅에서도 하나님의 나라가 이루어지도록 기도하면서 두렵고 떨림으로 교회는 이 땅에서 복음을 전파함으로써 하나님의 나라의 도래에 참여하는 선교를 수행하게 될 것이다.[140] 따라서 이러한 하나님의 나라는 도래하고 있으며, 하나님의 구원과 선교의 행위들을 통해서 나타난다.

---

137) Robert Handy, *New 20th-century encyclopedia of religious knowledge* (Grand Rapids: Baker Book House, 1991), 764.

138) Charles Ven Engen, *God's Missionary People* (Grand Rapids: Baker Book House, 1991), 114.

139) 선교적 교회는 생각과 행동, 그리고 삶의 방식이 선교지향적인 교회, 마음에 선교를 품고 있는 교회를 말한다.

140) 김성욱, 『현대 평신도 전문인선교』(서울: 프라미스 키퍼스, 2010), 275-276.

3) 구원과 하나님의 선교

상황화의 진행 과정에서 신학적 주제와 연관된 구원의 의미는 하나님 나라에 대한 해석과 관련된다. 그러나 많은 신학적인 논란을 일으켜 왔다. 특히 실천적 모델에서는 이 주제가 중요한 신학적 기초를 제공하고 있으며, 이에 대한 서로 다른 해석 때문에 자유주의(Liberalism)와 복음주의 진영이 첨예한 대립이 빚어지기도 하였다. 예를 들면, 출애굽 사건의 해석을 가지고 현실적인 상황에 집착하는 자세에서는 구원이 개인 구원이나 영적 구원이 아니라 역사적 현실로 부터의 해방이라고 본다.[141] 이 역사적 현실이란 주로 정치적인 상황으로 해석되어 출애굽의 사건이 오늘날 현실 속에서 적용되어야 할 정치적, 사회적, 경제적 사건들에 대한 원형, 즉 하나의 패러다임을 제공하고 있다고 보는 것이다. 따라서 인간의 자유와 권리와 정의를 위해 투쟁해야 하는 해석적 근거를 출애굽의 재해석을 통하여 해방의 의미와 연결 지어 이끌어 내고 있는 것이다. 이것이 곧 억압으로부터의 해방이라고 하는 사회적이고 정치적인 맥락에서 해방의 의미를 한정짓게 되는 것이며, 아울러 '하나님의 선교(Missio Dei)'의 개념에 관련시켜 고통받는 자들의 현실로부터 탈출하고 기존의 사회 체제를 개혁하는 것이 그에 대한 적용이라고 주장하는 사람들이 있게 될 것이다.[142]

따라서 이러한 행동을 보이는 것이 곧 하나님의 선교(Missio Dei)를 행하고 있는 것처럼 그들 나름대로의 상황화 신학을 전개해 나가고 있다. 만일 이러한 신학적 전제가 없이 행동 신학을 전개해 나간다면

---

141) 정흥호, 『복음과 상황화』, 99.
142) 정흥호, 『복음과 상황화』, 99-100.

어떠한 사회나 문화에서든지 그 상황화의 적업은 의미를 잃어버리게 되며, 동시에 그것은 신학화가 아니라 단지 세속화 작업의 연속이 될 뿐이라는 것을 염두에 두어야 할 것이다.143)

4) 죄의 문제

상황화 과정과 신학을 다루면서 가장 간과하기 쉬운 부분이 바로 죄에 대한 문제이다. 특히 개인적인 죄에 대한 부분은 신학적 입장의 차이에 따라 해석이 달라지고 있지만 그 해석이 달라짐에 따라 적용하는 데 커다란 차이가 있음을 알 수 있다. 죄의 원인 또한 개인 자신에게 있는 것인지 아니면 소위 말하는 사회의 구조적인 악에 있는 것인지 그 입장이 크게 다른 것을 보여 주고 있다.144) 물론 전통적인 의미에서의 구원은 예수 그리스도를 통한 믿음으로 말미암아 개인의 죄로부터 회개함으로써 구원에 이른다고 믿고 있다. 반면에, 현실적 상황에 강조점을 두고 있는 견해에서는 개인의 죄의 개념이 축소되고 구원을 역사적, 실존적, 사회적, 경제적 현상들을 통해서 그 의미를 추구하려 한다. 따라서 모든 개인의 죄는 잘못된 사회-정치-경제적 구조로부터 발생된 것이라는데 그 원인을 돌림으로써, 죄의 개념 또한 사회인류학적 차원에서만 이해하려는 문제점을 안고 있게 된다.145)

따라서 상황화 신학을 다루는 데 있어서 가장 큰 문제점을 발생시

---

143) 정흥호, 『복음과 상황화』, 103.
144) 정흥호, 『복음과 상황화』, 103-104.
145) 정흥호, 『복음과 상황화』, 104.

키는 것은 죄의 대한 문제로 이것을 짚어 보지 않고는 계속해서 개인
적인 죄와 사회 구조적인 죄의 문제에서 혼동을 일으키게 될 것이다.
그것뿐만 아니라 성경에서 말하고 있는 중심 메시지인 창조와 하나
님 나라, 그리고 구원과 하나님의 선교(Missio Dei), 죄의 의미를 살펴
보는 것은 매우 중요한 신학적인 문제일 것이다.

5. 상황화 과정에서 발생할 수 있는 문제점

상황화는 선교에서 결코 간과할 수 없는 핵심적인 사항이다. 그러
나 상황화는 그 필요성에도 불구하고 위험성이 내포하고 있는 것이
사실이다. 그러면 어떤 위험성들이 있는지 몇 가지로 살펴보면 다음
과 같다.

1) 상대주의(Relativism)

상황화 과정에서 발생할 수 있는 문제 중에 하나가 상대주의(Relativism)
의 위험성이다.146)

상황은 중요하지만 상황은 어디까지나 '표준화된 표준(norma normata)'
일 뿐이다. 이에 비해 말씀은 '표준화하는 표준(norma normans)'으로

---

146) 상대주의는 포스트모더니즘의 이념 체계이다. 그것은 윤리, 도덕, 종교, 예술, 철학, 문화, 그리고 삶의 방
식 등 모든 부분에서 있어서 객관적이고 절대적인 진리, 즉 절대적인 가치나 규범 같은 것이다. 상대주
의는 객관주의가 내세우는 객관성과 진리, 그리고 지식은 본질에 대한 통찰에 이르는 것에 관한 일이라
기보다는 사회문화적 관습에 부수되는 일로 본다. 뿐만 아니라 문화를 해석할 수 있는 다양한 지점들이
존재한다고 주장함으로써 객관주의를 거부한다. 그래서 모든 종교는 상대적이라는 신념이다. 기독교 절
대주의를 거부하고 종교의 상대주의를 주장한 19세기 종교사학자인 트리치(Ernst Troeltsch)가 이를 대
변한다. 그는 모든 종교는 상대적이며 제각기 진리의 요소를 가지고 있음으로 어느 종교나 다른 종교보
다 더 훌륭하다고 말할 수 없다고 말한다.

서 판단하는 기준이 되는 것이다. 위로부터의 계시와 성경과 복음의 정체성인 예수 그리스도의 십자가 구속과 성령의 임재가 신학적 성찰과 체계의 나침반이 되는 것이다.147) 상황을 지나치게 강조할 경우, 복음의 예언적 기능이 약화되고 성육신적 기능이 지나치게 강화됨으로써 과도한 무비판적 토착화가 이루어져 기독교의 정성을 잃는 경우가 발생할 가능성이 높아질 것이다. 그러므로 복음은 상황과 깊은 연관성은 지녀야 하지만 동시에 상황과 어느 정도 거리를 두어야 한다. 그렇지 않을 경우, 문화적 컨텍스트가 텍스트와 성경적 증거를 완전히 상대화시킬 위험성이 항상 존재하기 때문이다.148) 상황은 말씀의 결정적인 통제를 필요로 한다. 즉 말씀이 시금석이 되어서 우리의 상황과 상황 읽기를 비판할 수 있어야 한다.149) 그렇지 않으면 일치된 신앙 전통을 잃게 될 뿐만 아니라 이것이 없는 곳에서 상황화는 신앙주의적인 정치의 새로운 분파를 산출하게 되며 이것은 또한 모든 신학적인 대화를 무용하게 만들 것이다.150)

2) 혼합주의(Syncretism)

상황화 과정에서 발생할 수 있는 문제 중에 또 하는 혼합주의(Syncretism)의 위험성이다.

찰스 크래프트(Charles H. Kraft)는 선교의 과정에 대해 도식화하였

---

147) David J. Bosch, 『변화하고 있는 선교』, 김병길 · 장훈택 역 (서울: 기독교문서선교회, 2000), 636.
148) 안승오, 『사도행전에서 배우는 선교 주제 28가지』 (서울: 대한기독교서회, 2008), 147–148.
149) David J. Bosch, 『변화하고 있는 선교』, 636.
150) David J. Bosch, 『변화하고 있는 선교』, 637.

는데, 복음이 선교지에 들어가서 이교도 문화와 만나면 두 가지 반응
이 일어난다고 하였다. 하나는 상황화 현상이며, 다른 하나는 혼합주
의(Syncretism) 현상이다.151)

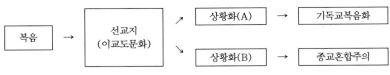

〈도표 1〉 선교 과정에 대한 도식

따라서 혼합주의(Syncretism)는 그 어원에서 두 종교가 혼합되어 어
느 한 체계가 그 기본 구조와 정체성을 상실하는 것을 말한다. 다시
말하면, 이는 지역의 맥락 속에서 기독교의 메시지가 약화되고 유실되
는 것이다. 이것은 성경의 가르침에 위배되는 것이며, 신학적으로 용
인할 수 없는 이해와 실천이 혼합되기 때문에 기독교가 이교 정신에
용해되는 것이다.152) 이러한 지나친 상황화는 혼합주의(Syncretism)가
발생할 가능성이 높아지는 것이다.

3) 이중 종교 체계(Double Religious Systems)

상황화 과정에서 발생할 수 있는 문제 중에 마지막으로는 이중 종
교 체계(Double Religious Systems)의 위험성이다.
혼합주의(Syncretism)가 형성되는 것을 막기 위해서 문화적응의 문

---

151) 최정만, 『월드 뷰와 문화이론』, 386.
152) 안승오, 『사도행전에서 배우는 선교 주제 28가지』, 148.

제에 있어서 경직된 수용 태도를 취할 수 있는데, 이것 역시 다른 문제를 야기할 수 있다. 예를 들면, 이중 종교 체계로의 발달이다. 이중 종교 체계에서는 형태가 다른 두 체계의 종교적 관행을 따르는데 그것은 어느 한 체계를 다른 것보다 충실히 따르는 경우도 있으며, 두 체계가 거의 동등하게 수행되는 경우도 있다. 일반적으로 기독교로 개종했다는 것은 다른 종교 체계를 포기하고 회심의 과정을 의미한다. 그러나 상황화가 잘못 이루어질 경우 이중 종교 체계가 되면서 다른 종교 체계의 중요한 부분 혹은 전체가 계속 실행되면서 정체성의 혼란을 야기하는 경우가 있다.[153] 따라서 선교사는 상황화의 시도함에 있어서 상대주의(Relativism)나 혼합주의(Syncretism), 그리고 이중 종교 체계로 빠져서는 안 될 것이다.

그러나 상황화의 시도는 일반적으로 선교사가 현지인들이 이해할 수 있도록 적절한 메시지를 전달하려고 노력하는 가운데 복음의 꽃을 피울 수 있다. 물론 선교현지의 상황 속에서 위험성은 항시 도사리고 있지만 선교사는 문화적 환경에 맞도록 복음을 상황화하려는 문제와 계속해서 씨름해야 한다. 선교사는 자신에게 알맞은 상황화 신학을 발전시켜 그 문화가 신앙에 대해 제기하는 도전들에 대해 대처해야 복음에 대한 보다 의미 있고 지속적인 결과를 얻을 수 있을 것이다.

---

153) 김영동, 『교회를 살리는 선교학』(서울: 장로회신학대학교 출판부, 2003), 454-456.

제3장
상황화에 대한 성경적 이해

상황화에 대한 사례들은 먼저 성경을 통해 찾아볼 수 있다. 그래서 성경은 선교적인 상황화의 책이다. 우리는 선교적 상황화의 안목으로 성경을 읽는 방법을 배워야 한다. 왜냐하면 저자들은 결코 초자연적이지도 초문화적이지도 않았으며, 반사회적이거나 무사회적이지도 않았기 때문이다. 단지 그들은 기독교의 신앙을 역사와 문화, 그리고 사회적인 상황 가운데 적절히 표현하였다.154) 성경의 계시도 특별한 상황의 사람들에게 그들의 문화적 상징과 카테고리를 가지고 있기 때문에 그것을 사용했다는 점에서 구약성경은 문화의 테두리(bound) 안에 있음을 부인할 수 없다. 또한 예수님의 성육신 사건을 말하는 신약성경은 상황화의 한 모습으로 말할 수밖에 없다. 성육신하신 예수님은 눈먼 자에게 빛을 주었고, 저는 자에게는 걸을 수 있게 하셨고, 가난한 자와 부한 자에게 각각 자유를 주셨다. 그리고 좌절하고 소외된 자를 하나님 나라에서 그들의 올바른 위치에로 회복케 하심은 예수 그리스도 사역의 목표로 그것이 바로 상황화의 목표일 것이

---

154) David J. Hesselgrave, *Theology and Missions*, 87.

다.155) 하나님께서는 텍스트인 성경을 통해서 말씀하실 뿐만 아니라 '지금 여기(here and now)'라는 상황에서 말씀하고 계신다. 이것은 상황화 신학의 정체성이라고 할 수 있다.156) 따라서 상황화의 목표는 복음을 변질시키지 않는 데 있다. 목회자와 선교사는 자신의 맹점을 바라보고 성경과 예수 그리스도, 그리고 예수 그리스도께서 어떻게 사역을 하셨는지, 다른 문화권이나 종속 문화권에서 어떻게 복음을 전해야 하는지를 이해해야 할 것이다.

그래서 남아공의 남아프리카대학교(University of South Africa)의 선교신학 교수였던 데이비드 보쉬(David J. Bosch)는 성경 그 자체가 상황화의 좋은 사례라고 주장하였다.157) 상황화의 성경적인 사례들을 찾는 것은 그리 어려운 일이 아니다. 모든 인간은 문화 위에 계신 영원하고 전능한 영이신 하나님이 우리에게 인간의 언어로 말씀하시고, 인간의 상상력을 사용하시고, 인간의 갈망과 두려움을 다루신다는 것은 궁극적으로 하나님은 상황화를 하시는 분이라는 의미라고 하겠다.158) 또한 미국 동침례신학교(Eastern Baptis Theological Seminary) 교수인 올랜도 코스타스(Orlando E. Costas)도 성경과 상황화에 대하여 말하기를, "성경의 각 페이지를 자세히 볼 때마다 성경이 처음부터 끝까지 상황적이라는 것을 주목하게 된다."라고 말한다.159)

---

155) 채은수, 『선교에 있어서 상황화』, 17.

156) 최정만, 『월드 뷰와 문화이론』, 350.

157) David J. Bosch, "An Emerging Paradigm for Mission. Theology of Mission", *An International Review*, Vol. XI, No. 4 (Oct. 1983), 496. 보쉬는 신약신학을 전공한 후 성경적인 근거를 바탕으로 해서 선교신학을 연구한 대단한 학자로 인정되고 있다. 대표적으로 성경 신학분야에서 이미 다양한 주제로 연구하여 접근 언약과 땅, 그리고 하나님 나라와 그 외에 많은 소주제로 성경신학적인 연구를 펼쳤다.

158) Michael Frost & Alan Hirsch, 『새로운 교회가 온다』, 165.

159) Orlando E. Costas, *Christ Outside the Gate*, 5

더 구체적으로 찰스 크래프트(Charles H. Kraft)는 성경에 나타난 상황화의 사례에 대하여 네 가지 원리로 제시하고 있다.[160] 첫째, 성경은 단지 지적인 진리나 정보에 대한 계시를 훨씬 넘어선다. 성경은 진리가 어떻게 상황화를 통해 전달되는지를 보여 주는 책이다. 크래프트는 우리 하나님은 우리와 상호작용하시는 대화의 하나님이시지 그저 우리에게 선포하시는 독백의 하나님이 아니시라고 말한다. 둘째, 인간과 하나님의 의사소통은 인간에게 친숙하고 인간이 기대하는 방식으로 이루어지는 것으로 성경에 묘사되어 있다. 셋째, 하나님이 자기를 계시하시는 수단은 참여이다. 마지막으로 넷째, 성경에서 하나님의 계시적 행위는 상황에 맞게 주어진다. 물론 성경 전체에서 상황화라는 용어가 나오지는 않지만 성경에는 상황화가 실제로 실행되었던 증거들이 나타나 있는 것을 구체적으로 볼 수 있다.

1. 구약성경에 나타난 상황화

데이비드 헤셀그레이브(David J. Hesselgrave)와 에드워드 롬멘(Edward Rommen)은 많은 사람들이 구약성경에는 상황화가 존재하지 않을 것이라고 쉽게 평가하는 이유에 대해서 세 가지로 언급하였다.[161]

첫째, 이스라엘의 영적 순결과 당신과의 특별한 언약 관계를 지키시려는 하나님의 목적은 이스라엘로 다른 백성들과 정치적이고 종교적인 언약을 맺지 않도록 금했다(출 23:20-23, 34:10-16). 이러한 가장 큰 이유는 이스라엘과 하나님 사이의 특별한 관계를 보존하기 위함이다.

---

160) Charles H. Kraft, *Christianity in Culture*, 24.
161) David J. Hesselgrave & Edward Rommen, *Contextualization: Meanings, Methods and Models*, 4.

애굽으로부터 출애굽한 이스라엘 백성들이 들어갈 때도 그 땅의 거민과 언약을 세우지 말며 그들의 단들을 헐고 그들의 주상을 깨뜨리며 가나안의 앗세라 상을 철저하게 파괴하도록 명령하셨다(출 34:13). 이것은 이스라엘이 언약적 정절을 보존하는 데 도움이 되기 때문이다. 이처럼 이방인들과는 철저하게 분리주의 삶을 살아야 했던 이스라엘 백성들에게 상황화의 가능성은 전혀 없었을 것이라는 추측이다.

둘째, 기독교 복음의 기초는 예수 그리스도의 죽음과 부활에 근거한다. 그러나 구약의 메시지는 예수 그리스도께서 부활하신 후 신약의 교회와 사도들이 전했던 메시지처럼 그 내용과 성격에 있어 그렇게 분명하고 명확하지 않았기 때문이다.

셋째, 자민족중심주의 성향은 이스라엘 백성들에게 주어진 선교적(missional) 책임을 등한시하게 만들었다. 이러한 문제 때문에 이스라엘은 신약의 교회와는 다르게 선교적(missional) 책임을 거의 무시했으며, 선포의 사역에 거의 참여하지 않았다. 이방의 민족들에 의해 둘러싸여 있었으나 메시지의 선포차원에서 그들과의 접촉은 거의 없었다.

그러나 신명기 31:11-13에 의하면, 하나님은 이스라엘 백성들을 통해 이방인들이 자신을 아는 지식에 이르기를 원하셨던 것을 분명히 보게 된다.

> "온 이스라엘이 네 하나님 여호와 앞 그가 택하신 곳에 모일 때에 이 율법을 낭독하여 온 이스라엘에게 듣게 할지니 곧 백성의 남녀와 어린이와 네 성읍 안에 거류하는 타국인을 모으고 그들에게 듣고 배우고 네 하나님 여호와를 경외하며 이 율법의 모든 말씀을 지켜 행하게 하고 또 너희가 요단을 건너가서 차지할 땅에 거주할 동안에 이 말씀을 알지 못하는 그들의 자녀에게 듣고 네 하나님 여호와 경외하기를 배우게 할지니라"(신 31:11-13)

이러한 사실은 분명히 구약에서도 상황화가 일어났음을 어느 정도 짐작할 수 있다. 만약 상황화가 일어나지 않았다면, 하나님의 진리 (God's Truth)는 지금도 유대인들에게만 머물러 있었을 것이며, 세상으로 전파되지 않았을 것이다.

1) 야훼 신앙

구약성경에서 많은 이방인들이 가졌던 야훼에 대한 신앙은 상황화의 증거라고 할 수 있다. 그 가운데 하갈, 룻, 나아만, 시바여왕, 라합, 그리고 여러 이방 왕들은 대표적인 사례로 들 수 있다. 또한 이방인들 가운데 살았던 아브라함, 요셉, 그리고 다니엘과 같은 유대인의 삶은 좋은 상황화의 사례라고 볼 수 있다.

① 언어의 적응

믿음의 조상이었던 아브라함이 갈대아 우르(Ur in Chaldea)에 살 때에는 아람어를 사용했지만 이후 가나안 땅에 정착했을 때는 그 땅의 언어를 사용했을 것이다(창 11:28-31, 23:3-6, 32:45-47; 신 26:5).

> "하란은 그 아비 데라보다 먼저 고향 갈대아인의 우르에서 죽었더라 아브람과 나홀이 장가들었으니 아브람의 아내의 이름은 사래며 나홀의 아내의 이름은 밀가니 하란의 딸이요 하란은 밀가의 아버지이며 또 이스가의 아버지더라 사래는 임신하지 못하므로 자식이 없었더라 데라가 그 아들 아브람과 하란의 아들인 그의 손자 롯과 그의 며느리 아브람의 아내 사래를 데리고 갈대아인의 우르를 떠나 가나안 땅으로 가고자 하더니 하란에 이르러 거기 거류하였으며"(창 11:28-31)

"그 시신 앞에서 일어나 나가서 헷 족속에게 말하여 이르되 나는 당신들 중에 나그네요 거류하는 자이니 당신들 중에서 내게 매장할 소유지를 주어 내가 나의 죽은 자를 내 앞에서 내어다가 장사하게 하시오 헷 족속이 아브라함에게 대답하여 이르되 내 주여 들으소서 당신은 우리 가운데 있는 하나님이 세우신 지도자이시니 우리 묘실 중에서 좋은 것을 택하여 당신의 죽은 자를 장사하소서 우리 중에서 자기 묘실에 당신의 죽은 자 장사함을 금할 자가 없으리이다"(창 23:3-6)

요셉의 경우도 애굽으로 팔려 간 뒤 애굽 언어를 습득하여 이방 나라인 애굽에서 야훼 하나님을 증거했다(창 39:8-9, 42:15-46, 42:23). 그리고 다니엘과 그의 세 친구도 역시 바벨론 언어를 배워 야훼 하나님을 증거하였다.

"곧 흠이 없고 용모가 아름다우며 모든 지혜를 통찰하며 지식에 통달하며 학문에 익숙하여 왕궁에 설 만한 소년을 데려오게 하였고 그들에게 갈대아 사람의 학문과 언어를 가르치게 하였고 또 왕이 지정하여 그들에게 왕의 음식과 그가 마시는 포도주에서 날마다 쓸 것을 주어 삼 년을 기르게 하였으니 그 후에 그들은 왕 앞에 서게 될 것이더라 그들 가운데는 유다 자손 곧 다니엘과 하나냐와 미사엘과 아사랴가 있었더니 환관장이 그들의 이름을 고쳐 다니엘은 벨드사살이라 하고 하나냐는 사드락이라 하고 미사엘은 메삭이라 하고 아사랴는 아벳느고라 하였더라 다니엘은 뜻을 정하여 왕의 음식과 그가 마시는 포도주로 자기를 더럽히지 아니하리라 하고 자기를 더럽히지 아니하도록 환관장에게 구하니 하나님이 다니엘로 하여금 환관장에게 은혜와 긍휼을 얻게 하신지라"(단 1:4-7)

더 나아가 다니엘과 그의 세 친구들은 그 땅의 문화 속에서 자신들에게 맡겨진 공적인 책임도 잘 감당했던 것을 보게 된다.[162]

___

162) 김승호, 『선교와 상황화』, 127.

② 문화의 적응

성경은 아브라함과 요셉, 그리고 다니엘이 자신의 신앙 양심 혹은 하나님 앞에서 도덕적 기준에 손상되지 않는 범위 내에서 현지 문화 양식을 채택했던 것을 기록해 주고 있다.163) 그래서 아브라함은 자신의 군사력을 확보하기 위해 이방인과 동맹을 맺었으며(창 14:13), 아내의 몸 종이었던 하갈이 낳은 아들 이스마엘을 내쫓는 지역 관습을 따를 때 깊이 고뇌했다(창 21:11). 또한 헷 족속의 관습에 따라 막벨라에 있는 헷 사람의 땅을 구입하기도 했다(창 23:1-16). 헷 족속은 아브라함을 "하나님의 방백(moghty prince)"이라고 칭했으며, 그를 높였는데 이것은 그들이 아브라함을 자신들 가운데로 받아들였음을 시사했던 것이다. 이방인 아비멜렉은 아브라함에게 임한 하나님의 축복을 보고 감탄하기도 했다(창 21:22).

창세기 41:14과 41:42-45에 의하면, 요셉은 애굽에 거할 때 애굽인들의 관습을 따랐다. 그런데 그의 외모와 의복, 그리고 착용하고 있던 신분을 알리는 표식들은 형제들이 동생을 못 알아볼 정도로 애굽인이 되어 있었다.

> "이에 바로가 사람을 보내어 요셉을 부르매 그들이 급히 그를 옥에서 내놓은지라 요셉이 곧 수염을 깎고 그의 옷을 갈아입고 바로에게 들어가니"(창 41:14)

> "자기의 인장 반지를 빼어 요셉의 손에 끼우고 그에게 세마포 옷을 입히고 금 사슬을 목에 걸고 자기에게 있는 버금 수레에 그를 태우매 무리가 그의 앞에서 소리 지르기를 엎드리라 하더라 바로가 그에게 애굽 전국을 총리로 다스리게 하였더라 바로가 요셉에게 이

---

163) 김승호, 『선교와 상황화』, 127-128.

르되 나는 바로라 애굽 온 땅에서 네 허락이 없이는 수족을 놀릴
자가 없으리라 하고 그가 요셉의 이름을 사브낫바네아라 하고 또
온의 제사장 보디베라의 딸 아스낫을 그에게 주어 아내로 삼게 하
니라 요셉이 나가 애굽 온 땅을 순찰하니라"(창 41:42-45)

그리고 바로에게 바친 추수한 곡식의 양에 대한 기록과 애굽의 땅
을 소유했던 기록으로 볼 때, 요셉은 애굽인으로 자신의 책임을 다하
였던 것을 보게 된다(창 41:49). 요셉의 명령을 따라 이스라엘 백성은
야곱의 시체를 방부 처리하였다. 즉, 미라로 만든 것으로 다름 아닌
수천 년 동안 시행해 온 애굽의 전통과 관습이었다. 애굽인은 자신의
총리대신의 요셉과 부친 야곱을 자신들의 관습으로 예우하였던 것이
다(창 41:57, 50:3).

다니엘도 바벨론의 관습을 받아들였는데 야훼 하나님에 대한 자신의
양심과 신앙을 타협하지 않았다. 다니엘은 바벨론에서 새로운 이름인
'벨드사살'이라고 하였고(단 1:7), 바벨론의 문학과 점성술(Astrology),
그리고 점치는 기술을 배우기도 했다(단 1:17). 그리고 바벨론의 관료로
서 신분에 맞게 옷을 입었을 뿐만 아니라 바벨론 정부의 요직을 가졌다
(단 5:29).

③ 신앙적 순결

당시 이방인 나라에서 사회적으로 높은 위치에 있었던 아브라함과
요셉, 그리고 다니엘은 그 땅의 종교를 가져야 하고 종교의식에 참여
하도록 요구되었다. 따라서 하나님의 사람들이 철저하게 죄로 오염된
이방문화에서 거룩하게 살아가려면 분명한 분별력이 요구되며, 최소
한 중립적이 되기 위해서 높은 분별력이 요구되었다. 물론 아브라함

이 자신의 생명을 보존하기 위해 두 번씩이나 거짓말을 했지만(창 12:13, 20:2), 그는 야훼 하나님에 대한 신앙의 원칙에 충실했던 사람 이었다. 한 사례로 아브라함은 악한 소돔 왕이 주는 선물을 받지 않 았고(창 14:22-23), 이방인들의 우상제사에 참여하지 않았다. 요셉 역 시도 자신의 도덕적 원칙을 내려놓지 않았으며(창 39:9), 여호와를 떠 나 애굽의 신들을 좇지 아니했다. 다니엘은 하나님의 사람으로서 율 법의 음식규례와 자신의 백성에게 충실했다. 또한 자신의 도덕적 원 칙에 충실하였다(단 1:8, 6:10-11).

아브라함과 요셉, 그리고 다니엘은 이방 나라에서 자신의 상관이 나 일반인들을 대할 때 언제나 가장 높으신 야훼 하나님을 높여 드렸 다(창 14:22-23, 41:16; 단 2:27-28). 이 세 사람은 자신의 야훼 신앙을 타협하게 하는 이방 관습이나 의식을 따르도록 심한 압력을 받았지 만 끝까지 하나님께서 신실했던 종들이었다.

2) 이스라엘 백성들과 함께 거했던 이방인들

구약성경을 통해 이방인들이 이스라엘 백성의 개별적이든 혹은 공 동체적이든 그들 가운데 섞여 살았던 경우를 보게 된다. 하나님은 처 음부터 이스라엘 백성이 모든 열방을 향해 축복이 될 것을 말씀하신 다. 동시에 신앙의 순결을 지키며, 하나님의 친백성으로 더럽히지 않 도록 지속적으로 경고하셨다(출 23:23-24, 32-33; 신 12:1-8, 29-32).[164] 하나님의 백성들에게 우상과 혼합주의(Syncretism)는 언제나 큰 위협

---

164) 김승호, 『선교와 상황화』, 132.

이 되었다. 그래서 결국 이스라엘은 타락의 길을 걸어갔다. 본래 이스라엘은 이방인들을 향해 하나님의 증거자가 되도록 거룩한 부르심을 받았지만 그들은 하나님을 경외하고 쫓기보다는 이방인들을 쫓았고, 그들의 삶과 풍습, 그리고 그들의 신앙까지도 받아들였던 타락한 백성이 되고 말았다. 이러한 이스라엘 백성의 우상의 문제는 그들이 이방족속과 관계했기 때문이다.

신명기 31:12-13에 의하면, 하나님은 이스라엘 백성이 그들과 함께 거하는 이방인들을 향해 어떤 증거의 삶을 살아야 하는지를 상세하게 가르쳐 주셨다.

> "곧 백성의 남녀와 어린이와 네 성읍 안에 거류하는 타국인을 모으고 그들에게 듣고 배우고 네 하나님 여호와를 경외하며 이 율법의 모든 말씀을 지켜 행하게 하고 또 너희가 요단을 건너가서 차지할 땅에 거주할 동안에 이 말씀을 알지 못하는 그들의 자녀에게 듣고 네 하나님 여호와 경외하기를 배우게 할지니라"(신 31:12-13)

① 율법

이스라엘 백성들은 그들 가운데 거하던 이방인들에게 율법을 가르쳤다. 이스라엘 백성이 받은 율법은 이방인들도 하나님께로 나올 수 있는 길을 마련해 주었다. 그것은 이스라엘 백성뿐만 아니라 그들 가운데 거하는 이방인들이라면 하나님을 경외하며 살아야 했다. 이스라엘 백성은 그들과 함께 거하는 이방인들에게 야훼 신앙을 나눌 책임을 갖고 있었다. 그들은 신앙과 문화에서 큰 차이점을 가지고 있었던 이방인들과 함께 야훼 신앙을 나누었다.[165] 이것을 오늘날 현대 선교

---

165) 김승호, 『선교와 상황화』, 133.

신학자들은 '타문화권 의사소통(cross-cultural communication)'이 요구되었다는 것으로 본다.

이러한 관점에서 관련된 여러 가지 구체적인 규정들에 대하여 구약성경은 기록하고 있다. 그것은 야훼 신앙으로 완전하게 개종하는 단계는 아니지만 이스라엘 백성 가운데 살고 있던 모든 이방인들에까지 적용되는 규정들이 있었다. 예를 들면, 무교절(the Feast of Unleavened Bread) 동안 이스라엘 백성은 물론 그들 가운데 거하던 이방인들 모두 무교병을 먹어야 했다(출 12:19). 또한 안식일 규정과 속죄일(the Day of Atonement) 동안의 안식 규정도 그들 가운데 살고 있던 모든 이방인들에게 포함되었다(출 20:10; 레 16:29-30). 더 나아가 유월절(Passover) 절기에 동참을 원하는 이방인들은 누구나 할례를 받아야 했다. 그런 이후에 비로소 이스라엘의 절기에 참여할 수 있었다(출 12:48).

율법은 또한 이방인들도 하나님께 제물을 드리며 예배할 수 있도록 허용하였다(레 22:17-19; 민 15:14; 대하 6:32). 특히 이스라엘 백성과 이방인에게 동일시(identification) 적용되었던 예배와 음식, 그리고 사회규례와 관련된 여러 가지 기록들의 상황도 구약성경을 통해 살펴볼 수 있다(민 19:10-12; 레 17:10; 수 20:9).

② 하나님의 사랑

하나님을 경외하는 이스라엘 백성과 이방인들을 하나님은 동일하게 대우하셨다. 물론 축복과 심판이 있지만 하나님은 예배를 통해 나오는 이방인들을 용서해 주실 것을 약속하셨다. 또한 하나님을 사랑하고 안식일과 규정들을 지키는 이방인들을 넘치게 축복하실 것을 약속하셨다.

③ 규례

하나님은 이스라엘 백성들로 지켜야 할 규례를 주셨다(레 19:33-34; 신 10:18-19). 그것은 이스라엘 백성들이 공의(justice)와 편견(bias)이 없는 그들 중에 거하는 이방인들을 관심과 사랑으로 대할 것에 대한 내용이다. 이에 여러 가지 규례와 경고로 이방인들을 확대하거나 억압하지 말 것을 명하셨고, 이방인들을 재판할 때 공정한 판단이 이루어지도록 하셨다. 하나님은 이스라엘 백성들로부터 당하는 압제를 돌아보셨으며, 이방인들의 부르짖는 외침을 들으셨으며, 하나님의 공의로 심판하셨다(출 22:21-24; 신 1:16-16, 27:19).

3) 선지자들의 메시지

이방민족을 향한 선지자들의 메시지는 상황화의 관점에서 타문화 의사소통의 좋은 사례로 볼 수 있다. 선지자들은 메시지를 받는 이방민족이 갖고 있던 문화적 요소인 신화, 역사, 종교, 세평, 관습 등을 적극 사용했던 것을 보게 된다. 선지자들은 메시지를 전함에 있어서 매우 신중했으며, 하나님의 말씀의 내용을 변경하거나 훼손되는 일이 없는 상태로 증거하였다.

4) 시편의 문화적 상황

시편은 중동의 히브리인들의 문화적 상황을 대표하는 세 가지의 이미지를 사용하여 기록하였다. 첫째는 산, 태양, 시내, 새 등과 같은 자연적(自然的) 이미지를 사용하였다. 둘째는 목자와 양, 그리고 초장과 같은 목가적(牧歌的) 이미지를 사용하였다. 마지막으로 셋째는 방패와 산성, 요새, 피난처와 같은 군사적(軍事的) 이미지를 사용하였다.166) 이렇게 성경은 인간의 문화라는 옷을 입고 전달되었으며, 신약성경의 경우는 헬라적인 문화의 옷을 빌려 기록하였다.167)

2. 신약성경에 나타난 상황화

신약성경에는 여러 가지 다른 선교신학(Theology of Mission)에 대한 주제들이 존재한다. 신약성경은 단 하나의 선교 모델만이 있는 것이 아니다. 여러 가지의 모델이 있는데, 그 이유로는 본문들이 구체적인 상황들로 당시의 공동체들이 살고 있었던 여러 가지 삶의 상황에 대해 말하고 있기 때문이다. 성경은 항상 해석된 본문을 중심으로 해서 이미 일정한 상황과의 상호작용에 의해 형성된 본문으로 주어진다. 그러나 독자들은 그것을 자신의 상황과 시각에 맞춰 읽는다.168) 이처럼 인간은 상황 속에서 성경을 읽고 복음을 이해한다. 또한 복음이 구체적으로 실천되는 곳은 바로 상황이다. 상황과 무관한 복음은 이미 복음이 될 수 없다. 성경이 문화와 상황을 제대로 고려하지 않고 일방적으로 선포된다면 그것은 허공을 치는 결과를 초래할 수밖에 없다.169) 그래서 일반적으로 우리는 신약성경을 읽으면서 복음이 이방문화 상황에 전달될 때 변하는 형태를 놓치게 된다. 예를 들면, 예루살렘의 교

---

166) 김승호, 『복음주의 선교신학에 대한 이해』, 213.

167) 김승호, 『선교적 관점에서 본 설교방법론』 (서울: 도서출판 토라, 2006), 18.

168) Johannes Nissen, 『신약성경과 선교』, 255.

169) 안승오, "상황화 개념의 기원과 전망", 『선교와 신학』 제14집 (2004, 12월), 237-238.

회들에게 메시아로서의 예수님의 명칭은 특별한 의미가 있지만 이방인들에게는 그렇지 못했다. 오늘날까지 남아 있는 주님이라는 명칭은 신 안으로 편입된 것으로 헬라어와 헬라 철학에 의해 영향을 받은 이방 상황에서였다.[170] 이렇게 신약성경에서 나타난 본문(text)과 상황(context)의 관계는 하나의 해석학적 순환(hermeneutical spiral)으로 상황과 성경, 그리고 성경과 상황 사이에서 이루어지는 역동적이고 창조적인 긴장과 상호작용이 되어 있다.[171]

이러한 차원에서 목회자와 선교사는 성경(text)과 상황(context), 두 분야의 전문가가 되어야 한다. 목회자와 선교사는 성경이 전하고자하는 말씀을 올바르게 전하고, 메시지의 수용성을 높이기 위해서 꾸준한 노력을 기울일 필요가 있다.[172] 그래서 상황화라는 용어가 단지 성경에서만 중요하게 강조되는 것이 아니라 현대 선교신학(Theology of Mission)에서도 중요하게 강조되는 것은 조금도 이상한 것이 아니다.

요하네스 니센(Johannes Nissen)은 『신약성경과 선교(New Testament and Mission)』라는 책에서 상황화에 대하여 말하기를, "인간의 구체적인 상황을 최대한 진지하게 그리고 모든 차원에서 고려하려는 시도를 의미한다."라고 하였다.[173] 신약성경에 나타난 예수 그리스도 안에서 하나님의 메시지의 천재성 가운데 하나의 특징은 성경의 계시로 세계에 모든 문화를 해석될 수 있다는 점이다.[174] 뿐만 아니라 하나님은 자신의 계시를 인간의 언어를 통하여 전달되게 하셨다. 지금도 성경은

---

170) 이용원 · 정원범, 『선교의 핵심 가이드』 (서울: 한국장로교출판사, 2006), 90.

171) Johannes Nissen, 『신약성경과 선교』, 255.

172) 김승호, "선교를 어떻게 설교할 것인가", 『그 말씀』 (2010, 7월), 72-73.

173) Johannes Nissen, 『신약성경과 선교』, 256.

174) Michael Pocock, Gailyn Van Rheenen, Douglas McConnell, 『변화하는 내일의 세계선교』, 444.

인간의 다양한 언어로 번역되어 전달되고 있다. 인간의 언어는 하나님의 뜻과 생각을 담아내기에 너무도 부족하다. 그러나 인간의 언어로 자신의 계시가 기록되고 번역되게 허락하신 것은 상황화의 좋은 사례이다. 하나님의 말씀이 인간의 언어로 기록되는 상황화 작업이 없었다면 하나님의 계시는 지금도 하늘에 머물러 있었을 것이다.175)

1) 마태의 상황화

마태는 유대인 수용자들을 대상으로 하여 메시아적인 예언, 왕위, 예수의 신적 칭호들에 대한 강조를 반영하여 전했다.176) 마태는 아무런 설명도 없이 음역된 아람어 술어들과 유대교 관습들의 세부 사항들을 지칭하는 구절들인 식사 때 손 씻기(마 15:2), 경문과 옷술(마 23:5), 장례 관습(마 23:27), 안식일 여행 문제(마 24:20) 등 구약성경에서 사용하고 있는 거의 지나칠 정도의 관심과 예민함을 나타내고 있다.177) 또한 아브라함으로부터 시작하여 다윗과 유대의 군주제에 초점을 맞추는 예수의 족보를 포함하고 있으며, 다른 복음서에서 별로 발견할 수 없는 여러 구절에서 '다윗의 자손'을 예수의 칭호로 도입하였다. 그는 예수와 제자들의 사역을 '이스라엘의 잃어버린 영'에게 제한하고(마 10:5-6), 누가와는 달리 사마리아인들의 사역 대상에서 제외시키기 위하여 언급하였으며, 유대 서기관의 가르침에 계속적 타당성을 명확하게 지적하고 있다(마 23:2-3).178) 특히 마태는 금식, 안

---

175) 김승호, 『복음주의 선교신학에 대한 이해』, 213.

176) David J. Hesselgrave & Edward Rommen, *Contextualization: Meanings, Methods and Models*, 8.

177) R. T. France, 『마태신학』, 이한수 역 (서울: 도서출판 엠마오, 1995), 144.

식일 준수, 성전 제사, 성전세 납부 등과 같은 유대인의 상황에 접촉점을 맞춰 복음서의 교훈과 이야기로 하여 독특하게 유대인들에게 인식되게 했다는 것은 그리 놀라운 일이 아닐 것이다.

2) 씨 뿌리는 비유

마태복음 13:1-23에 의하면, 씨 뿌리는 비유는 상황화 작업과 관련하여 우리에게 중요한 교훈을 준다(마 13:1-9; 막 4:1-9; 눅 8:4-8). 씨가 어떤 토양에 떨어지는 것은 결실이 완전히 다를 수 있다. 같은 종류의 씨를 뿌려도 토양에 따라 결과가 달라진다면 말씀을 전하는 자는 먼저 토양을 면밀히 조사한 후 씨를 적합하게 뿌려야 삼십 배, 육십 배, 백배의 결실을 맺을 것이다.

3) 요한의 상황화

요한은 헬라인들이 이해할 수 있는 용어들로 복음을 전했다. 그는 "세계영혼"을 의미하는 "로고스"의 개념을 사용하여 그것에 인격적인 하나님을 가리키는 기독교적인 진리의 의미를 부여하였다.[179] 그러나 그는 영적 세계와 신체적 세계를 구별하는 플라톤적 오해를 방지하면서 혼합주의를 피하였다. 그래서 요한은 요한복음 1:14에서 "말씀이 육신이 되어"라고 확신 있게 증거했던 것이다.[180]

---

178) R. T. France, 『마태신학』, 144.

179) Paul Whatney, "Contextualization and Its Biblical Precedents", *Ph.D. dissertation* (Pasadena: Fuller Theological Seminary, 1985), 218.

180) James Adam, *The Religious Teaching of Greece* (Edinburgh, 1901), 233.

4) 성육신과 상황화

　상황화의 신학적 기초는 성육신에서 발견된다.[181] 그래서 예수 그리스도의 성육신은 상황화의 좋은 사례 가운데 가장 중요한 것이다. 그것은 하나님께서 예수 그리스도 안에서 한 인간을 취하심으로 임마누엘, 즉 우리와 함께 계신 하나님이 되셨기 때문이다. 요한복음 1:14는 유명한 성육신에 대한 선언(statement)이다.

> "말씀이 육신이 되어 우리 가운데 거하시매 우리가 그의 영광을 보니 아버지의 독생자의 영광이요 은혜와 진리가 충만하더라"(요 1:14)

　이것은 요한복음이 선포하는 복음의 요약이다. 하나님의 창조와 계시의 중보자적인 예수 그리스도는 세상 아래에 오셔서 물질인 육신이 되셨다. 즉, 하나님의 아들이 육신이 되어 세상 아래 오셔서 하나님을 계시하였기 때문에 우리가 그 지식을 얻게 되었고, 그리하여 구원을 얻게 되었다. 그러므로 예수 그리스도의 성육신적 사건은 순전히 은혜의 사건이다.

　또한 빌립보서 2:6-8에 의하면, 성육신 하신 예수 그리스도의 참된 모습을 구체적으로 찾아볼 수 있다.

> "그는 근본 하나님의 본체시나 하나님과 동등됨을 취할 것으로 여기지 아니하시고 오히려 자기를 비워 종의 형체를 가지사 사람들과 같이 되셨고 사람의 모양으로 나타나사 자기를 낮추시고 죽기까지 복종하셨으니 곧 십자가에 죽으심이라"(빌 2:6:8)

---

181) Chris. Sugden, *Radical Disciplieship* (London: Marshalls, 1981), 111-117.

첫째, 근본 하나님의 본체이시다. 성육신 이전의 예수 그리스도는 하나님의 본질을 가지고 하나님으로서의 영광을 나타내고 계셨다. 둘째, 예수 그리스도는 하나님과 동일하신 분이시다. 예수 그리스도는 하나님과 동일한 본체로 그 상태에서 계속 머물고자 하는 생각을 갖고 있지 않으신 분이시다. 마지막으로 셋째, 예수 그리스도는 죄 없으신 인간의 모양으로 이 땅에 오신 하나님의 아들이시다. 예수 그리스도는 인간의 몸을 입으시고 하나님의 영광(Glory of God)을 누리기를 스스로 포기하셨을 뿐만 아니라 스스로를 비워 종의 형체를 가져 성육신하신 모습으로 사람들과 같이 되셨다. 성육신하신 상태에서 아버지께 십자가에 달려 죽기까지 순종하셨다.

이러한 의미에서 상황은 단지 이차적인 중요성을 가지는 요소가 아니다. 그것은 본문의 한 부분으로 하나님께서 어떤 추상적인 개념 안에서가 아니라 어떤 구체적인 상황 속에서 자신을 드러내셨기 때문에 상황화를 중요하게 고려해야 한다.[182] 모든 신학들은 상황화의 결과로서, 기독교는 메시지가 본질적이고 우주적인 점들을 토착적이고 상황적인 것들과 혼동해서는 안 될 것이다.[183]

5) 상황화의 탁월한 전문가, 예수 그리스도

예수 그리스도는 하나님의 사랑을 전달하기 위해 사람의 형상을 입고 세상에 오셨고, 사람들이 이해할 수 있는 방법으로 하나님의 진리(God's Truth)를 전파하셨다. 사실 예수 그리스도는 상황화의 탁월

---

182) Johannes Nissen, 『신약성경과 선교』, 256.

183) David J. Bosch, *Transforming Mission: Paradigm Shifts in Theology of Mission*, 423.

한 전문가이셨다. 그분은 당시뿐만 아니라 지금도 많은 사람들이 예수 그리스도께 매력을 느끼는 것은 그의 가르침과 성품 때문만이 아니라 유대인의 풍습과 문화를 잘 알고 계셨다는 것이고, 그 문화를 통해 자신을 동일시(identification)하셨다는 것이다. 그리고 그분은 지방 언어를 사용하셨고, 그분의 설교는 보통 사람들이 이해할 수 있도록 친밀감 있는 상황화에 맞게끔 소재들로 구성하셨다(마 5:13-16, 6:27-34, 13:1-23, 17:20; 눅 13:6-9, 18-21).

그래서 독일의 유럽 나사렛대학교의 신약신학 교수 딘 플레밍(Dean Flemming)은 예수님의 상황화에 대하여 말하기를, "예수님은 유대 문화에 흠뻑 젖어서 살았으며, 유대인 축제와 전통에도 동참하였고, 갈릴리 지방 방언이 섞인 아레멕(Aramaic) 언어를 구사하였으며, 유대인으로 육체적인 특징과 성격도 소유하였다."라고 설명하였다.184)

6) 사도행전 2장

사도행전 2장에 의하면, 오순절 성령 강림 후 제자들이 이전에 한 번도 말해 본 적이 없었던 방언으로 말한 사건이 기록되어 있다. 동서남북에서 절기를 지키기 위해 예루살렘으로 올라온 사람들은 자신이 태어난 곳의 언어(in their own native language)로 하나님께서 행하신 일들을 들을 수 있었다(행 2:5-13). 그것은 성령께서 예루살렘에 모인 사람들이 알아들을 수 있는 언어로 말하게 함으로써 타문화권(cross-cultural) 선교의 문을 여신 것이다.185)

---

184) Dean Flemming, *Contextualization in the New Testament: Patterns for Theology and Mission* (Downers Grove: Inter Varsity Press, 2005), 20.

7) 예루살렘 회의

상황화를 시도하였던 훌륭한 사례로서는 오늘날 정치적 총회가 아닌 선교적(missional) 총회인 예루살렘 회의를 들 수 있다(행 15:1-29). 여기서 복음을 믿은 이방인들 때문에 문제가 야기되었다. 즉, 안디옥에서 어떤 사람들은 주장하기를 그런 이방인들이 먼저 모세의 율법을 따라 할례를 받아야만 한다고 하였다(행 15:1). 바리새인들과 이방인들이 할례를 받고 모세의 율법을 지켜야 한다고 믿었다(행 15:5). 그래서 '할례를 그들에게 강압적으로 부가하여야 하는가?' 또는 '기독교 유대인들과 기독교 이방인들 사이의 교제 조건은 무엇인가?'라는 그 당시 이러한 문제가 제기되었는데 거기서 내린 결론들을 살펴보면 다음과 같다.

첫째, 이방인은 할례를 받지 않아도 된다. 둘째, 유대 기독교인들은 할례를 받는 것을 막지 않는다. 다시 말하면, 모세의 율법을 지키는 것을 멈추지 않아도 된다. 마지막으로 셋째, 유대 기독교인들과 이방인 기독교인들 사이의 교제가 성립된다는 것이다.[186]

여기서 예루살렘 회의에서는 두 가지 상황을 다 중시했음을 볼 수 있다. 그것은 모세의 율법을 중시하였던 유대 기독교인들의 상황이고, 다른 하나는 기독교의 발전 과정에서 생긴 이방 기독교인의 상황이다. 유대 기독교인들과 이방 기독교인들 사이의 교제 문제는 그 이전의 상황에서 엄격히 구별 지어져 있었고, 유대인들과 개종자의 위치는 동등할 수 없었다. 그러나 예루살렘 회의 결정 이후에 그들 사

---

185) 김승호, 『선교적 관점에서 본 설교방법론』, 19.

186) David J. Hesselgrave, *Theology and Missions*, 74-75.

이의 관계는 동등한 위치에 서게 되었다. 그것은 상황화의 훌륭한 사례라고 볼 수 있을 것이다.[187]

8) 사도 바울과 상황화

사도 바울은 선교지에서 복음을 전함에 있어 상황화 선교전략을 사용하였다. 이러한 상황화의 선교적(missional) 작업은 하나님의 말씀이 주어진 성경적인 상황과 복음화하려는 사람들의 문화에 대한 완전한 이해가 없으면 안 된다. 왜냐하면 메시지는 수용자의 상황과 연관되어 있기 때문이다. 그래서 성경에 충실한 방식 내에서 다듬어져 상황화가 이루어져야 할 것이다.[188]

① 영적 전쟁인 진리대결을 통한 바울의 상황화

사도행전 15:29에 의하면, 고린도교회 성도들에게 나타난 사도 바울의 지도 방법 중에 상황을 중시한 사례를 찾아볼 수 있다. 즉, 예루살렘 회의에서의 결정은 이방 기독교인들에게 우상 제물을 먹지 말라는 것이다.

  "우상의 제물과 피와 목매어 죽인 것과 음행을 멀리할지니라 이에 스스로 삼가면 잘되리라 평안함을 원하노라 하였더라"(행 15:29)

주의 만찬이 우상 섬김과 같이 되어 하나님 외에 어떤 것을 경배하

---

187) David J. Hesselgrave, *Theology and Missions*, 74-75.
188) Stan Guthrie, 『21세기 선교』, 정흥호 역 (서울: 기독교문서선교회, 2008), 150-152.

면 그 결과 마귀를 섬기는 것이 된다. 그래서 성도들은 우상의 전에서 먹지 말 것과 기독교인들은 우상으로부터 떠나라는 것이다. 우상의 전에서 먹는 것은 우상을 섬기는 것을 의미한다. 그것은 기독교인도 우상의 전에서 먹음으로 우상을 섬기는 인상을 주시기 때문에 그런 것이다. 그러나 우상의 전 바깥에서는 우상의 제물 먹는 것을 우상의 섬김과 동일시하지 않았다. 문제는 개인 성도에게 두었다. 사도 바울은 먹을 때 우상을 생각한다면 먹지 말아야 한다고 하였다. 그리고 그것이 그들에게 우상 숭배를 의미한다면 그들 면전에서 먹는 것을 피해야 한다는 것이다.[189] 물론 사도 바울의 그런 태도가 일괄성이 없어 보인다. 그러나 그는 상황적인 것을 고려하여 문화적 형태의 수용 내지 비수용을 결정하는 것이 의미에 달려 있다고 여겼다. 만약 의미가 기독교 진리에 본질적으로 상반되지 않는다면 그것을 수용해도 괜찮다는 것이다.[190]

② 선교 윤리를 통한 바울의 상황화

고린도전서 5:1-8에 의하면, 사도 바울은 고린도교회 가운데 계모를 위한 사람들에 대하여 권면을 아끼지 않았다.

> "너희 중에 심지어 음행이 있다 함을 들으니 그런 음행은 이방인 중에서도 없는 것이라 누가 그 아버지의 아내를 취하였다 하는도다 그리하고도 너희가 오히려 교만하여져서 어찌하여 통한히 여기지 아니하고 그 일 행한 자를 너희 중에서 쫓아내지 아니하였느냐 내가 실로 몸으로는 떠나 있으나 영으로는 함께 있어서 거기 있는 것같이 이런 일 행한 자를 이미 판단하였노라 주 예수의 이름으로

189) David J. Hesselgrave, *Theology and Missions*, 75.
190) David J. Hesselgrave, *Theology and Missions*, 75.

너희가 내 영과 함께 모여서 우리 주 예수의 능력으로 이런 자를 사탄에게 내주었으니 이는 육신은 멸하고 영은 주 예수의 날에 구원을 받게 하려 함이라 너희가 자랑하는 것이 옳지 아니하도다 적은 누룩이 온 덩어리에 퍼지는 것을 알지 못하느냐 너희는 누룩 없는 자인데 새 덩어리가 되기 위하여 묵은 누룩을 내버리라 우리의 유월절 양 곧 그리스도께서 희생되셨느니라 이러므로 우리가 명절을 지키되 묵은 누룩으로도 말고 악하고 악의에 찬 누룩으로도 말고 누룩이 없이 오직 순전함과 진실함의 떡으로 하자"(고전 5:1-8)

사도 바울은 기독교의 기준보다 그 당시의 사회적 기준과 윤리적 가치를 사례로 들어 교훈하였다. 사도 바울은 그러한 일은 세상에도 없다고 하였다. 그러나 사도 바울은 기독교적이지 않더라도 선교 윤리적 기준이라도 그것이 기독교의 선교 윤리에서 벗어나지 않고 일치한다면 그것을 사용하는 데 주저하지 않았다(고전 5:1-8).[191]

③ 관계를 통한 바울의 상황화

골로새서 3:18-4:1에 의하면, 사도 바울은 아내들은 남편에게 순종하라고 말하였다. 그리고 상전들은 종들에게 의를 베풀 것을 말했다.

"아내들아 남편에게 복종하라 이는 주 안에서 마땅하니라 남편들아 아내를 사랑하며 괴롭게 하지 말라 자녀들아 모든 일에 부모에게 순종하라 이는 주 안에서 기쁘게 하는 것이니라 아비들아 너희 자녀를 노엽게 하지 말지니 낙심할까 함이라 종들아 모든 일에 육신의 상전들에게 순종하되 사람을 기쁘게 하는 자와 같이 눈가림만 하지 말고 오직 주를 두려워하여 성실한 마음으로 하라 무슨 일을 하든지 마음을 다하여 주께 하듯 하고 사람에게 하듯 하지 말라 이는 기업의 상을 주께 받을 줄 아나니 너희는 주 그리스도를 섬기느니라 불의를 행하는 자는 불의의 보응을 받으리니 주는 사람을

---

191) David J. Hesselgrave, *Theology and Missions*, 76-77.

외모로 취하심이 없느니라 상전들아 의와 공평을 종들에게 베풀지
니 너희에게도 하늘에 상전이 계심을 알지어다"(골 3:18-4:1)

여기서 사도 바울은 그 당시 그리스 로마의 사회(greece-roman society)
계층을 인정하면서도 종이나 주인은 주 안에서 행하라고 말한 것이
다(갈 3:28). 거친 주인들에게는 부당한 처리에 대해 보응을 받을 것
이라고 권고하기도 하였다(골 3:25). 사도 바울은 종을 가진 주인인
빌레몬에게 편지를 보내면서 기독교인인 종은 종이 아니라 형제라고
하였다(몬 1:15; 16).[192] 그는 기독교인들에게 부름을 받은 자리에서
살 것을 권고하였다(고전 7:21). 그는 사회적 상황 가운데 있은 사람
에게 메시지를 전하였다. 그리고 그들의 역할을 기독교적인 전망으로
해석하고 이해하도록 하였다. 첫째, 인간의 기본적인 관계는 전능하
신 하나님께 대한 것이다. 둘째, 인간 상호 간의 관계는 하나님 앞에
동등하다. 마지막으로 셋째, 사회적 책임의 궁극적인 평가는 하나님
으로부터 온다는 인식을 가지고서야 진실하게 수행된다.[193]

④ 헬라 문화를 통한 사도 바울의 상황화

사도 바울은 그 외에도 희랍 세계에서 이해될 수 있는 용어들을 사
용하였다. 이러한 관점에서 프레드릭 부르스(Frederick F. Bruce)는 사
도 바울의 복음은 헬라 문화를 상황화한 것이라 말한다.[194] 사도 바
울은 그의 서신들에서 이렇게 헬라화한 복음을 수정 각색하여, 아프
리카나 그 외의 선교지에서도 맞는 상황화 신학의 모델을 세웠다. 결

---

192) David J. Hesselgrave, *Theology and Missions*, 77.
193) David J. Hesselgrave, *Theology and Missions*, 78.
194) David J. Hesselgrave, *Theology and Missions*, 79.

국 상황화 신학은 수정과 각색의 과정이다.195) 즉 사도 바울의 선교 신학(Paul's Theology of Mission)은 시작하는 모든 신학이 상황화의 결과이다.

이러한 사도 바울이 보여 준 상황화의 사례들은 시사하는 바가 크다. 상황화는 절대적 진리에 손상을 줄 수 있기 때문에 위험하다. 그러나 상황이라는 것은 하나님의 부르심에 대한 응답에서나 복음 진리의 새로운 상황에 대한 과정에 있어서 내포되지 않을 수 없다. 복음은 좋은 소식으로 상황 중에 수용되는 새로운 좋은 소식이다.196)

신학이란 추상적인 것이 아니라 삶의 구체적인 실재(reality)에 대한 하나님의 말씀의 적용이다. 그래서 상황화라는 작업은 기본적으로 매우 중요한 것이어서 특별한 상황 가운데 처한 우리가 복음에 순종하는 삶을 살고자 할 때 상황화는 불가피하다. 우리는 남을 위해서라기보다 나 자신을 위하여 상황화를 하지 않을 수 없다. 우리는 먼저 성경을 보고 해석학적 작업을 해야 한다. 그것이 없이는 신학을 도출할 수 없을 뿐만 아니라 신학이 없이는 실천을 끌어낼 수 없다.197) 하나님은 인간에게 계시를 주실 때 문화라는 상황 가운데 주셨다. 즉, 계시의 장은 유대적인 배경이었지만 그것은 다시 그리스 로마 문화의 모체 가운데 상황화되었다. 오늘날 복음이 제3세계에 전달될 때 선교사들은 서양 문화의 윤곽으로 전하지 않으려고 하면서 채용하는 문화에서는 상황화하고 있다.198) 이처럼 사도 바울의 상황화 선교전

---

195) Bruce J. Nicholls, 『상황화: 복음과 문화의 신학』, 34.
196) David J. Hesselgrave, *Theology and Missions*, 79.
197) David J. Hesselgrave, *Theology and Missions*, 79.
198) 채은수, 『선교학총론』 (서울: 기독지혜사, 1991), 504.

략을 통한 선교사역은 복음과 문화를 분명히 구별하여 기독교가 선교지에서 혼합주의(Syncretism)의 위험성에 빠지지 않도록 기독교의 참된 진리를 현지인에게 그 적용성과 적합성의 가능성을 역사를 통하여 보여 준 것이다.

제4장
토착화와 상황화

목회자와 선교사들이 사역지에 도착했을 때 조심스럽게 다루어야 하는 것 중의 하나는 현지의 문화적 유산들을 어떻게 다루어야 하는 점이다. 즉 복음이 전통에 부딪혔을 때 어떤 입장을 취해야 하는 방법을 가리켜 과거에는 '토착화'라고 했지만 현재는 '상황화'라고 말한다. 토착화라는 단어 대신에 상황화라는 단어를 사용하게 된 것은 토착화란 복음을 선교지 토양에 뿌리박는다는 의미인데도 불구하고 선교지에 세워진 교회가 재정과 행정, 그리고 전도의 영역에서 상당한 기간 동안에도 독립하지 못하고 선교사와의 사이에 주종 관계로 매듭짓는 경우가 많다. 그래서 심지어 "복음을 서양의 화분에 심어서 가져오지 말고, 차라리 복음의 씨를 우리에게 가져와서 그것을 우리 땅에 심어 달라"고 요구했던 것이다. 그래서 복음주의 운동이 활발하게 일어났던 70년대 이후부터는 전통문화에만 대치하는 과거지향적인 '토착화'란 용어 대신 현실의 경제적, 사회적인 면을 폭넓게 고려하는 '상황화'라는 용어를 사용하게 된 것이다.199)

---

199) 그리스도연합교회, "목사님 소논문", http://www.joonim.com/board/bbs/tb.php/pastorreport/95.

사실 상황화가 보편화되기 전에는 토착화라는 개념이 광범위하게 사용되었다. 선교를 함에 있어서 토착화와 상황화라는 용어의 의미를 바로 이해하는 것은 매우 중요하며, 상황화 이전에 쓰였던 토착화라는 용어와 함께 그 차이점을 연구할 필요가 있을 것이다.[200)]

1. 토착화와 상황화의 차이점

미국 글렌 오크스 제일침례교회의 멜빈 하지스(Melvin L. Hodges) 목사는 토착화에 대하여 말하기를, "선교사역의 결과로 한 교회가 세워지고 스스로 관리할 수 있고, 스스로 후원할 수 있고, 스스로 현지인 교회를 재생산할 수 있는 능력을 깨닫는 것이다."라고 언급하였다.[201)] 토착화의 목적은 자립적인 교회성장(Church Growth)으로 전통적인 선교에 관심을 가졌던 교회개척(Church Planting)이나 교회성장(Church Growth)을 말한다. 그러나 상황화는 일반적으로 '하나님의 선교(Missio Dei)'의 배경을 지니고 있는데 이 세상에 샬롬을 이루는 것에 관심을 가지고 있다.[202)] 이러한 관심의 차이로 인해 토착화와 상

---

200) 스리랑카 기독교 전도자인 닐스(D. T. Niles)는 매우 잘 알려진 씨앗과 화분을 예화로 하여 토착화와 상황화에 대해 말하기를, "복음은 일종의 씨앗과 같은 것으로 당신은 그것을 뿌려야 한다. 당신이 복음의 씨앗을 팔레스타인 땅에 뿌릴 때, 팔레스타인 기독교라고 불리는 한 나무가 자라게 된다. 만일 당신이 그것을 로마에 뿌릴 때, 로마 기독교라는 나무가 자란다. 당신이 복음을 영국에 뿌리면 당신은 영국 기독교를 거두게 된다. 그 복음의 씨앗을 나중에 미국으로 가져가면 미국 기독교라는 나무가 자란다. 선교사들이 우리 땅에 왔을 때 그들은 복음의 씨앗뿐만 아니라 그들 자신들의 기독교라는 나무와 심지어 화분까지 가지고 들어온 것이다. 따라서 우리가 해야만 하는 일은 그 화분을 부수고, 복음의 씨앗을 꺼내어, 그것을 우리 자신의 문화 토양에 뿌림으로써 우리 자신의 기독교가 자라도록 하는 것이다."라고 하였다. Emilio A. Núñez C & William D. Taylor, 『라틴 아메리카의 위기와 희망』, 변진석 역 (서울: 기독교문서선교회, 2004), 448-449.

201) Melvin L. Hodges, "Why indigenous Church Principles?", in Readings in Dynamic Indigenrity, ed. Charles H. Kraft & Tom N. Wisely (Pasadena: William Carey Library, 1979), 6.

202) 안승오 · 박보경, 『현대 선교학 개론』 (서울: 대한기독교서회, 2008), 199.

황화는 다음과 같은 강조점의 차이를 지닌다. 먼저 토착화는 전통 문화 안에서 어떻게 효과적으로 복음을 전파할 것인가에 대하여 초점을 맞추어 하나의 문화권에 맞는 적절하고 의미 있는 언어와 전달 형태를 가지고 복음을 전달하는 과정에 깊은 관심을 갖고 있다. 그런 반면에 상황화는 역사적 상황(historical context)에서 현실에 도전하여 그 현실을 변화시킬 목적으로 하나님의 말씀과 세상과의 접촉점을 찾으려는 데 주된 관심을 두고 있다.203)

토착화는 문화적인 요소와 연관성을 지니면서 기독교적 요소들을 어떻게 문화에 잘 적응시킬 것인가 하는 문제를 다루고 있다. 그러나 상황화는 상황을 변혁할 수 있는 새로운 신학적인 작업에 관심을 기울이고 있다.204) 토착화가 복음을 전하는 데 있어 특정한 문화 상황에 맞게 전하려는 신학적 작업이라면, 상황화는 토착화의 모든 원리를 그대로 사용하면서도 인간이 처한 상황들을 고려하고자 하는 신학적 작업이라고 말할 수 있다.205)

	토착화	상황화
목적	전통적인 교회성장	이 세상의 변화
방법론	복음전파와 교회개척	현지의 신학
지도자	선교사가 주도하고 현지인의 적극적인 참여 유도	현지인 신학자
관심영역	문화영역	정치, 경제, 문화, 사회, 환경 등의 모든 영역
전제	선교 초기교회	성장한 교회

〈도표 2〉 토착화와 상황화의 차이점

203) 안승오 · 박보경, 『현대 선교학 개론』, 199.
204) 한국복음주의 선교신학회, 『선교를 위한 문화인류학』 (서울: 도서출판 이레서원, 2001), 277-278.
205) 김승호, 『선교와 상황화』, 35.

이와 같이 <도표 2>를 보면, 토착화와 상황화는 상당한 차이점을 가지고 있다. 토착화는 어떻게 하면 복음을 효과적으로 전파할지에 대해 관심을 가지고 성서와 이를 해석하는 성서신학에 많은 관심을 가진다. 반면에 상황화는 현장의 문제를 어떻게 해결할지에 대해 깊은 관심을 가지기 때문에 주로 현장의 문제가 무엇인지를 파악하는 사회과학 등에 관심을 가진다. 다시 말하면, 토착화는 현지의 마음에 말씀을 심고 현지인들로 하여금 그 말씀에 따른 변화된 삶을 살도록 하는 것이다. 그러나 상황화는 주로 현실적인 사회 문제와 구조변혁을 통한 이 세상의 변화에 관심이 많다.

찰스 테이버(Charles Taber)의 경우를 보면, 토착화와 상황화 사이에 핵심적인 차이점에 대해 여섯 가지로 설명하고 있다.206) 첫째, 토착화는 문화적 차원을 고려한다. 반면 상황화는 사회와 정치, 그리고 경제적 차원까지 고려한다. 둘째, 토착화는 문화를 정적인면과 전통적인 의미로 본다. 그러나 상황화는 문화의 변화(change)와 변혁(transformation), 그리고 과정을 강조한다. 셋째, 토착화는 인간 사회를 닫힌(closed), 그리고 자신에게 국한된(self contained) 체제로 본다. 그러나 상황화는 개방된 체제(opened)와 정치, 그리고 경제와 문화를 전 세계가 함께 공유하는 체제로 본다. 넷째, 토착화는 주로 해외의 선교지에서 일어나는 일로 여겨진다. 그러나 상황화는 인간이 만든 제도와 구조, 그리고 문화에는 좋은 것과 나쁜 것, 거룩한 것과 사단적인 것이 함께 존재하기 때문에 제3세계를 포함한 서구사회 역시 동일한 과정을 거쳐야 하는 것으로 보고 있다. 다섯째, 토착화는 복음의 전달 혹은 표현을 주

---

206) Charles Taber, "Is There More Than One Way to Do Theology", *Gospel in Context* I (Jan. 1978), 37.

로 다룬다. 그러나 상황화는 복음의 총체적인 차원(universal dimension)을 다룬다. 마지막으로 여섯째, 토착화는 외국 선교부로부터 현지교회로 권위가 이전되는 것이다. 그러나 토착화는 시작부터 현지교회가 자율성, 즉 자치성을 갖는 것을 목표로 한다.

문화에 초점을 맞추는 토착화에 비해 상황화는 사회와 경제, 그리고 정치적 이슈들을 함께 고려하는데 그 양자 간의 차이가 있다. 토착화 역시 복음을 전함에 있어 문화적 환경을 고려하는 이유로 그렇게 하지 않고는 진정한 복음의 전달을 전하기란 불가능하기 때문이다.

2. 한국 교회의 상황화 모델들

1) 상황화 교회

교회는 하나님의 능력으로 복음이 한 사회의 문화를 형성하는 것을 안다. 교회는 성육신적인 것이기 때문에 복음을 그 사회의 언어와 방식, 그리고 관점 안에서 표현하는 것을 알고 있다. 그래서 교회는 상황을 끝없이 도전하고 형성하는 것과 똑같이 교회는 그 상황에서 만들어지는 것이다.[207]

미국성서공회 번역부가 1955년에 편집인으로 임명했던 윌리엄 스몰리(William Smalley)는 상황화 교회에 대하여 말하기를, "그 지역에 양식에 따라 그들의 사회화된 기독교 활동을 포함하고, 그 사회의 어떠한 변혁도 성령과 성경의 인도 하에 그들 자신이 느낀 필요에서 나

---

207) 중남부아프리카 한인선교사회 편저, 『아프리카를 위로하라』 (용인: 도서출판 목양, 2010), 22.

오는 신자들의 단체를 말한다. 또한 교회는 정확히 성령의 인도를 따라 일어나는 변화들이 다른 외부 집단의 필요가 아니라 그 사회의 필요를 채우고 의미를 충족시키는 교회를 말한다."라고 하였다.208) 연세대학교 역사신학 교수였던 민경배는 그의 책『한국기독교회사』에서 초기 한국 기독교에서 상황화를 이룬 거장으로 말콤 펜윅(Malcolm C. Fenwick, 1863~1935) 선교사를 긍정적인 모델로 평가하였다.209) 펜윅이 상황화 교회를 세우게 된 근본적인 이유는 자신이 선교사로 감당해야 할 임무가 무엇인지를 발견했기 때문에 현지인 개종자와 적절한 관계를 유지하였다. 사실 펜윅은 원산에서 선교 사역의 뼈아픈 실패를 맛본 적이 있었다. 그는 기독교인들로 하여금 성경을 잘 가르칠 수 있도록 훈련의 과정으로 1903년부터 1906년 사이에 원산성경학교를 개원하였다.210) 그래서 펜윅은 초기 중세시대에 수도원이 사용했었던 교과과정을 학생들에게 제공하였다.211) 그러나 놀랍게도 4년이 지난 후, 그가 가르쳤던 모든 학생들이 떠났다. 이러한 펜윅의 실패는 학생들에게 단지 복음을 전하는 사람으로 준비시킨 것이지 현지인 지도자로 훈련시키지 않았다.212) 그는 젊은이들이 떠난 후에 뼈아픈

208) Charles H. Kraft, 『말씀과 문화에 적합한 기독교』, 50.

209) 민경배, 『한국기독교회사』 (서울: 기독교문사, 1989), 295. 26세의 젊은 나이에 교단의 배경도 없이 한국에 와서 46년 동안 사역하면서 그가 남겼던 산업선교, 초교파주의, 오지 선교, 현실적 유일주의와 같은 위대한 족적(足跡)은 19세기 말 한국에 와서 선교했던 다른 선교사들과 비교해 봤을 때 크게 앞선 사상이었다. 펜윅의 최종 목표는 한국선교에만 국한하지 않고 만주, 몽골, 시베리아 등지의 동북아시아 선교에 꿈을 꾸며 한국을 선교 전진기지로 삼고 추진했던 그의 선교정책은 분명 시대를 앞서 갔다. 안희열, 『시대를 앞서 간 선교사 말콤 펜윅』 (대전: 침례신학대학교출판부, 2006), 273.

210) 허긴, 『한국침례교회사』 (대전: 침례신학대학교출판부, 1999), 61.

211) 반나절은 농장에서 일하고, 반나절은 공부를 하였다. 그는 더욱이 성경공부와 관련해서 학생들로 하여금 그들의 능력과 기억력에 준하여 성경을 단순히 20번씩, 25번씩, 30번씩 읽도록 권장하였다. 안희열, 『시대를 앞서 간 선교사 말콤 펜윅』, 238.

212) 안희열, 『시대를 앞서 간 선교사 말콤 펜윅』, 238.

1889년 12월 8일, 캐나다 선교사 펜윅이 내한하면서 침례교가 시작되었다. 한국에서 46년간사역한 펜윅 선교사는 한국 토착선교의 모델을 제시하여 한반도와 만주, 그리고 시베리아에 각각 250명과 200여 명의 한인 사역자를 파송하였다.

실패를 경험하고서 백인 선교사와 긴밀한 관계를 유지하는 것은 이들로 하여금 동료들에게 강력한 영향력을 미치는 데 부적절하다는 사실을 깨닫게 되었다. 즉, 이제 자신의 위치가 후원자임을 깨달은 것이다.

예를 들면, 피지(Fiji) 군도에서 20년 동안 선교사로 사역했던 알렌 티펫(Alan R. Tippett, 1911~1988)의 경우, 현지교회가 상황화를 하는 데 있어 큰 공헌을 하였다. 그는 첫 임기 동안 선교부의 선교정책인 선교부에 속한 교회들을 현지인들에게 리더십을 이양하는 상황화 교회의 형태로 바꾸도록 하였다. 이러한 선교정책은 1946년에 시행되어 상상할 수 없는 변화를 가져왔다.213) 다시 말하면, 현지교회에 관한 한 최종적인 결정은 선교부에서 하는 것이 아니라 상황화 교회인 현지교회가 할 수 있었던 것이다.

이처럼 상황화 교회란 외부인의 도움이 없이 현지인 스스로가 교회의 모든 기능을 수행할 수 있는 교회를 말한다. 상황화 교회는 복음을 현지인의 소유로 만들어 주는 것이며, 특히 현지인을 위한 교회라면 당연히 재생산되어야 하는데 교회 초기부터 상황화 교회를 세

---

213) 임윤택, 『풀러 선교학 핵심이론/용어정리』 (Pasadena: Fuller Theological Seminary, 2009), 103.

우겠다는 분명한 목표를 가지고 시작해야 한다.214) 복음이 현지인에게 전달될 때 현지의 문화를 가진 교회가 형성된다. 그래서 복음은 현지의 문화를 변형(transformation)하는 충격을 계속해서 주게 된다.

폴 히버트(Paul G. Hiebert)는 이러한 변형에 대하여 말하기를, "더 좋게 완전히 탈바꿈하는 의미를 지니며, 긍정적이고 총체적인 성격의 변화를 강조한다."라고 하였다.215) 현지인들이 구원받으려면 누구나 예수 그리스도의 신성과 동정녀 탄생, 그리고 죽음과 부활을 믿어야 한다. 그래서 현지인들이 마음으로 죄를 회개하고, 예수 그리스도께서 믿는 자에게 주시는 구원을 구해야 한다. 올바른 믿음은 기독교로의 회심에 필수적인 요소로 본다.

따라서 문화적 혹은 인격적 접촉점을 형성한 이후, 선교사는 열심히 전도하여 상황화 교회를 세워야 한다. 이러한 상황화 선교 사역은 끝없이 계속되어야 하며, 현지인 교회는 그 지역을 새롭게 할 것이다.

2) 상황화 지도자

인간의 모임은 반드시 리더십 구조를 동반하게 된다. 즉 인간이 만드는 공동체와 조직은 무한대의 평등 구조만을 만드는 것이 아니다. 그것은 이끄는 자와 이끌림을 받는 자, 그리고 더 권위를 갖는 자 혹은 더 영향력을 끼치는 자와 영향을 받는 자들로 구분되는데, 리더(Leader)와 팔로워(Follower)로 공동체는 구성된다.216) 이러한 공동체

---

214) 침례신학대학교 세계선교훈련원, 『선교지 교회개척이야기』 (대전: 그리심어소시에이츠, 2010), 28-29.

215) Paul G. Hiebert, 『21세기 선교와 세계관의 변화』, 20-21.

216) 김광건, "리더십 상황 이론에 대한 선교적 고찰", 『선교와 신학』 제23집 (2009. 2월), 286-287.

의 리더십은 오늘뿐만 아니라 과거에도 존재하였다. 특히 타문화권 (cross-cultural) 선교 리더십 분야에 리더십 이양의 개발은 어떤 상황에서든지 현지 교회에 큰 영향력을 가져다준다.

현지 교회를 개척하는 선교사는 반드시 현지인들을 위한 리더십 이양이라는 중요한 요인의 필요성을 기억해야 한다.217) 그것은 타문화권(cross-cultural) 리더십의 이양이 현지 교회를 위한 근본적인 약점을 극복하는 최상의 선교 전략의 방법이기 때문이다.218) 또 다른 중요성은 타문화권(cross-cultural) 리더십 이양이 토착화를 촉진하여 타문화 선교에 궁극적 과제인 상황화를 이루어 주기 때문이다. 그래서 선교의 리더십을 현지 문화에 더 적합하도록 하는 타문화권(cross-cultural) 리더십 이양은 상황화 이슈에 중요한 주제 가운데 하나가 된다. 왜냐하면 상황화는 선교 과정에서 문화적 상황과 급변하는 사회적 상황에 대한 민감성과 깊은 관련이 되기 때문이다.219) 이러한 리더십의 형태를 통해 타문화권(cross-cultural)에서 하나님의 메시지를 현지인들에게 전달할 때 선교사는 본국에 속한 문화의 옷을 입혀 전하는 것이 아니라 현지인들의 문화에 더 적합한 형태로 전달되게 하는 것이다. 그리고 타문화권(cross-cultural) 리더십 이양은 현지인들로 하여금 스스로 그들의 문화에 맞는 리더십을 가지게 함으로써 토착화를 촉진시키는 역할과 궁극적으로 선교의 상황화에 공헌하게 되는 것이다.220)

상황화 교회는 결국 지도자를 양성하는 데 달려 있다고 해도 과언

---

217) 침례신학대학교 세계선교훈련원, 『선교지 교회개척이야기』, 29.
218) 신성주, 『타문화 선교 리더십』 (서울: 도서출판 생명의 양식, 2009), 183.
219) 신성주, 『타문화 선교 리더십』, 182.
220) 신성주, 『문화 선교 리더십』, 182-183.

펜윅 선교사와 신명균 목사

이 아니다. 선교사는 목회자와는 달리 일반 목회처럼 모든 양떼를 모두 키우는 일과 소수의 잠재력이 있는 지도자를 키우는 일이 있을 때, 후자에 더 많은 신중을 기해야 한다.[221] 그래서 펜윅이 상황화 지도자를 세우게 된 이유는 서구인의 모델은 현지인의 정서와 문화에 적합하지 않다는 사실이다.[222] 그는 미국과 캐나다에서 3년간의 훈련을 마치고 돌아왔을 때도 여전히 황인종에 대하여 선교사의 문화적인 우월주의(paternalism) 사상으로 가득 차 있었다. 그래서 더 많은 백인 선교사들이 선교단체로부터 한국에 파송되어져야 한다고 믿었다.[223] 그러나 이러한 서구식 사역의 기초는 긍정적인 선교의 결과에 열매를 가져다주지 못하였다.

그러나 펜윅의 선교사역에 전환점은 1901년 엘라씽기념선교회(Ella Thing Memorial Mission)가 관리하던 공주 지역의 선교지가 그에게 양도되면서부터 신명균이라는 현지인을 만나서였다.[224] 펜윅은 신명균을 공주로 파송하여 1903년 2월 10일 공주성경학교 원장으로 임명하

---

221) 침례신학대학교 세계선교훈련원, 『선교지 교회개척이야기』, 29.

222) 안희열, 『시대를 앞서 간 선교사 말콤 펜윅』, 240-241. 재생산의 개념은 초기에 제자훈련에서 주로 강조되던 개념이다. 디모데전서 2:2에서 제자란 계속해서 재생산이 되어야 한다는 것을 핵심으로 제시하고 있다. 그러나 20세기 후반이 되어 재생산의 개념이 교회개척에서도 포함되어야 한다는 주장들이 등장하게 되었는데, 온두라스에서 교회 배가운동을 이끌었던 조지 패터슨(George Patterson)은 교회의 생명은 자발적 배가에 있다고 강조하였다. 침례신학대학교 세계선교훈련원, 『선교지 교회개척이야기』, 28.

223) Malcolm C. Fenwick, *The Church of Christ in Korea* (New York: George H. Doran Co, 1911), 56-57.

224) 안희열, 『시대를 앞서 간 선교사 말콤 펜윅』, 240.

1907년 평양 장로회신학교 제1회 졸업생(뒷줄 왼쪽부터 시계 방향으로 방기창, 서경조, 양전백, 송인서, 길선주, 이기풍, 한석진)

였다.225) 한국 목사가 된 신명균은 처음부터 성경을 가르칠 수 있었고, 자신의 제자들을 훈련시키는 한국 최초의 상황화 목회자가 되는 순간이었다.226) 이렇게 펜윅이 상황화 원리를 이해한 것은 그가 한국에 온 13년의 세월이 흘러서야 가능하였다.227) 이후 한국 교회 제도의 경우, 평신도 목회자와 여 집사, 그리고 여 전도사 제도들은 한국 교회의 특수한 상황에서 발전시킨 제도로 교회성장(Church Growth)에 큰 공헌을 하였다.228) 그리고 한국 교회의 1907년의 부흥에도 길선주 목사를 위시하여 7명의 최초의 목사들의 영향은 절대적이었다. 나이지

225) 허긴, 『한국침례교회사』, 61.
226) 안희열, 『대를 앞서 간 선교사 말콤 펜윅』, 240.
227) 허긴, 『한국침례교회사』, 61-63.
228) 전호진, 『선교학』(서울: 개혁주의신행협회, 1985), 164.

리아 경우, 교회의 부흥에는 사무엘 크라우터(Samuel A. Crowther, 1810~1891)라는 최초의 현지인 목사가 있었다.[229] 따라서 선교사는 그 나라의 문화적 상황화를 이해하지 않으면, 선교지에서 성공적인 선교활동을 진행할 수 없다.

현지인들을 위한 상황화 교회는 외부 선교사로부터 제공되지만 가능한 빠른 시간에 교회의 주도권이 잠재적 현지인에게 리더십을 이양해야 한다. 왜냐하면 외국 선교사의 냄새가 진해진다면, 교회의 안정과 재생산은 전혀 기대할 수 없게 된다.[230] 선교사는 처음부터 현지인을 위해 부모처럼 모든 것을 주관하지만 현지 지도자를 세우기 위해 동반자와 후원자로 후회 없이 이양하고 물러나야 한다.

폴 히버트(Paul G. Hiebert)는 선교사가 토착 교회를 세운 후 지도자의 이양에 대하여 말하기를, "그 토착 교회 내에서 자연스럽게 지도자가 나올 수 있도록 격려하고 그들을 지원하고 훈련해야 한다. 초기 단계를 시작으로 해서 선교지 교회의 성도들이 자신의 교회에 대하여 가능한 많은 책임을 감당하도록 해야 한다. 선교사는 선교지의 문화적 상황 속에서 발생하는 신학적인 문제에 대하여 대처해 나갈 수 있도록 현지인 지도자 훈련을 하는 일을 반드시 시행해야 한다."라고 하였다.[231] 그래서 선교사는 선교지의 사람들을 무시하지 않고 어려운 신학적인 문제들에 대하여 논쟁할 수 있기 때문에 솔직하게 다른 의견을 내놓을 수 있는 분위기를 만들어야 한다. 선교사는 현지 토착 교회의 성도들이 스스로 성경공부를 하며, 성경을 해석하고 자신의

---

229) 신성주, 『타문화 선교 리더십』, 184.

230) David Garrison, 『하나님의 교회 개척 배가운동』, 이명준 역 (서울: 요단출판사, 2005), 295.

231) Paul G. Hiebert, 『선교와 문화인류학』, 김동화 · 이종도 · 이현모 · 정흥호 역 (서울: 죠이선교회출판부, 1996), 311.

삶에 적용할 수 있도록 가르쳐야 한다.232)

히버트가 주장한 대로 선교지에서 선교사가 현지 지도자를 양성하는 것이 가장 위대한 사역임을 알 수 있다. 따라서 목회자와 선교사는 선교지에서 교육과 훈련을 강조하여 토착 교회를 위한 성도의 제자화와 현지 지도자 양성에 초점을 맞추어 상황화 선교전략을 세우고 실천해야 할 것이다.

3) 상황화 원리

상황화 원리의 첫째는 자립(self-supporting)이다. 이것은 현지인 교회가 교회를 운영하기 위하여 교회의 프로그램을 진행하기 위해 경제적으로 외부의 교회나 선교사들로부터 도움을 받지 않는 것을 의미한다.233) 펜윅이 훈련시킨 현지인 목회자들은 자신들의 경제적 필요를 스스로의 자원을 가지고 해결하였다. 예를 들면, 총회본부에서는 10원의 경비 중 5원을 주었으며, 나머지 필요한 5원은 목회자 스스로 충당하도록 하였다.234)

상황화 원리의 둘째는 자치(self-governing)이다. 이것은 현지인 교회가 외부 기관이나 선교사의 도움을 받지 않고 스스로 교회를 치리하고 다스리는 것을 말한다.235) 현지인 목회자인 신명균이 공주성경학교의 원장으로 파송받고 난 이후에 자신의 제자들에 관해 강한 리

---

232) Paul G. Hiebert, 『선교와 문화인류학』, 312.

233) Winston Crawley, *Global Mission* (Nashville: Broadman Press, 1985), 210.

234) 안희열, 『시대를 앞서 간 선교사 말콤 펜윅』, 241. 현지인 목회자들은 자신들의 생활비를 마련하기 위하여 전도용 쪽 복음을 팔기도 하였다.

235) Winston Crawley, *Global Mission*, 201.

더십을 발휘하여 그들을 관리할 수 있었다.236)

상황화 원리의 셋째는 자전(self-propagating)이다. 이것은 현지인 교회가 선교사의 도움을 받지 않고 스스로 복음을 전하여 교회를 재생산할 수 있는 능력을 가진 것을 말한다.237) 예를 들면, 펜윅은 원산에서 단 한 교회도 개척을 하지 못했지만 신명균 목사는 자신의 노력과 헌신으로 공주에서 12개의 교회를 개척하였다.238)

4) 상황화와 성경번역

펜윅은 현지인들을 위해 그들이 사용하는 언어로 성경 번역하는 작업의 필요성을 느껴서 성경 번역에 착수하였다. 1919년에 펜윅이 출판한 원산번역은 한국 서민들이 사용하는 한글로 번역하였고, 양반들이 오랫동안 사용했던 한자를 피했다.239) 한국 성경 번역에 있어서 펜윅은 성경원문을 한국의 전통적인 언어로 번역하는 데 성공한 최초의 선교사가 되었다.240) 그의 원산번역은 펜윅의 제자들만 사용했지만 한국에서 최초의 상황화 성경번역이 되었다. 이와 같이 상황화 원리가 오늘날의 상황화와 달리 부족함이 있지만 펜윅의 상황화 원리는 한국 기독교 역사에 상황화 선교전략이 아닐 수 없다.

여기서 선교사의 중요한 과제는 새로운 언어학과 문화적 상황에서 성경이 그 시기(timing)에 가지고 있는 영향, 그리고 의미들의 역동적

---

236) Malcolm C. Fenwick, *The Church of Christ in Corea*, 72.

237) Winston Crawley, *Global Mission*, 200.

238) Malcolm C. Fenwick, *The Church of Christ in Corea*, 69-70.

239) 안희열, 『시대를 앞서 간 선교사 말콤 펜윅』, 244.

240) 허긴, 『한국침례교회사』, 201-203.

등가를 전달하는 것이다. 그래서 중요한 것은 성경 번역이 독자의 마음에 생성되는 의미와 반응들이다. 예를 들면, '눈'이 없는 지역의 사회에서 선교사는 그 단락에 있어 '희다'라는 의미를 보존하기 위해서 '우유'라는 단어를 사용할 수 있다(사 1:18).[241] 이러한 상황화 선교전략은 미래를 취급하는 것으로 오늘날 복음을 듣지 못하는 선교현장에서 선교사들을 통해 효과적으로 적용함으로써 하나님 나라를 건설하는 것이다. 그러므로 여기에는 당연히 현지 지역과 타문화 언어, 인종, 풍습, 종교, 그리고 사역의 연구가 필수적으로 요구되는 것이다.

5) 상황화 중심의 한국성결교회 교육선교

초기 한국성결교회의 교육선교는 현지인 지도자 양성을 위한 성서학원과 현지인을 통한 상황화 교회의 자립을 위한 선교전략을 최우선의 과제로 보았다. 한국성결교회 모체인 동양성결교회를 창립한 찰스 카우만(Charles E. Cowman, 1868~1924) 부부는 1901년 2월 21일 일본에 도착한 다음 날부터 동경성서학원과 예수선교관을 운영하였다. 1년 뒤,

동양성결교회를 창립한 찰스 카우만 부부

---

241) Paul G. Hiebert, 『인식론적 전환의 선교학적 의의』, 문상철 역 (서울: 한국해외선교회출판부, 2006), 89-90. "여호와께서 말씀하시되 오라 우리가 서로 변론하자 너희의 죄가 주홍 같을지라도 눈과 같이 희어질 것이요 진홍 같이 붉을지라도 양털 같이 희게 되리라(사 1:18)."

동역자인 어네스트 길보른(Ernest A. Kilbourne, 1865~1928)을 불러서 함께 성서학원 교육을 하였으며, '현지인을 양성하여 일본 교회 자립하자'로 선교 목표를 세웠다.242) 이러한 상황화 중심의 교육선교에 대한 찰스 카우만의 선교신학은 현지인이 현지인을 가장 잘 선교할 수 있다고 본 것이다. 이것은 선교 현장의 상황성과 대화를 통한 상황화의 선교신학(Theology of Mission)이라 볼 수 있다.

한국성결교회의 기틀을 마련한 초기 동경 유학생 뒷줄 성경을 끼고 있는 김상준, 곁에가 이장하, 앞줄 가운데 정빈, 그 좌우에 김혁준과 강태온이다.

이렇게 동양선교회 선교사들은 외국인 선교사들은 아무리 노력해도 현지인을 진정으로 이해하기 어렵다는 것을 잘 알았던 것이다. 따라서 동양선교회 선교사들은 자신들이 직접선교하기보다는 성서학원을 세워서 상황화 중심의 교육선교를 할 수 있는 현지인 사역자들을 훈련시키고 이들을 통해서 선교하고자 했던 것이다.243) 이러한 한국 선교를 위해 초기 선교사들은 한국의 서구화를 시도하지 않았으며, 언더우드의 경우도 기독교를 한국에 소개하는 목적이 한국을 서구화하는 것이 아니라고 하였다. 이처럼 선교사들은 기독교 교육의 목적이 한국의 서양 문화가 아닌 더 좋은 한국인을 만드는 데 있었다. 그 외에 선교사들은 교회 건물도 서

242) 이응호, 『한국성결교회의 역사 I 』(서울: 성결문화사, 2000), 121.

243) 박명수, "성결교회의 신학적 전통과 영성", 『예성을 사모하는 목회자 모임 제6회 종교개혁기념 학술 세미나』(2009, 11월), 12. 성서학원은 현재 기독교대한성결교회 신학기관인 서울신학대학교와 예수교대한성결교회 신학기관인 성결대학교 두 기관으로 나눌 수 있다.

무교동 성결교회. 동양선교회 복음전도관이란 이름으로 1907년 서울 무교동에 설립된 이 교회가 오늘의 성결교회의 모체가 되었다.

양식이 아닌 한국 고유의 건축 양식을 권장하였다.[244]

한국성결교회는 원래 '복음전도관'이라는 이름으로 시작되었다. 1907년 5월 2일 일본 동경성서학원에서 공부한 김상준과 정빈 두 사람이 한국에서 성결운동을 시작하기 위하여 동양선교회의 선교사인 카우만 부부와 길보른과 함께 내한하였다. 동양선교회는 지금의 종로 2가와 관철동에 걸쳐 있는 염곡(혹은 소금골)에 다 스러져 가는 집 몇 칸을 세내어 사역을 시작할 수 있는 기반을 마련해 주었다. 김상준과 정빈은 5월 30일 이 건물에 동양선교회복음전도관이라는 간판을 붙이고 정식으로 예배를 드리기 시작하여 이것이 한국성결교회의 시작이 되었다.

김상준과 정빈은 열심히 복음을 전했으며, 얼마 가지 않아서 장소가 비좁게 되었다. 동양선교회는 새로운 장소를 구하지 않을 수 없게 되었다. 이 문제를 해결하기 위하여 1908년 9월 9일 일본에서 카우만 선교사가 내한하게 되었다. 새롭게 임대한 장소는 구리개, 곧 지금의 을지로 2가에 있는 낮은 고개로 한문으로는 동현(銅峴)이라고 불렸다. 이 건물은 150명이 넉넉하게 앉을 수 있는 넓은 방이 있는 벽돌 건물로서 한국인 사역자들이 살 수 있는 두개의 건물이 달려 있었다.

그러나 이 건물 역시 임대 건물이기 때문에 온전한 것이 되지 못하

---

244) 전호진, 『선교학』, 163.

였다. 그래서 동양선교회는 새로운 장소에서 온전한 건물을 마련하고자 계획하였다. 1909년 5월 카우만은 다시 한국에 와서 시내의 가장 큰 대로변에서 멀지 않은 장소에 건물을 구입하였다. 이것이 무교동 전도관이다. 동양선교회는 이곳에 장소를 마련한 것에 대해서 흡족하게 생각하였다. 이곳은 서울의 중심지로 새로 부설된 서울역에서 매우 가까운 장소였다. 뿐만 아니라 서울 장안의 모든 계층 사람들에게 복음을 전하기에 적합한 장소였다. 물론 장소는 좋았지만 건물은 구식 한옥이어서 새롭게 건축을 해야만 했다. 구식 건물은 헐리게 되었고, 서점을 갖춘 새로운 벽돌건물이 들어서게 되었다. 바닥은 마루로 되어 있어서 약 600명이 앉을 수 있었다. 이 건물은 동양선교회의 창시자인 카우만 부인이 자신의 친아버지로부터 받은 유산 일만 환을 헌금하여 짓게 되었다. 이 건물의 헌당식은 1912년 3월 31일에 드려졌다. 이렇게 해서 한국의 최초의 성결교회 건물이 완성되었다.[245]

따라서 이러한 한국 교회의 상황화는 모두 다 긍정적인 것은 아니지만 한국 교회가 우리 문화의 유산을 고의적으로 과소평가하면서도 우리 문화의 옷을 입은 기독교를 발전시켰음을 입증해야 할 것이다.[246] 어떠한 경우라도 타문화권(cross-cultural)에서 선교사는 선교적 교회론(missional ecclesiology)의 모델들을 간과해서는 안 되며, 이런 성공적인 모델들을 더 강조하여 건강하고 위대한 지상위임령(the Great Commission)을 수행할 좋은 선교적 교회(missional church)를 개척해야 한다.

선교적 교회(missional church)는 본질상 기존의 전통적 모델의 반

---

245) 국민일보 2005년 7월 10일자 신문.
246) 전호진, 『선교학』, 164.

대쪽이다. 무엇보다 선교적 교회(missional church)는 끌어오려 하기보다 성육신적이 될 것이다. 자신의 종교적인 영역을 떠나 교회에 가지 않는 사람들과 편안히 지내면서 문화 속으로 빛처럼 소금처럼 스며드는 것이다. 그것은 침투하는 변혁적 공동체가 될 것이다. 선교적 교회(missional church)는 이원론적이 아니라 메시아적 영성을 받아들일 것이다. 이것은 메시아가 하셨던 것처럼 문화와 세상에 참여하는 영성이다.247) 그리고 선교적 교회(missional church)는 전통적이고 위계적인 리더십 모델이 아니라 사도적 리더십 형태를 발전시킬 것이다. 교회는 이미 교회 성장 이론가들이 제시하는 최신 모델들에 신물이 나 있다. 선교적 교회(missional church)는 다양성에 가치를 두게 될 것이며, 교회가 섬기라고 부름 받았다고 생각하는 하부 문화가 어디인지에 따라 분명 그 모습이 달리 보이게 될 것이다.248)

이를 위해 선교사는 모델이 될 만한 현지 교회를 하나 개척하여 제자들에게 그 교회의 모델에 따라 교회를 개척하도록 가이드라인을 제시할 필요가 있을 것이다.

3. 토착화에서 상황화로

선교신학(Theology of Mission)에서 상황화의 문제는 이전까지 사용되었던 토착화의 의미와 연결하여 세 가지 의미로 규정되고 있다.249) 첫째, 정치와 경제, 그리고 사회 문제 등의 세속적 상황에 복음을 적

---

247) Michael Frost & Alan Hirsch, 『새로운 교회가 온다』, 67.

248) Michael Frost & Alan Hirsch, 『새로운 교회가 온다』, 67.

249) 이성용, "해방 후 한국기도원운동에 대한 상황화신학 관점에서의 연구: -용문산의 나운몽을 중심으로-", 『박사학위논문』(양평: 아세아연합신학대학교 대학원, 2006).

용하는 입장에서 상황화를 정의하는 것이다. 이것은 세계교회협의회 (The World Council of Churches)를 대변하는 사상이다. 둘째, 토착화 모델과 용어를 그대로 사용하는 주장이다. 마지막으로 셋째, 토착화 용어를 사용하지만 신학적인 내용을 달리하자는 주장이다.

이에 비해 복음주의자들 중에는 단순히 토착화와 상황화의 차이는 통용된 용어의 시간 차이라고 지적하지만 상황화를 토착화의 연장선 상에서 이해하기도 한다. 사실 풀러신학교는 적용화를 토착화와 같이 인식하면서 사회 정치적인 관심보다는 문화인류학적인 면에 더 많은 관심을 두고 있다. 찰스 크래프트(Charles H. Kraft)는 '다이나믹 동등화 모델(Dynamic Equivalence Model)'을 대용함으로 유진 나이다(Eugene A. Nida)의 견해를 차용하였다. 그리고 알렌 티펫(Alan R. Tippett)은 적 용화란 전도와 새로운 생활양식을 시간과 공간의 특수성에 상관시키 는 과정을 의미한다. 이것을 복음과 문화 간의 조우의 연구로 발전한 다고 하였다. 찰스 크래프트는 적용화를 토착화와 동일시(identification) 하여 성경번역, 교회정치, 예배, 신학, 심지어는 계시에 있어서도 '다 이내믹 동등화 모델(Dynamic Equivalence Model)'을 주장하며, 상황화 라는 단어 대신에 문화변역이라는 단어를 사용하면서 지역에 따른 특성이 가미되는 인류학(Anthropology)과 신학의 결합인 인종신학의 필요성을 주장한다. 그는 서구신학이 서구문화와 철학의 포로가 되었 다고 하며 그래서 신학(Theology)과 인류학(Anthropology)을 통합하는 새로운 학문의 창조를 주장한다. 그러나 찰스 크래프트(Charles H. Kraft) 의 경우, 문화에 따른 계시의 양태가 다름을 주장하므로 계시관의 심 각한 문제를 야기 시키고 있다.[250]

그래서 상황화는 선교신학(Theology of Mission)의 한 분야로, 선교

신학과 상황화는 뗄 수 없는 관계 선상에 놓여 있다. 상황화 선교신학은 문화적인 상황뿐만 아니라 사회적인 상황, 정치적인 상황, 경제적인 상황을 고려하면서 복음을 수용자에게 효과적으로 전달할 수 있도록 하나님 나라를 위한 성경선교신학적 해석과 평가를 통한 진행과정이라고 말 할 수 있을 것이다.

---

250) 전호진, 『한국교회와 선교Ⅱ』 (서울: 도서출판 엠마오, 1985), 118-119.

제5장
상황화의 역사적 기초

교회사는 문화와 역사의 배경과 불리해서 이해할 수 없다. 특히 초대교회의 경우, 많은 측면에서 성경의 문화는 다른 헬라 문화의 상황 속에서 복음을 이해했을 뿐만 아니라 복음에 대한 올바른 메시지가 보존되도록 노력하였다. 이러한 상황의 과정에서 그 당시 교회는 헬라의 이원론적인 세계관에 바탕을 둔 이단 사상인 예수 그리스도를 사람이면서 동시에 하나님일 수 없으며, 둘 중에 하나일 뿐이라고 주장하는 사상과 영적으로 싸워야 했다.251) 그리고 17세기부터 18세기까지의 정통 기독교는 당시 교회의 타락에 맞서 계몽주의(Illuminism) 시대의 사람들이 이해하고 의미를 찾을 수 있는 신학을 형성하였다.252) 그 이후로 기독교의 메시지를 현대의 세속주의(Secularism) 시

---

251) Paul G. Hiebert, 『선교와 문화인류학』, 298.

252) 계몽주의(啓蒙主義)란 17세기와 18세기에 유럽과 신세계를 휩쓴 정치, 사회, 철학, 과학 이론 등에서 광범하게 일어난 사회 진보적, 지적 사상운동으로, 계몽사상이라고도 부른다. 계몽주의 사상가들은 신에 의존하지 않고 인간의 이성을 가지고 적법성을 판단할 수 있으며, 이성은 권위의 요소이자 권위를 판단하는 기준이라고 주장하였다. 이러한 이성은 인간과 세계의 보편적 원리나 자명한 법칙을 발견할 수 있게 했으며 진보를 확신토록 하였다. 독일과 영국, 프랑스, 네덜란드, 이탈리아, 스페인, 포르투갈 등지에서 계몽주의 운동이 거의 동시에 이런 움직임이 일어났지만, 대서양 주변 국가에서 일어난 각종 혁명을 통해 본격적으로 수면 위로 떠올랐다. 폴란드-리투아니아 연방, 러시아, 스칸디나비아를 비롯한 다른 유럽 국가들도 이런 움직임을 따랐으며, 라틴 아메리카 역시 아이티 혁명을 통해 이런 움직임에 동참했다. 미국 독립 선언과 미국 권리 장전, 프랑스 인권 선언, 폴란드-리투아니아 연방에서 제정한 1791년 5월

대를 살아가는 사람들에게 적합하고 의미 있게 전하기 위한 시도로 경건주의(Pietism)와 복음주의(Evangelism), 그리고 자유주의(Liberalism)와 신정통주의(Neorthodoxy) 및 기타 여러 신학들이 대두가 되었다. 그러나 신학을 상황화하려는 이 모든 시도는 성경의 원래 메시지를 보존하는 데 있어서 동일하게 성공한 것은 아니었다.253) 물론 신학이 잘못될 위험성도 있지만 기독교는 성장을 위해서 스스로 성경을 연구해야 한다. 그렇지 않으면 그들은 영적 갓난아이로 머물 수밖에 없을 것이다. 따라서 세계 선교에 있어서 상황화 문제는 최대의 관심분야여서 선교역사 초기부터 현대에 이르기까지 최대의 쟁점이었던 상황화의 역사에 대한 기초에 대해 살펴보고자 한다.

1. 초대교회 이후의 상황화

예수 그리스도와 사도 바울은 기독교의 복음을 전할 때, 어떤 상황 가운데서든 청중들과 자신을 동일시(identification)하고자 하였다. 여전히 2세기에 와서도 기독교인들은 일상생활에서 주변의 사람들과 동일시(identification)하므로 그들의 삶은 주변 불신자들에게 영향력 있는 메시지가 되었다.254) 4세기의 로마교회는 로마 제국의 정치와 행정체제들을 도입하여 권위적이고 계급체계(hierarchy)를 지닌 강력한 기관이 되었다. 그리고 라틴어가 교회의 공식적인 언어가 되었고, 교회가 세워지는 곳마다 라티어로만 예배를 드리게 만들었다. 이러한

3일 헌법은 계몽사상의 영향을 받아 만들어졌다.

253) Paul G. Hiebert, 『선교와 문화인류학』, 298.

254) 김승호, 『선교와 상황화』, 161-162.

예배와 신앙의 형식(forms), 그리고 교리는 교황과 주교회의(councils)의 철저한 지도를 받았다.255)

선교지에서의 가톨릭 신앙은 빠르게 혼합주의(Syncretism)의 색채를 띠게 되었다. 칼 미릍트(Carl Mirbt)는 601년에 로마 교황 그레고리 1세(Pope Gregory Ⅰ)가 어거스틴(Augustine) 감독에게 앵글로 색슨족 선교를 위해 말하기를, "이교도들의 우상이 발견되는 이방 성소들을 가급적이면 파괴하지 말라. 그곳의 이방 우상을 제거한 후 성수를 뿌린 후 제단을 세우고 가톨릭 성인들의 유골이나 유품을 그곳에 두라. 이렇게 한 후에는 이교도들의 성소를 하느님을 예배하는 장소로 사용할 수 있다."라고 선교 지침을 내렸다.256) 이교도들의 황소제사와 같은 제례를 가톨릭 성인들을 기리는 기념일이나 유품전시축제로 대처하기도 하였다. 이렇게 이교도들의 관습들이 변화과정을 거쳐 로마 가톨릭 교회 안으로 유입되어 왔다. 그러나 초대교회가 선교를 위해 사용했던 성경적 상황화 방법은 상실되어 갔으며, 혼합적인 신앙을 띤 기독교로 변질된 것은 성경의 권위를 인간의 권위로 대처하려고 했던 로마 가톨릭 교회의 선교정책 때문이었다.257)

이처럼 로마 교회의 기독교 확장정책은 자신들의 지배와 세력을 확장하려는 것이었다. 가톨릭 교회는 초대교회가 본을 보였던 상황화를 통한 복음전파가 아니라 힘으로 기독교를 전하려고 했던 것으로 그 동기가 신앙적 차원이 아니라 정치적 차원에 가까웠던 것이다. 예를 들면, 로마교회의 십자군 운동(The Crusades)을 들 수 있는데 교회

---

255) 김승호, 『선교와 상황화』, 162.

256) Carl Mirbt, *Quellen zur Geschichte des Papsttums und des romischen Katholizismus* (Tubingen: Bibliolife, 1911), 78.

257) 김승호, 『선교와 상황화』, 163.

역사 가운데 가장 참혹하고 어두운 사건으로 기록되었다.

미국의 저명한 역사신학자 윌리스톤 워커(Williston Walker)는 십자군 운동에 대하여 말하기를, "십자군은 그 주요 목적인 성지 회복의 견지에서 보면 실패였다. 성지를 영구히 점령하지 못했으며, 회교도의 유럽 진출을 얼마나 저지시켰는지도 의문이다. 오직 그들의 생명과 재산의 손실이 막대할 뿐이었다. 그들이 처음에는 높은 헌신 정신으로 시작하였으나, 그 방법은 참 복음의 명령에 합당한 것도 아니었고, 계속 벌어진 내분과 탈선, 저질적인 행위 등은 악한 짓이었다."라고 하였다.258) 따라서 기독교의 상황화 운동은 마틴 루터(Martin Luther, 1483~1546)가 지적한 대로 '십자군 운동'이 아닌 '십자가 운동'이 되어야 할 것이다.

2. 중세 이후의 상황화

13세기 초에 유명한 아시시의 프란시스(Francis of Assisi, 1182~1226)는 올바른 상황화를 시도하였던 자로 평가받고 있다. 그는 무슬림들이 예수 그리스도께로 회심하는 것은 가장 단순하게 복음이 선포될 때 가능하다고 믿었다. 이러한 십자군 운동의 무력적인 운동은 기독교를 전파하는데 결과에 있어서 무슬림들에게 극심한 증오와 불신의 유산을 남겼다. 그러나 프란시스는 자신이 이해했던 복음을 선포하며 가르쳐 샬롬의 접근방식을 사용하였다. 그는 무슬림들에게 복음을 전하기 위해 이집트로 내려갔다. 그의 선교적(missional) 열매는 많지 않

---

258) 김명혁 칼럼, "중세의 십자군 운동". http://www.christiantoday.co.kr/view.htm?id=175570.

았지만 이슬람 술탄(Sultan)에 의해 존경을 받는 자가 되었다.[259]

프란시스는 후대 상황화가 요구되는 이슬람권에서 활동하는 선교사들에게 중요한 행동 원칙을 몇 가지로 제시하였다. 첫째, 평화롭게 살아야 하며 격렬한 토론이나 논쟁을 피해야 한다. 둘째, 복음을 전하는 것이 하나님의 뜻(God's will)인지 분별한 다음 준비를 철저히 하고 행동해야 한다. 마지막으로 셋째, 예수 그리스도를 위해서는 자신을 포기하는 용기도 필요하다. 따라서 선교사들은 이슬람권에서 사역하려면 고난에 참여하는 순교자적 자세가 필요할 것이다.

13세기 후반에서 14세기 초반의 스페인 선교사 레이몬드 룰(Raymond Rull, 1232~1315)은 상황화된 접근 방식을 시도하였는데, 그는 진정한 성지 회복은 지리적 개념이 아니라 무슬림의 마음에 복음을 심는 것이라고 믿었으며, 아랍어를 배우는 데 9년이나 투자하였다. 훗날 튀니지에서 돌에 맞아 순교할 때까지 그는 최선을 다하여 선교하였다. 룰이 제시한 선교에 대한 제안들 가운데 오늘의 상황화 이론과 일치되는 부분들이 많았다.[260]

첫째, 특히 선교를 위해서 특별한 훈련과 문화에 대한 바른 이해의 필요성을 강조했다. 둘째, 선교사는 복음을 전할 대상자들의 언어에 유창해야 한다. 셋째, 그들의 삶의 현장에서 성육신적인 삶을 살아야 한다. 마지막으로 넷째, 선교사는 자신의 신앙을 분명하게 선포할 수 있어야 한다.

---

259) 김승호, 『선교와 상황화』, 165. 술탄은 이슬람 세계에서 세습 군주제로 통치하는 국가 또는 지역의 군주를 부르는 말이다. 술탄은 아랍어로 "권위", "권력"을 뜻한다. 아랍 제국의 경우에는 왕으로 취급되었지만, 오스만 제국의 경우에는 황제로 취급되지만 실은 술탄은 황족을 지칭하는 칭호이다. 꾸란에서는 술탄을 "알라에서 유래된 권위"를 의미하는 말로 정의하였다.

260) 김승호, 『선교와 상황화』, 166-167.

그는 기독교와 이슬람교를 비교하는 변증적인 방식을 사용해 기독교의 우월성을 입증하는 선교전략을 사용하였다. 물론 미미한 변증적이고 대면적인 방식이었지만 전반적으로 그의 선교 방법론은 무슬림에 대한 한층 상황화된 접근방식이었던 것으로 평가되고 있다.

3. 16세기 중국의 상황화

중국 문학에서 가장 존경받는 외국인 마테오 리치(Matteo Ricci, 1552~1610)는 선교 방법론에 큰 업적을 남겼다. 그의 선교사역은 하나의 좋은 실험으로 이해된다. 16세기 말, 예수회 소속 선교사인 이탈리아

1610년 중국인 예수회 수사 유문휘(游文輝, 1557~1633)가 그린 마테오 리치 초상화로, 현재 로마 예수회 본부에 있다. 유문휘는 마카오에서 이탈리아 예수회원 조반니 니콜라오에게 서양화를 배웠고 난징에서 마테오 리치를 도왔다.

사람 리치에 의하여 중국 기독교는 영구적인 기반을 갖게 되었다.261) 그의 선교 방법론은 현대선교신학(contemporary theologies of mission)의 핵심 주제 가운데 하나인 상황화의 초기형태로 볼 수 있기 때문이다.

리치가 중국에 도착하여 처음에는 불교 승려의 옷을 입고 전도하였다. 현지 문화를 섣불리 판단한 나머지 얼마 되지 않아 리치는 중국 문화의 실체가 유교임을 알아차리고 변신을 시도하였다. 그는 스스로 유학자의

261) Ruth A. Tucker, 『선교사열전』, 박해근 역 (서울: 크리스챤 다이제스트, 1990), 75.

관을 쓰고 유학자의 옷차림을 하고 다녔다. 이러한 커뮤니케이션은 일종의 복음화를 위한 중국 토착화를 시도했던 것이다. 그는 만력 황제에게 전한 설교에 대하여 말하기를, "하느님이란 바로 당신들이 일컫는 천자라는 것을 하느님은 일찍이 공자와 맹자, 그리고 옛날 군왕들에게 계시하셨나이다. 우리가 온 것은 당신들의 성경을 부인하려는 것이 아니옵고 마는 그것을 보완하려는 것뿐이올시다."라고 하였다. 그래서 중국 선비들이 기독교 관념을 받아들일 수 있는 문화적 가교를 제공한 셈이다. 리치는 소위 유교를 보완하고 유교와 결합하여 유교를 초월하겠다는 자기의 주장을 실행하기 위하여 1595년 남창에서 『천학실의(天學實義)』란 책을 판목에 새겨 유가 사상(儒家思想)으로 기독교 교의를 논증하려 하였다.262) 이렇게 선교 현지의 유교 문화를 존중했던 리치의 선교 방법론은 많은 중국인이 복음을 향한 마음 문을 열게 하였을 뿐만 아니라 그 결과 개종자의 수가 늘어나기도 했다. 비슷한 맥락에서 중국 개종자들이 기도를 하면서 드리는 제사도 허락하였다. 그는 다만 제사가 죽은 조상들에 대한 존경의 표시일 뿐이라고 강조하였다.263)

  1611년 마테오 리치가 죽음을 맞이하기까지 상당히 많은 수의 학자들과 관리들이 예수 그리스도에 대한 신앙을 고백하였다. 그중의 한 명이 폴 슈(Paul Hsu)로 중국의 가장 저명한 학자 중의 한 사람으로 한림원의 학사였다. 그는 진실하게 믿었고, 그의 신앙을 그의 자녀들에게 물려주었는데 몇 대에 걸쳐 그 기독교 신앙이 유지되었다. 그

---

262) 정안덕, "기독종교와 불교의 호교론적 변론에서 본 명말청초 종교대화의 정신", 『제3회 한중국제학술대회 자료집』 (2002, 10월), 155.

263) Ruth A. Tucker, 『선교사열전』, 77.

의 딸은 전문적인 복음 전도자의 훈련을 받고 시골에까지 가서 전도 활동을 하기도 했다. 다른 여자의 후손도 결혼을 통해 유명하게 되었는데 그중 한 사람은 손문의 부인이고 다른 한 사람은 장개석의 부인이다. 비록 중국인의 개종자 숫자가 그 당시 약 2,000명 정도로 전체 중국 인구에 비하면 별것 아니었지만 사회적으로 높은 신분의 사람들이 많았기 때문에 중국에 커다란 영향력을 끼쳤다. 17세기와 18세기에 간헐적인 핍박이 있었지만 기독교인의 수는 꾸준히 늘었다. 리치의 사망 후 반세기가 지난 즈음 기독교 인구는 리치 때에 비해 120배 정도 성장하였다.264) 리치가 이런 상황화 태도로 인해 복음을 전할 수 있었던 것은 중국의 상황과 세계관, 그리고 문화의 옷을 입었기 때문이다. 그것은 자신을 완전히 내려놓고 그들의 상황 속으로 들어감으로써 효과적으로 복음을 전할 수 있었다. 현지인의 삶의 상황에 대한 리치의 바른 이해는 선교신학(Theology of Mission)에서 매우 중요한 상황화의 주제 중에 하나라고 볼 수 있겠다.265) 사도 바울의 경우도 유대인에게는 유대인처럼, 율법 아래 있는 자들에게는 율법 아래에 있는 자처럼, 율법이 없는 자에게는 율법이 없는 자처럼, 약한 자에게는 약한 자처럼 행동하였다. 이러한 상황화에 대한 사도 바울의 열정은 선교 현장에서 반드시 필요한 것이다.

4. 상황화 신학의 실천 적용자, 존 웨슬리

존 웨슬리(John Wesley, 1703~1791)의 통전적 교회론은 선교적(missional)

---

264) Ruth A. Tucker, 『선교사열전』, 79.
265) 이재완, 『선교인류학적 관점에서 본 선교와 문화이해』, 293.

차원을 띠고 있다. 특히 웨슬리의 소
그룹 모임은 성경과 초대교회 그리
스도인들의 공동체적 삶에 충실함과
주어진 상황에 어떻게 적용했는지를
잘 보여 주는 사례이다. 이러한 웨슬
리의 적용은 복음을 상황화하기 위
해서 성경을 진지하게 다루었다. 그
래서 글로벌 상황에서 급속히 변화
하는 문화적 상황을 진지하게 다루

선교적 리더십을 발휘한 존 웨슬리

어야 한다.266) 따라서 웨슬리의 소그룹 모임을 통해 교회의 본질과
사역의 본질을 재발견하는 것은 한국 교회의 상황화 신학에 많은 통
찰력을 주고 있다. 아울러 웨슬리의 선교적(missional) 리더십은 주어
진 상황 안에서 리더십을 상황화하려는 노력이 엿보인다.

특히 웨슬리의 혁신적인 사역들 가운데 하나는 그가 속회 지도자
로 여성들의 역할을 개발시켰다는 것이다. 그래서 맨플리드 마르크아
르트(ManFred Marquardt)는 여성 리더십에 대하여 말하기를, "공동체
멤버나 지도자 되어 가는 데 전혀 장애물이 되지 않았으며, 리더십에
서 제외되지 않았다."라고 평가하였다.267) 초대교회의 삶을 회복하려
는 웨슬리의 비전은 사회 문화적으로 상관적인 방법을 통해 18세기

---

266) 서울신학대학교 성결교회역사연구소 편, 『환태평양 시대의 웨슬리안 성결운동: 환태평양 웨슬리안 성결
신학자 학술대회 논문집』(부천: 서울신학대학교 출판부, 2006), 470-471. 허버트 케인(Herbert J.
Kane)은 웨슬리에 대하여 말하기를, "그는 회심을 체험한 직후부터 전도사역을 시작하였는데 선교사역
에 있어서 가장 위대한 인물이었다."라고 평가하였다. Herbert Kane, 『기독교 세계선교사』, 박광철 역
(서울: 생명의말씀사, 1981), 117.

267) Manfred Marquardt, *John Wesley's Social Ethics: Praxis and Principles* (Nashville: Abingdon Press,
1992), 34.

영국 사회라는 토양에 심었다. 이러한 웨슬리의 방법들은 상황화된 것으로 특정한 문화와 시대의 필요에 가난한 노동자와 농부들의 필요에 민감하게 적용했다.[268] 교회는 황금률을 실천하는 하나님의 지상위임령(the Great Commission)을 성취하기 위한 선교적(missional) 도구이다. 이러한 면에서 웨슬리의 시스템은 그 자체가 선교구조라는 것이다. 또한 적절한 상황화의 형태로서 웨슬리의 신학과 사역은 불변하는 복음의 메시지에 깊게 뿌리를 내렸다. 상황화는 기독교 공동체라는 정상적인 근거 위에서 일어나야 한다.[269] 따라서 상황화 선교신학은 예수 그리스도의 머리인 교회를 섬기는 것이며, 이 땅에 하나님의 나라를 도래하게 하는 기능을 가지고 있는 것이다.

5. 윌리엄 케리와 상황화

윌리엄 케리(William Carey, 1761~1834)가 인도에 간 1792년경부터 구미 선교사들이 선교의 기본 개념으로 사용했던 용어는 "문화 간 대면(cultural encounter)"이었다. 그것은 복음 전파와 이교도의 문명화를 위해서 영국 등 이미 문명화된 나라에 주어진 하나님의 은혜를 그 수단으로 사용하였다. 이러한 상황화 신학의 밑바닥에는 모든 인류가 하나님 앞에서 평등하다는 생각이 깔려 있었다. 이러한 선교의 출발점은 온 인류를 사랑하시는 하나님으로 본 케리의 상황화 신학이라 할 수 있다.

---

268) 서울신학대학교 성결교회역사연구소 편, 『환태평양 시대의 웨슬리안 성결운동: 환태평양 웨슬리안 성결신학자 학술대화 논문집』, 475.
269) 서울신학대학교 성결교회역사연구소 편, 『환태평양 시대의 웨슬리안 성결운동: 환태평양 웨슬리안 성결신학자 학술대화 논문집』, 475-476.

현대 선교의 아버지 윌리엄 케리

케리는 온 인류를 사랑하시는 창조주 하나님의 사랑에 대한 응답을 선교적(missional) 내용으로 하였다. 이러한 케리의 선교는 예수 그리스도의 보편성에서 발견할 수 있다. 그러나 케리는 무조건적으로 인도 문화를 수용하지 않았다. 케리와 그의 동료들은 성경에서 용인될 수 없는 잘못된 습관은 바뀌어져야 한다고 보았다. 특히 인간의 삶을 희생시키는 우상숭배와 과부 화장 제도와 카스트 제도(caste system)에 대해 단호한 태도를 취하였다.[270) 이러한 인도 문화를 개혁하기 위해서 케리는 무엇보다도 교회의 삶 속에서부터 실천하였다.

그래서 케리의 상황화 신학에 있어서 교회에 대한 관심 이면에는 인도 사람에 대한 존중의 마음이 사로잡고 있었다. 그는 첫째, 인도 사람에 의한 교회를 주장하였다. 둘째, 자신의 문제를 스스로 결정할 수 있는 교회를 주장하였다. 셋째, 인도 사회를 개혁하는 교회를 주장하였다. 마지막으로 넷째, 인도 사회를 변화시킬 수 있도록 재정적으로 자립된 교회가 필요하다고 주장하였다.[271) 이러한 케리의 공헌은 복음이 사회를 개혁하는 가장 효과적인 수단이고, 교회가 사회개혁의 구체적인 역할을 감당하였다. 그러나 교회는 바로 그 사회에 속한 사람

---

270) 김동선 편, 『초기 개신교 선교사들』 (서울: 한들출판사, 2001), 42-45. 인도의 카스트 제도는 주요 네 개 계층으로 나누어진다. 첫째, 브라만은 성직자와 학자 등으로 사회인의 교육과 힌두교의 신들에게 기도를 드리는 일을 한다. 둘째, 크샤트리아는 왕족, 귀족, 무사, 장교, 경찰관 등 사회 제도와 안보를 유지하며 국가를 통치하는 일을 한다. 셋째, 바이샤는 농민, 상인, 수공업자, 연예인 등 생산 활동과 관련된 일을 한다. 마지막으로 넷째, 수드라는 잡역, 하인, 청소부 등 육체노동과 관련된 일을 한다.

271) 김동선 편, 『초기 개신교 선교사들』, 45.

들에 의해서 구성된다는 점을 간과하지 않았다. 케리가 교육에 깊은 관심을 보인 것은 일반 교육을 위한 대학을 세운 주된 목적 중 하나는 이미 복음을 받아들인 사람들로 하여금 사회개혁을 위해 봉사하려는 것이었다.272) 그러나 케리는 교육을 통해 인간의 삶을 더욱 풍성하게 만드는 것 그 자체가 복음의 사회적 책임의 한 부분이라고 보았다.273) 또한 상황화된 교회를 형성하는 중요한 밑거름이 된다고 믿었다.

1819년에 현대 선교의 아버지 윌리엄 케리의 산 현장이 고스란히 남아 있는 인도 세람포르대학(Serampore College)이 신학대학이 아니라 일반대학으로 세워졌다. 이 대학은 신학부를 따로 독립시키지 않고 인문사회학부 안에 둔 것은 복음과 문화와의 관계를 신중히 고려한 결과라고 볼 수 있겠다.274) 상황화된 교회에 대한 강조에도 불구하고 케리의 궁극적인 관심은 교회를 넘어서는 것이다. 이러한 케리의 복음전파에 대한 목적은 사람들을 교회에 소속시키는 것이 아니라 예수님의 제자로 만드는 것이었다. 케리의 전 인류를 향한 예수 그리스도의 보편적인 사랑은 인도 사람들의 삶과 문화를 존중하고, 그들에 의한 상황화된 교회를 세우는 문제를 넘어 사회개혁으로 이루어졌던 것이다.275)

---

272) 김동선 편, 『초기 개신교 선교사들』, 45.

273) 케리는 그의 친구 1813년 죠수아 마쉬맨(Joshus Marshman) 주도 하에 19개의 마을학교가 세워졌으며, 4,000명의 아이들이 교육의 혜택을 받게 되었다. 1년이 못되어 45개 학교가 문을 열었고, 1821년까지 26개의 교회와 126개의 학교에 1만 명의 학생을 거느린 교육 사업을 이루었다.

274) 김동선 편, 『초기 개신교 선교사들』, 45-46.

275) 김동선 편, 『초기 개신교 선교사들』, 46.

6. 종교개혁시대 이후부터 현대의 상황화

종교개혁 이후 오랜 시간이 지나고 이슬람에 대한 선교가 다시 재개되었다. 19세기의 기독교인들은 수세기 동안 방치된 이슬람권을 선교의 대상으로 인식하였다.[276] 이슬람권 선교에 있어서 사도라 부르는 유명한 사무엘 즈웨머(Samuel Zwemer, 1867~1952)는 종종 상황화 신학자들의 글에 소개되는 선교사로 아랍반도의 여러 이슬람권 나라에서 전도와 교육, 그리고 의료사역을 했다.[277] 그는 40년간 12명 정도의 개종자를 얻었지만 현대 기독교 선교사들이 이슬람 땅으로 갈 수 있도록 문을 열었던 것이다.

더 나아가 그는 오늘날 현장의 필요에 따른 접근방식으로 알려진 사역을 하였다. 인간에게는 두 가지 요구인 현장의 요구와 진정한 요구가 있다. 첫째, 현장의 요구는 말 그대로 삶의 현장 속에서 그들이 느끼는 여러 가지 다양한 요구를 말한다. 둘째, 진정한 요구는 이 모든 현장의 요구의 근본적인 해결책인 예수 그리스도를 통한 구원을 의미한다. 그러나 그들의 진정한 요구인 예수 그리스도에게로 인도하기 위해서는 그들이 현장에서 느끼는 다양한 요구들을 잘 이해해야

---

276) 왜 우리는 이슬람을 알아야 하는가? 세계에서 두 번째로 큰 종교는 무엇인가? 이슬람이다. 2009학년도 한국수학능력평가에서 가장 많이 선택한 제2외국어 영역은 무엇인가? 아랍어이다. 최근 경영인들을 중심으로 베스트셀러가 되고 있는 책은 무엇인가? 꾸란이다. 유럽의 교회들이 팔리고 난 다음 어떤 장소로 가장 많이 변했는가? 이슬람 사원이다. 따라서 이슬람은 더 이상 기독교인들과 상관없다고 말할 수 없는 것이다.

277) 미국인 선교사 즈웨머는 미국아랍선교회를 결성하고 아내와 함께 아라비아 반도를 두루 다니며 복음을 전했다. 자식을 둘이나 잃기도 했지만 그의 선교 열정을 막을 수 없었다. 이집트 카이로로 이주, 곳곳을 다니며 독어 영어 아랍어로 설교하고 나일선교출판사를 운영하며 40년간 잡지 '이슬람 세계'를 펴냈다. 이들은 한결같이 예수님이 십자가를 지신 이유를 분명히 알고 있었다. 이 때문에 목숨도 아까워하지 않은 것이다. 신앙과 불신앙의 차이는 십자가에 대한 태도에서 극명하게 드러난다. 예수님은 십자가를 통해 자신을 철저히 낮추시고 부끄러움을 당하는 것을 마다하지 않으셨다. 그는 십자가가 고난이지만 새로운 시작을 알리는 영광의 자리임을 알았다.

한다. 지역사회가 가지고 있는 현장의 요구를 파악하고 이를 섬김으로써 지역사회와 관계를 형성하여 이를 통해 복음을 증거할 필요가 있다.

그는 예수 그리스도의 몸의 가시적 표현으로 토착화된 지역 교회(local church)를 세우는 일에 혼신의 힘을 다했는데 이 과정에서 그리스도 중심적인 접근(christocentric approach)방식을 사용하여 일대일 전도를 강조했다. 또한 그는 자신의 저서인 『The 99 Names of God』과 『The 99 Names of Christ』를 통해 기독교를 무슬림들에게 상황화시키기 위해 이슬람교에 알라의 99가지의 이름을 염두에 두었다. 그는 예수 그리스도를 증거하기 위해 이슬람교의 시인들의 글과 꾸란을 자유롭게 사용하기도 했다.[278] 그는 상황화를 시도할 때 그 한계와 범위를 제시하면서 예수 그리스도의 상황화 방식에 대하여 말하기를, "주님은 제자들에게 그리고 사람들에게 언제나 자신을 맞추려고 하였다. 그러나 정말 중요하고 결정적인 순간에, 즉 하나님이신 자신이 동조(conformity)나 동화(assimilation)의 위험에 직면할 때는 그러나 나

---

278) Lyle van der Werff, "Our Muslim Neighbors: The Contribution of Samuel M. Zwemer to Christian Mission", *Theology of Mission* 10 (April 1982), 195. 이슬람의 경전을 말할 때 보통 "순나"와 "하디스"가 있는데, "순나"는 무함마드의 생애와 교훈 그 자체를 말하고, "하디스"는 순나를 해석한 주석서이다. 이슬람의 경전을 우리는 보통 영어식 발음인 꾸란(Koran)경으로 알고 있으나 어떤 이들은 "꾸란(Quran)"이라고 읽는 자도 있다. 이 말은 아랍인들이 사용하는 말뜻으로 "읽는다", "암송한다"는 뜻에서 나왔다고 한다. 꾸란은 114장으로 구성되어 있는데 전체가 하나로 꿰뚫는 통일성이 없다. 각 장마다 이름이 붙여져 있으나 장과 장 사이의 필연적인 연결 관계도 없다. 꾸란은 아랍어로 기록되어 있는데 그들은 꾸란을 옮기거나 읽을 때는 아랍어로 읽어야 구원이 있고 이것을 외국어로 번역해서 읽어서는 안 된다고 믿고 있다. 꾸란을 읊는 성스러운 분위기에 여자는 끼지 못한다. 꾸란의 내용들은 통상 무함드가 알라로부터 받은 계시라고 하지만 실제에 있어서는 아라비아의 전통적 신념들과 세계관 그리고 민간전설 등 수많은 자료들이 그의 심중에 들어가서 재구성된 것이나 꾸란의 편집 과정에서 들어간 것으로 인정된다. 어떤 것은 조로아스터교에서 온 듯이 짐작되는데 예를 들면 귀신, 천사, 심판, 부활 같은 것이다. 구약성경에서 온 것도 많은 듯하다. 수많은 구약에서의 인물이 등장한다. 유대인의 탈무드에서 온 랍비식 요소도 많이 발견된다. 신약성경 내용도 많이 인용해서 쓰고 있는데 메시아에 관한 내용이 8회, 예수 그리스도에 관한 내용이 25회 인용되고 있다. 신약성경 요한복음 14:16과 16:7 등에 나오는 보혜사 "성령"과 아라비아어 "아메드" 사이에 신기하게도 유사성이 있어서 무함마드를 예언자의 경지를 넘어서 신격화하는 데 이용하고 있다.

는······(But I······)이라는 말씀으로 그런 위험으로부터 완전히 자신을 지키셨다."라고 하였다.279)

그리고 1958년 윌리엄 스멜리(William Smellie)의 논문 「토착화 교회의 문화적 함의」는 토착화와 상황화에 대한 사고에 결정적인 돌파구를 마련해 준다. 그전까지는 인프라인 교회와 학교, 그리고 의료시설, 개발 프로젝트 등을 현지인들에게 넘겨주어 스스로 치리하고 운영하며 전도할 수 있게 해 주기만 하면 토착화가 이루어진다는 것이 이 문제를 다루는 전문가들의 일반적 생각이었다. 스멜리의 질문은 교회가 현지인들에 의해서 서양식 패턴으로 운영되는 것만으로 진정한 토착화라고 할 수 있는가라는 것이다. 외부로부터 수입된 패턴이나 조직은 그 자체가 선교사들에게 아무리 의미가 있고 아무리 오래 적용되어 왔다 하더라도, 그리고 아무리 현지인들에 의해 운영된다고 할지라도 그것 자체로는 토착화라고 볼 수 없다고 단언한다.

1970년대는 상황화 이론과 실제의 역사에 중요한 전기가 마련된 시기(timing)로 간주된다. 당시의 추세를 반영하여 풀러신학교의 알랜 티펫(Alan R. Tippett)은 그의 저서에 『오늘날 선교의 토착화 원칙』이라는 글을 썼는데, 거기서 그는 교회 성장의 양적, 질적, 유기적 측면을 다루면서, 교회가 진정으로 토착화를 했는가를 가름함에 있어 자립(selfhood)의 "질"을 살펴보아야 한다고 주장하였다. 그는 다이내믹한 토착화의 질을 찾는 데 있어 여섯 가지 기준인 자화상, 자기능력, 자결, 자립, 자전 및 자기헌신을 제의하였다. 거기에는 주님을 외래인이 아닌 토착적 주님으로 수용하고, 그들의 문화적 요구를 충족시켜

---

279) Dr Rosenkranz, *Zeitschrift fur Mission und Religionswissenschaft* (Berlin–Steglitz: OStasien Mission, 1934), 22.

주는 섬김이 있고, 그들이 이해하고 공감하는 패턴의 예배가 있고, 몸된 교회에 그들 스스로가 참여하고 기능하며, 토착적 구조를 갖춘 교회가 있어야 한다는 것이다.

1978년에 찰스 크래프트(Charles H. Kraft)는 한 논문에서 기독교란 결국 외부에서 들어가는 것이므로 완전한 토착화라는 것은 실제로는 불가능하며, 따라서 그 대신 '다이내믹한 토착성(Dynamic indigeneity)'이라는 용어를 제안하였다. 그 이듬해 다른 복음주의자들에 의해 "상황화"라는 용어가 쓰이기 시작하였고, 새 용어에 대한 여러 논란이 있어 왔으나 크래프트는 일단 수용하는 문화 속에 어떤 새로운 것이 생성되는 과정인데, 그것은 외부로부터의 입력의 결과이긴 하지만 외부 문화와의 유사성은 거의 없다고 정리하였다.

1970년대 후반에 들어오면서 과거 지향적이고 정적인 개념인 토착화라는 용어 대신에 보다 다이내믹하고 미래 지향적인 개념인 상황화라는 용어가 선호되기 시작했다. 그러나 이 용어가 주로 WCC의 에큐메니칼 측에서 논의가 되었고, 아울러 제3세계에서 자유주의(Liberalism) 신학의 영향을 받은 해방신학이라든지 흑인신학 등과 연계되어 제기되는 상황이었다. 그러나 복음주의(Evangelism) 진영에서는 성경적 기독교에 대한 하나의 위협으로 간주하여 상당한 우려와 반론이 제기되었다. 이러한 초기의 복음주의적 보수 진영의 부정적 반응에도 불구하고 1970년대 말이 되면서 복음주의(Evangelism) 진영도 복음의 권위를 희석시키지 않은 한 상황화의 용어와 내용에 대한 논의를 인정하는 방향으로 이행하기 시작한 것이다.

복음주의(Evangelism) 진영에서는 수십 년간 토착화라는 용어에 집착하여 왔다. 그러나 오늘날에는 보다 넓은 의미를 띤 새로운 용어로서 상황화를 수용하는 입장이 지배적이다. 최초로 나타난 구체적 징후는 1977년에 풀러신학교의 교수 딘 길리랜드(Dean Gilliland)를 상황화 신학 부교수로 임명했을 때였다. 그 이후 버스웰(Buswell), 하비 칸(Harvie M. Conn), 찰스 크래프트(Charles H. Kraft), 윌로우뱅크 보고서(The Willowbank Report, 1978), 존 스토트(John R. Stott), 찰스 테이버(Charles Taber) 등에 의해 상황화에 관한 일련의 중요한 논문들이 발표되었다. 그중 1979년 발표된 논문 「상황화: 토착화 및 변혁」 속에서 테이버는 토착화가 올바른 방향으로의 한 단계 진전임에는 틀림없으나 20세기 상황에 비추어 볼 때 충분히 진전한 것으로 볼 수 없으며, 상황화는 토착화를 더욱 전진시키고 교정시켜 주는 것으로 보았다. 크래프트는 상황화에 대하여 말하기를, "예수님께서 그가 만나신 모든 사람들에게 그들 각자의 컨텍스트에 맞도록 복음을 제시하셨던 그 민감하고도 신중한 모범을 매우 심각하게 받아들이는 것이다."라고 하였다. 특히 그는 성경 번역의 예를 들며 제대로 된 번역은 번역한 것같이 들려서는 안 되며 현지 언어의 원문처럼 들려야 하는 것과 같이 교회는 수입한 교회가 아니라 현지인 자신의 문화의 산물처럼 보여야 한다고 말한다. 그것은 현지인 기독교의 설교, 신학, 개종, 문화적 변화, 리더십 원리 등에 있어서도 마찬가지로 다이내믹 동등화(Dynamic Equivalence)로 나타나야 한다고 주장한다. 올바른 신학은 단순히 기존의 신학을 상황에 맞게 적응시키거나 상황화를 시키는 데 그쳐서는 안 되며, 현지인의 내적 신앙에 충실한 동시 그들의 사고방식(mentality)과 조화되는 방식으로 새로 창조되어야 한다는 것이다.

상황화 연구는 1980년대에 들어서면서 상당히 활성화되었다. 특히

1984년 폴 히버트(Paul G. Hiebert)는 그의 논문「비판적 상황화(Critical Contextualization)」속에서 기독교인은 모든 기독교의 실천에 있어서 성경적 타당성뿐만 아니라 문화적 적합성을 공히 비판적으로 평가해야 할 필요성을 부각시켰다. 그는 무엇이든지 토착적인 것이라면 자동적으로 그것을 기독교와 결부시킬 가치가 있는 것으로 간주하는 것은 매우 위험하고 비성경적인 태도라고 지적하였다.

그리고 1989년 데이비드 헤셀그레이브(David J. Hesselgrave)는『상황화』라는 책에서 보다 보수적인 기독교 사상가를 대변하여 상황화에 대한 매우 비판적인 주장을 전개하였다. 같은 해 미국 풀러신학교 타문화 연구학교의 교수 딘 길리랜드(Dean S. Gilliland)는 상황화에 관련된 광범위한 논지를 집대성한 책을 출간하였다. 그 책에서 그는 상황화 신학에 대하여 말하기를, "성경에 기초하고 성령의 인도하심을 받는 상황화는 오늘날 복음주의적 선교의 필수 요소이다. 상황화는 성육신적이며, 육신이 된 말씀이 우리 안에 거하시는 것이다. 상황화 신학은 복음을 듣는 자가 이해하고 받아들일 수 있는 방법으로 복음을 전달하는 길을 열어 준다."라고 주장하였다. 따라서 성육신이야말로 상황화의 모델이라고 할 수 있다. 하나님의 말씀이 육신이 된 것은 구원을 위한 복음이 인류의 다문화 속에서 회심을 불러온 것을 의미한다.

1992년에는 스티븐 베반스(Stephen B. Bevans)가 그때까지의 상황화 연구를 총망라하는 연구 분석 끝에 상황화 접근 방식을 모델화하여, 번역적 모델, 인류학적 모델, 실천적 모델, 종합적 모델, 초월적 모델 등으로 분류하였다.

7. 이후에 남은 상황화의 과제들

상황화는 현대 선교의 상황에서 가장 필요하면서도 논쟁의 대상으로 가장 위험한 문제를 안고 있다. 그러나 공격적인 자세로 복음을 전하려는 입장과 문화에 대해 듣기만 하는 입장 모두는 거부해야 한다. 상황화로 인한 가장 큰 문제점은 혼합주의(Syncretism)라고 할 수 있다.280) 만약 선교지마다 독특한 전통인 축제와 절기, 예절, 제도, 생활양식 등 비성경적이라면 성경에 맞게끔 상황화 신학을 해 주어야 혼합주의(Syncretism)에 빠지지 않기 때문이다.

그래서 미국 신학자인 로버트 슈라이터(Rebert J. Schreiter)는 혼합주의(Syncretism)에 대하여 말하기를, "두 종교적 요소가 혼합되어 둘 다가 아니면 둘 중 어느 하나가 기본적인 구조와 정체성의 균형을 잃는 현상을 가리킨다."라고 하였다.281) 그래서 수용(accommodation) 및 혼합주의(Syncretism)의 상황화 방식에는 항상 위험성이 존재한다. 지금까지 많은 선교신학자들이 다른 신앙과 다른 문화를 가진 자들에게 메시지를 전하기 위한 여러 가지 효과적인 방법들을 모색해 왔다.282) 앞으로도 상황화를 개념화하고 이행하려면 교회와 정치, 그리고 리더십 훈련, 예식, 커뮤니케이션 등 여러 분야에서 적절한 문화적 모델을 찾는 일 같은 것이 과제로 남아 있다. 특히 계속 서양식 구조를 견지하고 있는 현지인 교회들은 지도자가 현지인으로 교체되더라도 아직도 서양 선교사들로부터 배운 접근 방식에서 탈피하지 못하

---

280) 김준상, "개혁주의 선교적 상황화 모델", 147.

281) 한국선교신학회, 『선교학 개론』(서울: 대한기독교서회, 2001), 282.

282) 김승호, 『선교와 상황화』, 171.

제5장 상황화의 역사적 기초 157

고 있다. 결국 상황화의 이론과 실제가 함께 발전되어 나가야 할 것이다. 따라서 찰스 크래프트(Charles H. Kraft)는 몇 가지 상황화의 남은 과제를 제시하였다.

첫째, 상황화에 대하여 학문적으로 우리가 알게 된 것을 어떻게 현지 선교사와 교회 지도자들과 선교단체 행정 담당자들에게 전달하고 납득시키느냐는 것이다. 현실적으로 교회 지도자나 현지 선교사나 선교단체 담당자들은 상황화에 대하여 잘 모르거나 알더라도 기존 패러다임에 얽매어 수용을 못하거나 때로는 거부하거나 때로는 우선순위의 문제 또는 여러 가지 얽혀 있는 이해관계 때문에 수용을 꺼리는 경우가 많이 있는 것이 사실이기 때문이다.

둘째, 선교사 훈련과정을 통하여 상황화에 대하여 배우고 이론적으로는 잘 이해하고 있음에도 불구하고 선교 현지에 나가면 이를 실천에 옮기기 못하는 경우이다. 선교 현지에서 재래의 서양식 선교 상황 속에 일단 들어가면 이를 벗어나거나 개선하지 못하는 경우가 많다.

셋째, 세대 차의 문제이다. 제1세대에서 상황화가 불완전하게 이루어지는 경우 그다음 세대가 그것을 바꾸기 힘든 경우다. 더구나 제2세대, 제3세대의 경우, 문화 적응이 제1세대보다 훨씬 용이한 경향이 있기 때문에 세대 차로 인한 상황화 진행의 정도의 차이가 나타나기 쉽다는 것이다.

마지막으로 넷째, 상황화에 있어서 영적 능력(spiritual power)의 문제를 적절히 다루었는가에 대하여 의문이 남아 있다. 영적 능력이 많이 나타나고 있는 세계의 현실에 비하여 과연 치유, 구원, 기도, 헌신, 비전, 꿈, 영적 영토성, 천사, 악령 등에 관하여 적합한 성경적, 문화적 표현을 찾는 노력이 이루어지고 있는가의 문제다. 영적전쟁의 상황화 문제를 성경적 원리에 입각하여 진지하게 다루어야 할 것이다.

그 외에 훈련의 결핍 문제 등이다. 즉, 선교사나 교회 지도자나 선교단체 지도자들이 문화인류학이나 선교의 문화적 측면에 대한 훈련을 전혀 받지 않거나 충분히 받지 못하거나 받더라도 제대로 이해하지 못하는 경우가 많다는 것이다. 예컨대 성령의 능력이야 말로 우리가 필요로 하는 전부이며, 선교사가 타문화권(cross-cultural)에서 복음을 제시하는 데 서투른 이유는 성령의 인도함을 받지 않기 때문이라고 주장하는 사람들이 있다. 그들은 만일 선교사가 커뮤니케이션을 더 잘할 수 있도록 훈련된다면 성령께서 그를 통해 보다 효과적으로 역사하실 수 있을 것이라는 것을 받아들이지 않는다는 것이다. 더 나아가 전통적 교회의 평판(reputation), 오래된 전통이나 관행 등이 걸림돌이 되는 경우, 혼합주의(Syncretism)의 우려, 수난 끝에 개종한 현지인들의 끈질긴 저항 등이 상황화를 어렵게 하는 요소로 거론되고 있는 것이다.

제6장
상황화 신학의 5가지 모델들

인도네시아 주재 매노나이트 선교사이었던 미국 풀러신학교 선교신학 교수 윌버트 쉥크(Wilbert R. Shenk)는 기독교 선교역사에 나타난 선교의 세 가지 모델에 대하여 말하기를, "복제 모델과 토착화 모델, 그리고 상황화 모델이다."라고 정리하였다.283) 기독교 선교가 시작된 17세기와 1800년대 중반까지 주도한 모델은 복제(replication) 모델이었다. 그리고 이후 근대시기에 이르러 선교 지도자들은 토착교회(indigenous church) 모델을 개발하여 그것이 복제 모델로 대체되었다. 토착교회 모델은 1970년대에 상황화 모델이 소개될 때까지 지속적인 영향력을 끼치게 되었다.284)

루이스 루즈베탁(Louis J. Luzbetak)은 모델에 대하여 말하기를, "실제 세계가 검토되고 묘사되는 특별한 시각이다."라고 하였다.285) 모

---

283) Wilbert R. Shenk, 『선교의 새로운 영역』, 장훈태 역 (서울: 기독교문서선교회, 2001), 85.

284) Wilbert R. Shenk, 『선교의 새로운 영역』, 85. 복제 모델은 선교사가 자신의 모교회 문화를 현지에 그대로 복제하거나 재생산하는 형태를 의미한다. 이 모델에서는 개종자들을 토착문화의 영향으로부터 가능하면 벗어나게 하고, 그 자리에 기독교 문화라는 것을 대체하고자 한다. 토착교회 모델을 주장하는 자들은 복제 모델에 의해 생겨난 교회들이 원기 왕성하거나 독립적인지 못하다는 사실에 주고하게 되었다. 이전의 선교 모델에 대한 비판적 검토를 바탕으로 해서 영미 양쪽에서 1850년대에 새로운 원리가 제시되었는데, 그것은 토착 교회론 혹은 삼자 원리로 일컬어진 것이다. Wilbert R. Shenk, 『선교의 새로운 영역』, 86-89.

델은 추상적인 이론들의 그 이상이고, 경험적인 관찰들 이하인 인간적이고 개념적인 실상의 배열들이다. 문법 세계에서는 모델에 대해 유추들(analogies)이라고 부른다. 예를 들면, 교회를 그리스도의 몸으로, 그리스도인의 생활을 순례로, 도시를 피난처로 말한다.[286) 모델들은 단순히 실상을 알려 주거나 설명하는 것 이상이고, 강화하여 자극을 줄 뿐만 아니라 조성하는 것이다. 이것의 이용자는 모델을 통하여 상상력이 떠오르게 함으로써 훨씬 더 모델을 깊게 해 주는 새로운 아이디어들을 가져올 수 있다.[287) 따라서 세계 선교에 있어서 새로운 선교 패러다임의 형성과 관련하여 상황화 신학의 모델은 훌륭한 아이디어라고 할 수 있을 것이다.

이러한 기독교의 전통적인 신학을 포함하여 모든 신학은 상황적이다. 역사적으로 보면, 모든 신학의 반응들은 교회가 놓인 현재의 역사적인 상황 속에서 끊임없이 제기되는 질문들을 포함하였다. 사실 이 도전들이 연속되어 형성되었는데, 그러한 신학들은 다분히 그 당시의 사회적인 양상이나 문화적인 요소들을 내포하고 있는 것이다.[288) 상황화 신학은 메시지와 성령, 그리고 전통과 신학이 형성되는 문화 등 그 문화 속에서 일어나는 사회의 변화들을 고려하는 행동신학(doing theology)의 한 방법으로 설명된다. 신학을 상황적으로 접근하는 것은 전통적인 신학 개념에서 벗어남과 동시에 전통과 깊은 연속성을 가지고 있다. 상황적으로 신학을 이해한다는 것은 새로운 것과 전통적

---

285) Louis J. Luzbetak, *The Church and Cultures*, 135.

286) Harvie M. Conn, 『도시교회 개척부터 폭발적인 성장까지』, 강승삼 · 홍용표 역 (서울: 도서출판 서로사랑, 2000), 415.

287) Charles H. Kraft, *Christianity in Culture*, 31–35.

288) 이재완, 『선교인류학적 관점에서 본 선교와 문화이해』, 255.

인 것을 함께 주장하는 것이다.[289] 이러한 관점에서 상황화 신학의 모델적 구분은 신학자들마다 각각 다르게 구분하고 있다.

스티븐 베반스(Stephen B. Bevans)는 일반적으로 일어날 수 있는 상황을 중심으로 해서 다섯 가지 모델로 분류하였다.[290] 첫째는 번역적 모델, 둘째는 인류학적 모델, 셋째는 실천적 모델, 넷째는 종합적 모델, 마지막으로 다섯째는 초월적 모델이다.

1. 번역적 모델(The Translation Model)

번역적 모델의 실천가들은 이 모델이 아마도 신학화 작업에서 상황을 진지하게 고려하는 가장 오래된 방법이라고 말한다.[291] 또한 이 모델은 성경 그 자체에서 발견되는 모델이라고 지적한다. 이것은 가장 일반적인 모델로 상황 안에서 신학을 할 때 사용하는 모델이다. 그래서 상황화 신학의 대부분의 모델은 번역적 모델이라고 할 수 있다. 번역적 모델은 복음의 신학화에 가장 적합한 모델로 꼽힌다.[292] 그것은 훌륭한 번역이 텍스트의 정신을 잡기 때문이다. 번역은 관용적이지만 찰스 크래프트(Charles H. Kraft)가 주장한 것처럼 기능적이거나 동적으로 같은 의미에 의해 이루어질 수 있다. 그리고 유진 나이다(Eugene A. Nida)의 언어학적 접근방법에 의해 이루어질 수도 있

---

289) Stephen B. Bevans, *Models of Contextual Theology* (New York: Maryknoll, 1992), 1.

290) 1992년 베반스는 『상황화 신학의 모델(Models of Contextual Theology)』이라는 책을 출판하였다. 상황화 연구를 범주화하여 다양한 접근 방법들을 시도함으로써 한계가 없지는 않지만 기독교와 가톨릭의 접근 방법을 정리하고 종합하는 탁월한 시도를 하였다.

291) 상황화 신학의 번역적 모델을 지지하는 신학자들은 비앙 카토(Byang H. Kato), 브루스 니콜스(Bruce J. Nicholls), 모리스 인치, 노봉린, 아시아신학협의회(The Asia Thelogical Association) 회원들, 루이스 루즈베탁(Louis J. Luzbetak) 등이 있다.

292) Stephen B. Bevans, *Models of Contextual Theology*, 30-31.

다.293) 따라서 번역적 모델은 다른 용어들로 번역되어져야 하는 무엇이 있다는 것을 주장한다. 항상 내부를 채우게 되어야 하는 외부로부터의 무엇이 있다.294)

이러한 모델의 전제 조건을 살펴보면, 기독교인의 필수적인 메시지는 초문화적(supracultural)이라는 것이다. 이것은 복음의 핵심이라고 말하지만 중심과 껍질이 존재하는 것이다. 복음의 중심은 마음대로 필수적이지 않은 문화의 껍질로 싸여 있다. 그래서 번역적 모델은 필수적이며, 초문화적인 메시지가 문화적으로 표현된 의미 있는 형태로부터 분리될 수 있다는 것이다. 중요한 것은 기독교의 메시지를 이해할 뿐만 아니라 문제 안에 있는 문화에 창조적으로 접속하는 되는 것이다. 베반스는 번역적 모델의 진행 과정은 다음과 같이 표현하고 있다.295)

〈도표 3〉 번역적 모델

이런 베반스의 방법론의 과정에서 출발하는 것은 항상 초문화적이며, 본질적인 교리적 사실을 염두에 두는 것이 중요하다. 번역적 모델에 있어서 복음의 내용은 문화적 상황과 사회적 상황에 영향을 미친다.296) 그래서 상황화는 복음을 집어넣는 것이 목적이 되어야 한다.297) 번역적 모델의 또 다른 전제인 상황화 과정 가운데서 문화의

---

293) 정흥호, 『복음과 상황화』, 115.

294) Stephen B. Bevans, *Models of Contextual Theology*, 35.

295) Stephen B. Bevans, *Models of Contextual Theology*, 35.

296) Stephen B. Bevans, *Models of Contextual Theology*, 35.

297) Bruce C. E. Fleming, *Contexualization of Theology*, 66.

보조적 혹은 종속적인 역할을 가리킨다. 마지막 전제는 모든 문화는 동일한 구조를 가지고 있다는 것을 확신한다.298)

이 모델이 초점을 두는 것은 성경에 기록된 전통에서 전해진 기독교의 메시지를 중요하게 다룬다. 이 모델은 문화적 정체성에 대하여 배타적이지 않지만 기독교인의 정체성을 더욱 중요하게 강조한다. 이 모델은 기독교가 세상을 향하여 무엇을 외쳐야 할지, 어떤 정체성을 가지고 있어야 할지, 그리고 그 메시지는 어둡고 문제 많은 이 세상에 빛과 평화를 가져올 수 있는 참된 것이라고 증거한다.299) 그러므로 목회자와 선교사들은 설교하고 가르치며, 사람들이 기독교에 대해 듣고 읽을 때 기독교가 증거하고 있는 생명의 메시지가 명확하게 전달되고 이해되는 것이 중요하다. 그러나 이러한 것들이 어떤 사람에게 적절하지 않다고 생각해서 기계적으로 공격해서는 안 될 것이다. 또 하나 중요한 것은 문화와 사회변화의 양면성을 인식하는 것이다.300)

번역적 모델은 선교에 있어서 성경과 기독교의 기본 틀을 형성하는 데 적합한 모델로 볼 수 있다. 또한 선교의 과정에서 선교 현지의 전통 문화와의 마찰 속에서 복음의 본질뿐만 아니라 그 내용이 변질될 수 있는 위험성으로부터 보호해 줄 수 있다. 그러나 반면 절대적인 입장을 가진 번역적 모델의 적용은 복음화 과정에서 전통 문화나 다른 종교와의 갈등이나 충돌을 일으킬 수 있다. 그러나 기독교 전통만을 중요시하여 타문화에 대한 존중과 배려가 부족하면, 이것은 선교에 장애가 될 수 있다.301) 번역적 모델의 가장 근본적인 문제는 문

---

298) Stephen B. Bevans, *Models of Contextual Theology*, 35.

299) Stephen B. Bevans, *Models of Contextual Theology*, 35-36.

300) Stephen B. Bevans, *Models of Contextual Theology*, 36-37.

화에 대한 올바른 이해가 부족하다. 그것은 문화와 그 상징에 대해 초보적일 뿐만 아니라 단순한 이해를 가지고 있어서 사회와 경제, 그리고 정치적 상황들에 대하여 전혀 고려치 않고 있기 때문이다. 이러한 한계적인 문제들 때문에 큰 지지를 얻지 못하고 있다.302) 그러나 번역적 모델은 거부되어서도 안 되며, 무비판적으로 수용될 수도 없다. 초기 복음 전도 때와 같이 기독교에 관한 자신의 이해를 해석해야 할 때가 있다. 복음을 전하는 과정을 통해 복음의 총체성과 교회의 전통은 반드시 보호되어야 한다. 이러한 번역적 모델은 특정한 상황에 대한 적용 또는 적응 이상을 넘어설 수 없다. 궁극적으로 번역적 모델은 단순히 하나님의 성육신의 의미가 아닌 세상과 성육신 모두를 더욱 진지하게 검토할 필요가 있을 것이다.303)

2. 인류학적 모델(The Anthropological Model)

현대의 신학은 상황화 되어야 한다는 신학의 명제에 대해 복음주의(Evangelism) 신학에서는 처음부터 거부감을 가지고 있었지만 점차적으로 이해되었다. 이제 어떠한 신학적 논리를 가지고 상황화를 부정한다 할지라도 무엇보다 선교현장에서의 상황화 신학의 당위성은 부정할 수 없는 신학적 명제가 되었다.304) 그래서 한국 상황에서도 이미 상황화 신학의 연구와 실천은 과거보다 더 실천적으로 강조하고 있다.

---

301) 이재완, 『선교인류학적 관점에서 본 선교와 문화이해』, 258.

302) 한국선교신학회, 『선교학 개론』, 179.

303) Stephen B. Bevans, *Models of Contextual Theology*, 37.

304) 권영석, "상황화 신학의 당위성과 베반스의 인류학적 모델", 『선교와 개혁』 제1권 (2006, 11월), 182.

그것이 토착화를 강조한 문화신학과 해방신학에 연계된 민중신학이다.305) 이러한 신학적 성향은 전자의 민중신학은 지나친 상황화이며, 후자의 복음주의(Evangelism) 신학은 비상황화에 들어간다. 그래서 민중신학은 복음의 세속화를 나타내었고, 문화신학은 한국 토착화를 통해 낭만적 문화주의에 접근을 나타내었다.306) 따라서 문화신학과 민중신학은 지나친 상황화를 나타낸 것이다. 그러나 보수주의신학에서는 상황화를 복음의 변질과 타락으로 우려한 나머지 정상적인 상황화 신학을 거부하려는 비상황화를 견지하려고 하였다.307) 그러나 성경에 기록된 하나님의 말씀인 로고스(logos)가 하나님이 지으신 창조 세계의 시간과 공간의 역사 속에 들어와 인간을 비롯한 피조물에게 선포된 레마(rhema)의 음성으로 나타나는 것이 바로 상황화인 것이다.

실제로 모든 신학은 상황적인 신학이다. 이 문제는 그것이 얼마나 성경의 본문에 충실한지에 대해 주어진 문화적인 상황과 관계가 있는가를 신앙의 공동체에 의해 충분한 검증을 받았느냐에 달려 있다.308) 문화는 항상 성경에 비추어 검증되고 판단받아야 한다.309) 이것은 예수 그리스도에 의해 부름 받은 하나님의 선교(Missio Dei)를 성취해 나가는 데 있어 목회자와 선교사들의 작업이다.310) 이러한 분별력 있는 관점을 제시하는 베반스의 모델 중에 번역적 모델의 정반

---

305) 한국의 민중신학과 남미의 해방신학의 약점은 성경적 가르침에 충실하게 사회적 이슈들에 접근하지 않고 오히려 자신들의 이데올로기를 정당화하기 위해 성경과 신학을 이용하는 데 있다. 복음신학대학교대학원 오순절신학연구소, 『21세기에 읽는 오순절신학』, 89.

306) 권영석, "상황화 신학의 당위성과 베반스의 인류학적 모델", 182-183.

307) 권영석, "상황화 신학의 당위성과 베반스의 인류학적 모델", 183.

308) Stephen B. Bevans, *Models of Contextual Theology*, ix-xi.

309) 변창욱, 『아시아 복음화를 위한 새 마음』(서울: 미션아카데미, 2007), 166.

310) Stephen B. Bevans, *Models of Contextual Theology*, ix-xi.

대는 상황화에 있어서 인류학적 모델이 있다. 번역적 모델의 주된 관심사가 문화와 사회변화, 그리고 역사를 진지하게 다루지만 성경의 전통적 본질과 내용에 충실하여 기독교의 정체성을 보존하고자 하는 모델이다. 그러나 인류학적 모델은 특정한 상황에서 생성되는 문화적 특징과 정체성을 보존해 주면서 그들 문화 속에서 하나님의 계시와 하나님의 자기표현을 찾는 모델이다.311)

인류학적 모델은 두 가지 의미에서 '인류학적'이다. 인류학적 용어의 두 가지 의미를 살펴보면, 다음과 같다.312)

첫째, 이 모델은 인간의 선함(goodness of anthropos)과 가치(value)에 중점을 둔다. 여기서 인간의 경험은 제한적이지만 문화와 사회변화, 그리고 지리적, 역사적 상황 안에서 인식되기 때문에 특정한 상황적 표현이 참된 것인지 아닌지를 규정하는 기본적인 판단 기준이 된다. 하나님은 자기 자신의 신적 현존을 나타내시는 장소로 모든 인간과 사회 문화이다. 따라서 신학이라는 것은 어느 특정한 상황에서 단지 외형적인 메시지에만 관련되지 않는다. 신학은 초문화적인(supracultural) 것으로 오히려 하나님의 숨겨진 현존이 종종 놀라운 방법으로 일상적인 상황 안에서 명시될 수 있도록 그 상황을 주목하고 경청하는 것이다.

둘째, 이 모델은 인류학(Anthropology)의 사회과학적인 견해를 사용한다는 의미에서 인류학적이다. 인류학(Anthropology)은 특정한 학문으로 인류학적인 모델의 실천가는 하나님이 현존하시고, 삶을 제공하시고, 치유하시고, 완전하다는 사실 안에서 인간관계의 그물망과 인간의 문화를 형성하는 의미들을 더욱 명백하게 이해하려고 노력한다.

---

311) Stephen B. Bevans, *Models of Contextual Theology*, 47.
312) Stephen B. Bevans, *Models of Contextual Theology*, 47-48.

이러한 상황화 신학의 접근은 주로 문화를 강조하는 데 있다. 인류학적인 모델에 있어서 상황화 신학은 사람들의 신앙을 적절하게 설명하는 상징들과 개념들을 찾아 그들의 문화를 연구할 뿐만 아니라 그들의 정체성을 공감하는 것이다.

이 모델의 전제 조건으로 하나님의 계시를 발견하는 것은 인간의 문화 안에서이다. 초문화적 메시지를 분리시키려는 것이 아니라 이 모델의 출발점은 인간의 문화이며, 문화적으로 민감한 신학이 명료하게 될 수 있는 재료로서 내종교적인 대화로부터 수립되었던 지혜를 사용한다.313)

문　　화 (사회변화)	→→→→→→→→→→→→	복　음 전　통

〈도표 4〉 인류학적 모델

1) 상황화 신학에 있어서 인류학적 모델의 강점

첫째, 인류학적 모델이 갖는 강점은 인간의 실재를 가장 진지하게 주목한다는 사실이다(The strength of the anthropological model comes the fact that it regards human reality with utmost seriousness.). 이것은 모든 창조의 선함과 하나님이 자신의 독생자를 보내신 세상에 대한 사랑을 증거한다(요 3:16). 이 모델이 생각하는 계시는 본질적으로 메시지가 아니라 일상 속에서 하나님의 사랑과 치유하는 능력을 대면한 결과라고 인식한다. 이러한 관점에서 인류학적 모델은 고전적(classical)이고,

---

313) Stephen B. Bevans, *Models of Contextual Theology*, 49-51.

현대적인(contemporary) 기독교 사상 모두에 근거를 둔다.[314]

둘째, 인류학적 모델이 갖는 강점은 사람들이 참신한 시각으로 기독교를 바라보게 만드는 사실이다. 기독교는 이국적인 생각들을 자동적으로 수입하는 것이 아니라 오히려 기독교는 문화적(cultural)이고, 역사적 주체(historical subject)로서 어떻게 자신의 삶을 더욱 충실하게 살아갈 것인가에 관한 것이다. 그리스도인이 된다는 것은 온전한 인간이(fully human) 되는 것이며, 아마 더 도전적이지만 항상 더 풍성한 삶을 추구하는 것이라고 인류학적 모델은 주장한다. 이것은 신학을 하는 완전히 새로운 방법의 모델이다.[315]

마지막으로 셋째, 인류학적 모델의 긍정적인 측면은 다른 상황들로부터 제기되는 문제들을 강요하기보다는 사람들의 실제적인 질문들, 그리고 관심사들과 함께 그들이 존재하는 바로 그곳에서 시작한다는 사실이다.[316] 그래서 예를 들어 인류학자인 존 컬비(Jon Kirby)는 아프리카에서의 복음화가 크게 성공하지 못한 이유에 대하여 말하기를, "기독교가 아프리카인들이 실질적으로 당면한 문제를 해결하는 체계로서 제시되지 못했기 때문이다."라고 지적하였다.[317] 따라서 상황화 신학에서 인류학적 모델은 기독교 전통이 과거에 다루었던 질문보다는 지역 상황에 의해 진실하게 제시된 질문을 가지고 기독교 전통과의 대화를 시도하려는 노력이 필요할 것이다.

---

314) Stephen B. Bevans, *Models of Contextual Theology*, 52.
315) Stephen B. Bevans, *Models of Contextual Theology*, 52–53.
316) Stephen B. Bevans, *Models of Contextual Theology*, 53.
317) Stephen B. Bevans, *Models of Contextual Theology*, 53.

2) 상황화 신학에 있어서 인류학적 모델의 위험성

첫째, 인류학적 모델의 주된 위험성은 문화적 낭만주의(cultural romanticism)에 쉽게 빠지고 마는 것이다. 이러한 문제가 되는 특정 문화에 대한 비판적 사고가 결여될 때, 그 증거로 나타난다. 문화는 항상 변할 뿐만 아니라 특히 종종 근본적으로 다른 문화적 유형들과 기독교와 기독교적인 표현들과의 만남을 통하여 나타나는 모든 종류의 요인들 때문에 문화는 변하는 것이다. 만일 특정 신학이나 특정 교회가 기독교의 상황화라는 이름으로 그 신학과 교회의 가장 위대한 잠재성에 대해 문화를 개방하기보다 문화변화에 저항한다면, 그러한 저항 때문에 보수주의로 작용하며 실질적으로 문화의 선함에 역행하여 작용하게 된다.318)

둘째, 인류학적 모델의 주된 위험성은 보통 행동보다는 말로 표현하는 경우가 많다는 것이다. <도표 4>에서 복음, 전통, 문화, 사회변화 이 네 가지 요소가 모든 상황화 과정 안에서 중요한 가치를 지니고 있는데, 인류학적 모델은 특정한 문화에 너무 집착하고 있다는 것이다.319) 예를 들면, 현재 문화에만 강조한 나머지 신학의 원천이라고 할 수 있는 성경과 변함없는 진리로 선포되는 복음의 핵심과 복음이 점차적으로 진행된 역사의 과거를 무시하는 경향이다.

그래서 인류학적 모델의 통찰력은 사람들의 삶 속에 실재(reality)로 신앙이 살아 있는 바로 그곳에서 신학자가 출발해야 한다. 그것은 하나님께서 말씀하시는 역사와 문화, 그리고 특수한 언어에 의해 제

---

318) Stephen B. Bevans, *Models of Contextual Theology*, 53.
319) Stephen B. Bevans, *Models of Contextual Theology*, 53-54.

한된 세계 안에 있다. 이것을 무시하는 것은 신학에 살아 있는 원천을 무시하는 것이다.320) 신학은 너무나 중요한 학문이요, 교회를 위해 일하고자 하는 그리스도의 좋은 군사가 되려는 사람들에게는 마땅히 일생 동안 열심히 닦아야 할 훈련과목이다. 신학은 교회의 존재 방식을 좌우해 왔으며, 미래를 결정짓는다. 신학은 성경해석과 설교, 그리고 신앙생활의 궤도를 규정하고, 각자의 신앙 속에 담겨 있어서 시대를 움직이고 인생을 바꾸어 놓는다.321) 따라서 목회자와 선교사, 그리고 교회를 섬기는 성도들은 전 생애를 통해서 신앙생활을 하는데 끊임없이 신학을 이해하고 공부해야 할 것이다.

초기 한국 교회는 선교화 과정에서 번역 형태의 상황화가 이루어졌다. 그러나 시간이 지남에 따라 서구 선교사들은 한국의 전통 문화에 대한 이해와 그로 인해 생겨난 새로운 기독교적 문화에 대해서 인정하게 되었다. 이후에도 한국 신학자들 사이에 상황화 신학에 대한 연구가 많이 이루어졌다.322) 특히 새벽기도는 한국 교회의 독특한 선교의 상황화로 그 아이디어는 성격에서보다는 불교나 샤머니즘에서 온 것으로 해석하기도 한다.323) 또한 추도예배는 제사의 기능적인 대치로서 상황화되었으며, 회갑예배는 기원이 성경과는 거리가 먼 것이지만 전통풍속으로 거리낌 없이 받아들였다. 그리고 성미제도와 헌금자의 이름을 부르

---

320) Stephen B. Bevans, *Models of Contextual Theology*, 54.

321) 김재성, "신학이란 무엇인가?", http://cosamo.net/bbs/zboard.php?id=data&no=41.

322) 이재완, 『선교인류학적 관점에서 본 선교와 문화이해』, 259-260.

323) 샤머니즘에 관한 기본적인 우주관은 산 자가 죽은 자와 소통할 수 있다는 신앙이다. 다시 말하면, 샤머니즘은 죽은 자나 정령들이 산 자에게 영향을 끼칠 수 있으며, 산 자와 죽은 자 간에 소통할 수 있으며, 살아 있는 후손들이 정령들의 영향력 아래에 놓인다는 전제가 깔려 있다. 그러므로 하나님 외에 다른 영들과 소통을 추구하거나 관계를 맺는 종교적 행위들은 성경이 명시하는 바와 같이 하나님께서 절대로 용납할 수 없는 행위라고 명령한다. 배춘섭, "샤머니즘에 관한 성경적 증거", 『복음과 선교』 (2010. 6월), 210-211.

며, 축복 기도하는 것도 한국 교회만이 가지는 전통이다.324) 그리고 손을 모으고 기도하는 것 등의 기독교 문화는 선교를 통해 전해진 것이 아니라 한국의 전통 문화 또는 전통 종교와의 만남 속에서 새롭게 생겨났다. 그러나 인류학적 모델은 인간의 문화에 대한 지나친 확신으로 휴머니즘에 빠질 오류가 있으며, 문화의 입장에서 복음을 해석하기 때문에 복음의 본질이 상실될 수 있다. 이에 각 문화에 대한 이해와 기독교 문화와의 만남 이전에 각 문화에 대한 비판적인 평가도 함께 이루어짐으로써 복음의 순수성을 유지하려는 노력이 필요할 것이다.325)

3. 실천적 모델(The Praxis Model)

실천적 모델은 사회와 문화의 변화가 일어나는 상황 속에서 기독교인의 정체성을 찾는 모델을 말한다.326) 이 모델은 가장 높은 수준의 지식에 의해 형성된 신학함의 한 방법으로, 그것은 또한 의미를 분간하고 사회변화의 과정에 공헌하는 데 있다.327) 그래서 상황화 신학의 실천적 모델을 말할 때, 이는 신학이 단순히 기독교인의 신앙에 관련된 표현들을 제공할 뿐만 아니라 기독교인들이 행동에 헌신함으로써 이루어지는 모델을 말한다. 아울러 더 중요한 것은 신학이 기독교인의 이 두 가지 삶의 양상들 사이에 지속적 대화의 산물로서 이해되는 것이다. 실천적 모델의 가장 심오한 의미는 활동과 지식을 포함

---

324) 전호진, 『선교학』, 164.

325) 이재완, 『선교인류학적 관점에서 본 선교와 문화이해』, 260.

326) 용어상 프락시스(praxis)는 실천 혹은 실행이나 행동이라는 단어로 대체된다. 프락시스는 마르크스주의에 뿌리를 두고 있는 전문 용어로서 프랑크푸르트학파와 프레이리의 교육 철학에 나타나는 용어이다. 그래서 이 용어는 일반적으로 사고 방법이나 모델, 특별히 신학 방법이나 모델을 나타난다.

327) Stephen B. Bevans, *Models of Contextual Theology*, 63-64.

하는 내용으로서 지식의 일치성으로 이해되는 방법을 채택한다.[328] 그래서 실천적 모델이라고 부르는 것은 자주 '해방 모델(liberation model)'로 언급된다.[329] 그 이유는 대부분 유럽의 정치 신학자들과 특별히 이 모델에 최상의 의미를 특수하게 부여하고 발전시킨 남아메리가의 해방 신학자들과의 연관성 때문이다.[330] 실천적 모델의 전제 조건에서 지식의 높은 수준은 지적이고, 책임 있는 행위인 통찰력이 중요하다. 이 모델에서의 신학은 믿음은 지적인 행동을 찾는 것의 과정이다. 그리고 믿음의 이해를 개발하는 데 문화의 중요함을 전제로 한다. 그들은 인간의 가치들과 행위의 방법들로서 문화를 보는 것을 능가한다. 이 모델의 전제조건은 하나님의 계시의 관념이다. 번역적 모델은 계시가 초문화적이고 변화하지 않는 메시지에 있다는 것을 전제조건

---

328) Stephen B. Bevans, *Models of Contextual Theology*, 64–66.

329) Robert J. Schreiter, *Constructing Local Theologies* (New York: Orbis Book, 1985), 15

330) Stephen B. Bevans, *Models of Contextual Theology*, 66. 여기서 유럽의 정치신학자란 희망의 신학자인 몰트몬(J. Moltmann)과 가톨릭 신학자인 메츠(J. B. Metz)를 말한다. 몰트만의 희망의 신학이 탄생케 된 계기는 2차 대전에서의 그의 포로 생활의 체험에 의해서이다. 몰트만은 2차 대전 당시 독일군 공군 보조원으로서 군문에 파견되었다가 영국군에 의해 포로로 잡혀 3년 이상 벨지움, 스코틀랜드, 잉글랜드 등지의 수용소에 전전하다가 본국으로 귀환되었다. 포로수용소에서의 그의 체험이 바로 그의 신학의 계기가 되었다. 그곳에서 모든 희망을 단념하고 희망 없음으로 병들어 거의 죽어 가는 사람들을 보았고, 자신도 비참과 버림받음과 또 매일의 굴욕의 경험을 겪었다. 이 경험은 차츰 하나님 경험으로 변하였고, 상한 마음을 가진 사람들과 함께 계신 하나님을 보게 되었다. 그리고 희망을 보았다. 몰트만의 변증법적 사고는 헤겔 철학의 영향을 받았다. 이는 몰트만의 신학적 스승인 한스 이반트(Hans J. Iwand) 교수에 의한 것이다. 그리고 화란의 신학자 아놀드 룰러(Arnold von Ruler)에 의해서도 종말론의 지반을 알게 되었다. 이 외에도 신학적으로 많은 신학자들이 몰트만의 신학 형성에 영향을 주었는데, 칼 바르트(Karl Barth), 한스 이반트(Hans J. Iwand), 에른스트 볼프(Ernst Wolf), 폰 라드(G. Von Rad), 오토 베버(Otto Weber) 등은 대표적인 학자들이며, 60년대 말에 메츠(J. B. Metz)는 몰트만이 정치신학을 발전시키는 데 같이 일한 신학자였다. 이와 같은 철학과 신학의 배경에 의해 몰트만은 희망의 개념에서 종말론, 그리고 종말로 부터 현실을 파악하여 행동으로 움직이게 하는 희망의 신학을 탄생시켰다. Jurgen Moltmann, 『希望의 神學』, 전경연 · 박봉랑 역 (서울: 대한기독교서회, 1996). 1970년대의 신학의 기류는 정치신학이라고 표현될 수 있다. 이는 몰트만과 가톨릭 신학자 메츠 등에 의해서 강조되었다. 정치신학은 기독교 신학의 정치의식을 각성시키려 한다. 그것은 신앙 자체가 메시아적 관련을 가지고 있으며 신학 자체가 정치적 차원 속에 있다는 것을 분명히 하기 위해서이다. 정치신학을 십자가에 죽은 그리스도의 부활과 그의 다시 오심의 희망의 근거 위에서 이 세상 현실에서 가난한 자, 눌린 자 그리고 인류의 고통 속에 들어가 그들의 고통을 덜어 주고 삶의 조건을 개선하고 하나님의 정의로운 나라를 선포해야 하는 기독교의 책임성을 강조하려고 한다. 그래서 정치신학은 복음에 대하여 정치적 해석을 지향한다.

으로 이해하고 인류학적 모델이 신의 현존에 개인적이고 공동의 만남의 용어로 계시를 이해한다면, 실천적 모델은 역사 안에서 하나님의 현존으로서 계시를 이해한다. 하나님의 현존은 하나님을 알고 있을 뿐만 아니라 하나님의 치유와 화해, 그리고 해방의 역사 안에서 하나님과 협력하기 위한 믿음의 사람들을 부르시는 손짓이요 초청이다.331)

하나님은 진리를 아는 것으로 끝나지 않으시며, 진리를 행하기를 원하신다. 그리고 예수님을 아는 것뿐만 아니라 그를 따라가야 한다. 또한 죄를 아는 것으로 끝나지 않고 그 죄를 고백하는 것이다. 하나님을 진정으로 아는 것은 하나님에게로 나아가는 것을 의미한다. 이러한 관점에서 하나님의 사역에 동참하는 것은 매우 중요하기 때문에 하나님의 현존(presence)과 초청은 모든 사람들에게 동일시(identification)되어야 할 것이다.

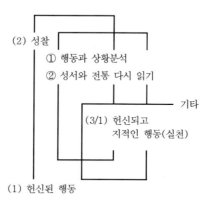

〈도표 5〉 실천적 모델

---

331) Stephen B. Bevans, *Models of Contextual Theology*, 66-69.

<도표 5>에서 실천적 모델의 기본 운동방향은 순환적이다. 실천적 모델의 신학자들은 헌신을 첫째의 요구사항으로 본다. 그러나 어떤 상황에서든지 우리가 그 범주 안으로 들어오는 것은 상식이다. 우리는 신학을 하기 위해 신앙을 필요로 한다. 실천적 모델에 따라서 신앙은 명제를 믿는다거나 혹은 상대방에게 개방하는 것 이상이라 할 수 있다. 그것은 사랑 안에서 진리를 행하는 것이 중요하다. 그리고 신학이 발전된 것으로 동등하게 한 사람의 행동과 문화, 그리고 사회 상황의 분석에 기초되어진다. 둘째는 성서와 기독교 전통을 다시 읽는 것이다. 마지막으로 셋째는 믿음의 연결은 지적인 행위 자체 내에 있다. 실천적 모델의 강조점은 계시의 이해가 매우 신선하고 흥미롭다는 것과 신학적 전통에 깊이 뿌리를 갖고 있다는 것이다. 이 모델은 믿음의 문화적 표현들에 넓은 공간을 주고 있다.[332]

실천적 모델은 인간의 상황을 중요시 여긴다. 이런 측면에서 인류학적 모델과 유사한 맥락으로 살펴볼 수 있지만 인류학적 모델의 실천적 적용의 면에서는 다소 모호하고 관념적인 부분이 있다. 반면에 실천적 모델은 성경의 차원들과 문화의 차원들을 동시에 고려함으로써 더 포괄적이면서도 현실에서 적용 가능한 다양한 방향으로의 상황화적 접근이 가능하다고 본다. 한국의 경우는 에큐메니칼 신학에서 보는 상황화의 정의에 따르면, 역시 민중신학이라 할 수 있다.[333]

---

332) Stephen B. Bevans, *Models of Contextual Theology*, 70-71.

333) 한국의 민중신학이 있다면, 대만에는 향토신학, 필리핀의 투쟁신학, 스리랑카의 유수(幽囚)신학이 있으며, 인도네시아에는 개발신학이 있다. Hans Küng & Julia Ching, 『중국 종교와 그리스도교』, 이낙선 역 (왜관: 분도출판사, 1994), 286.

1) 민중신학

한국 교회는 1970년대와 1980년대의 정치와 문화, 그리고 경제 등 사회적으로 급변했던 상황에서 민중신학을 태동하게 만들었다. 그리고 해방신학과 유사한 점이 많다고 볼 때, 실천적 모델로 분류될 수 있다.[334] 그러나 비판적인 관점에서 그들은 왜 해방의 의미를 정치적, 사회적, 경제적인 구조에서만 풀려 하고 영적인 죄에 관점에 우선권을 두지 않는가 하는 것이다. 그들의 주장은 예수님께서 개인의 죄를 해방시키러 오신 것이 아니라 구조적인 죄와 사회적인 죄의 권세로부터 해방시키러 왔다고 보았다. 전통적인 신앙의 관점에서 보는 죄의 개념과 근본적으로 다르다. 그러나 예수님께서는 구조적이고 사회적인 죄의 개선 이전에 먼저 개인적인 죄를 지적하셨음을 기억해야 할 것이다.[335]

번역적 모델에서는 계시가 초문화적이며 변하지 않는 메시지가 있다고 주장한다. 그러나 인류학적 모델에서는 하나님의 현존과 더불어 개인과 공동체의 만남이라는 차원에서 계시를 이해한다. 실천적 모델에서는 일상생활의 사건에서 또는 사회 경제적인 구조와 억압의 상황 안에서 구체적인 역사의 사건을 통해서 보이는 것으로 계시를 이해하였다.[336]

---

334) 정흥호, 『복음과 상황화』, 129.
335) 정흥호, 『복음과 상황화』, 138-139.
336) 정흥호, 『복음과 상황화』, 148.

2) 해방신학(Liberation Theology)

실천적 모델로 대표하는 해방신학은 1948년 암스테르담에서 세계
교회협의회(The World Council of Churches)가 형성되었을 때, 그들의
가장 중요한 관심사는 다름 아닌 사람들에게 그들의 정부를 조절하
고 비판할 뿐만 아니라 변화시킬 수 있는 자유가 보장된 책임 있는
사회를 형성하는 데 있었다.[337] 이러한 주제들은 라틴 아메리카의 해
방신학자들에게 혁명적 방법론을 통해 경제적으로 가난한 자들과 정
치적으로 억눌린 자들의 관점으로 사회와 경제, 그리고 정치적인 문
제들까지 해결을 보려고 시도하였다.[338]

라틴 아메리카에서는 상황화 신학의 모델로 해방신학을 꼽을 수
있다. 그것은 19세기 자유주의(Liberalism) 신학과 1960년대 사회 복음
주의(Evangelism)와 세속신학, 그리고 정치신학에 영향을 받았다. 해
방신학의 원인은 라틴 아메리카의 사회와 정치적 상황에 대한 응답
에서 돌출되었다. 그 당시 라틴 아메리카의 상황은 과두정치와 소수
부호 가족에 의한 대부분의 땅이 소유했는데, 엘살바도르에서는 14개
의 가족, 즉 인구의 2%가 국가의 60%의 토지를 소유하고 있다.[339] 그
리고 브라질에서는 커피 5부대로 포드 차 한 대를 살 수 있었던 이전
의 상황이 206부대로 살 수 있는 현재의 상황, 그리고 가톨릭교회는
기존 질서에 결탁만 일삼고 있는 것 등의 문제로 발생한 것이다.[340]

---

337) Arthur F. Glasser, *A Contemporary Theologies of Mission*, 150.
338) 정흥호, 『복음주의입장에서 본 상황화 신학』, 67.
339) 채은수, "선교에 있어서 상황화", 36.
340) David J. Bosch, *Transforming Mission: Paradigm Shifts in Theology of Mission*, 432.

이러한 잘못된 구조에 대한 투쟁에서 해결책을 찾으려 했던 해방 신학자 죠세 미구에즈 보니노(Jose Miguez Bonino)는 하나님의 보편적 구원의 의지라는 관점 혹은 선교의 보편성과 인간의 동등성에 대하여 말하기를, "위로부터의 해석에서 오는 것이 아니라 아래로부터 인식되고 경험되어져야 하는 사회 역사적 요구이다."라고 하였다.341) 해방신학자들의 주장은 근본적인 신학의 바탕으로 하나님께서 사람들에게 삶의 자유를 분출하며, 새로운 질서를 창조해 나가는 데 참여할 수 있도록 능력을 부여해 주었다고 본다. 또한 하나님은 역사 속에서 구체적이고 역동적인 활동을 통하여 하나님 자신의 존재를 펼쳐 가신다고 믿고 있다.342)

이러한 해방신학은 현상 체제 유지에 대한 신학적 관념론에 직접적으로 도전하면서 발전되었던 것이다. 그의 출발점은 라틴 아메리카의 상황 속에서 소외된 사람들을 그대로 불의와 억압의 상태에 머무르게 할 수 없다는 신앙의 경험에서부터 시작되었다. 사람들은 해방의 투쟁을 통해 경험적인 믿음 안에서 개념적인 하나님을 삶의 하나님으로서 체험할 수 있다고 믿었던 것이다.343)

남미의 해방신학을 정립한 구스타보 구티에레즈(Gustavo Gutierrez)는 성경에 대하여 말하기를, "사람들에게 하나님의 사랑과 하나님 자신을 전달하기 위한 효율적인 계시를 보여 주는 약속의 책이라고 생각하며, 그 약속은 그리스도 안에서 이루어졌으나 아직은 완성되지 않았고 결론지어진 것은 아니다."라고 보았다.344) 구티에레즈는 하나

---

341) Jose Miguez Bonino, *Doing theology in a revolutionary situation* (Philadelphia: Fortress Press, 1975), 62.

342) Thomas W. Ogletree, *New Theology No 8* (New York: The Macmillan Company, 1971), 173.

343) 정흥호, 『복음주의 입장에서 본 상황화 신학』, 69.

님의 선교(Missio Dei)라는 개념으로부터 이중적 진행이라는 개념을 발전시켰다. 첫째, 지역적으로 특별한 사람들에게 나타나셨고, 점차적으로 모든 사람들에게 나타나신 하나님의 현재적 보편성이라는 것이다. 둘째, 예배의 장소에 안주하는 것에서부터 모든 나라와 모든 사람들을 포함하여 인간 역사의 중심으로 들어가는 내실화되고 통합된 전환의 필요성이 있어야 한다.[345]

이러한 관점에서 예수 그리스도는 친히 성육신하신 하나님으로써 이중적 진행의 합일점을 이루었다고 본다는 것이다. 결국 구티에레즈는 라틴 아메리카의 상황에서 예수를 구조적인 죄와 피폐된 인간 상황으로부터 해방시키는 해방자로 묘사하고 있다. 그의 신학적인 관점은 현재의 하나님의 왕국을 강조하며, 예수는 정치적 권세자들과 유대 억압자들의 손에 의해 죽임을 당했다는 것이다. 이러한 하나님의 보편적인 사랑도 모든 불의와 특권, 그리고 억압과 편협한 민족주의에 대항해야 한다고 하는 정치적인 차원에서 문제들을 해결하였다.[346]

그렇다면 왜 해방신학자들은 해방의 의미를 정치와 사회, 그리고 경제 구조의 상황 속에서만 풀려고 하는가? 왜 그들은 영적인 죄로부터의 해방에 우선권을 두지 않고 있는가? 예수 그리스도가 단지 개인적인 죄로부터 사람들을 해방시키기 위해 오신 것이 아니라 소위 구조적인 죄악, 즉 사회적인 죄의 권세로부터 해방시키려는 전제로부터 출발한다.[347] 그러나 예수님은 구조적이든 사회적인 죄악의 개선을

---

344) Gutierrez, Gustavo, *A theology of Liberation* (New York: Orbis Books, 1973), 161.

345) Gutierrez, Gustavo, *A theology of Liberation*, 193.

346) 정흥호, 『복음주의 입장에서 본 상황화 신학』, 70.

347) 정흥호, 『복음주의 입장에서 본 상황화 신학』, 71.

요구하시기 전에 먼저 개인적인 죄에 대해 지적하셨다는 것을 기억해야 할 것이다. 물론 사회구조적인 악이 존재한다고 하지만 개인적인 죄를 먼저 제거하는 것이 논리적으로 우선되어야 한다. 하나님 나라의 선포에 대한 예수 그리스도의 목적을 세상적이고, 정치적 맥락에서만 풀이해서는 안 될 것이다.[348]

신학에 있어서 해방신학자들에게는 텍스트가 성경이 아니라 상황 그 자체였다. 즉, 성경이나 전통이나 교리들은 그 자체가 진리의 자료가 되지 못하며, 그것은 반드시 실천적인 오늘의 상황에 관련되어져야 한다고 주장하였다.[349] 결국 사회와 경제, 그리고 정치의 억압으로부터 해방에 대한 신학적 접근 방법은 그 당시 한국의 현실과 접목되어 한국의 상황화 신학이라고 할 수 있는 민중신학이 출현하는 데 깊은 영향을 끼쳤던 것이다.

그러나 하비 칸(Harvie M. Conn)은 실천적 모델의 주의할 점에 대하여 말하기를, "해방신학자들은 종종 성경을 정경으로부터 패러다임으로 전락시키고 있으며, 한국의 민중신학은 종종 그 지지자들의 목소리를 통해서 볼 때 성경적이라기보다 오히려 한국적인 것으로 돌리고 있다."라고 하였다.[350] 그들은 이러한 하나님의 행동에 대해 인식하기보다는 시각적으로 관찰하는 차원의 현실로 받아들여 결국 사회 정치적 환원주의로 빠지게 만들었던 것이다. 이러한 신학들은 한국 교회에 큰 도전을 준 것은 사실이지만, 한편 한국의 전통적인 것들에 대해 지나치게 낭만적인 접근을 보여 주어 복음을 지나치게

---

348) 정흥호, 『복음주의 입장에서 본 상황화 신학』, 71.

349) Atilio Rene. Dupertuis. *Liberation Theology* (Michigan: Andrew University Press, 1982), 130.

350) 허은열, "스티브 베반스의 실천 모델에 관한 고찰", 『선교와 개혁』 제1권 (2006. 11월), 220.

세속화시킨 경향성을 보여 준 것 또한 사실이다.

4. 종합적 모델(The Synthetic Model)

종합적 모델은 위의 세 가지 모델인 번역적 모델, 인류학적 모델, 실천적 모델들의 합일로 볼 수 있다. 이 세 모델들에 비해 균형을 잡아 보려는 시도로 다른 문화의 사고방식을 나름대로 흡수해 보려는 입장이다. 즉, <도표 6>에서 통찰력을 균형 있게 유지하여 타문화들과 다른 사고방식들에서 통찰력을 구하며, 문화변화와 사회변화, 그리고 복음메시지와 복음의 전통 정중앙에 위치한 중도적 모델이다.351)

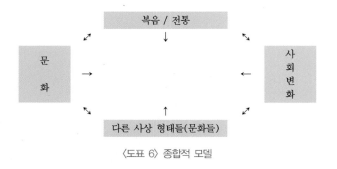

〈도표 6〉 종합적 모델

종합적 모델은 그 전제가 인간 문화의 혼합적 상황을 인정하고 각 문화의 독특성과 보편성을 모두 포용하며 조화를 이루는 바탕 위에서 추구하는 대화적 변증법적 모델이다.352) 문화가 서로 빌려오고 배울 수 있다는 의미이다. 이 모델은 다양한 성경들의 구성의 전 과정

---

351) Stephen B. Bevans, *Models of Contextual Theology*, 81.
352) 권영석. "상황화 신학의 당위성과 베반스의 인류학적 모델", 184.

이 성경적인 칭의에 의존한다. 다시 말하면, 이 모델은 양쪽 모두를 취하려는 것이다.353)

　종합적이라는 용어는 신학적 방법의 특별한 모델의 묘사로서 몇 가지 다른 방법들 안에서 기능한다.354) 첫째, 상황화 신학에서 이 종합적 모델의 방법은 항상 서술되었던 모델들의 종합을 지향한다. 둘째, 종합적 모델에는 그 신앙을 설명하는 방법과 내용에 대한 다른 문화와 다른 신학적 표현의 자료들에 관심을 갖는다. 이런 방법으로의 종합은 자신의 문화적 관점과 다른 사람의 관점들 사이에서 발전한다. 마지막으로 셋째, 이 모델은 타협과 절충으로 단순히 이것저것을 함께 모아 두는 시도가 아니라 다른 모든 관점들을 수용할 수 있는 창조적 변증으로 발전시키는 헤겔적인 의미에서의 종합이다. 종합적 모델의 다른 이름은 아마 변증법적 모델(dialectical model)이 될 수 있을 것이다.

　종합적 모델의 근본 전제는 인간이 살아가는 인간 문화의 혼합적인 성격과 상황이다. 이 모델의 지지자들은 모든 문화나 상황에는 특징될 만한 요소를 가지고 있으며, 다른 문화나 상황들과 공유하는 요소가 있다고 본다. 이것은 인류학적 모델의 지지자들이 인정하는 이론과 같은 것이다.355) 종합적 모델에서 중요한 것은 독특성(uniqueness)과 보완성(complementarity) 모두를 강조한다. 예를 들면, 신학에 있어서 이 것은 인도네시아 사람들이 인도네시아 문화를 공유하는 신학자들에게서 유익을 얻을 수 있는 만큼 칼 라너(Karl Rahner)나 칼 바르트

353) Stephen B. Bevans, *Models of Contextual Theology*, 82.
354) Stephen B. Bevans, *Models of Contextual Theology*, 82-83.
355) Leonardo N. Mercado, *Elements of Filipino Theology* (Tacloban: Divine Word University Publication, 1975), 15.

(Karl Barth)에 대한 비판적 읽기로부터 많은 유익을 얻을 수 있다는 것을 의미한다. 이것은 종합적 모델에 있어서 핵심이라고 할 수 있다. 종합적 모델의 제한 범위 내에서 문화는 양면성을 보인다.356) 종합적 모델의 지지자들은 문화는 오직 참된 인간 성숙을 위한 대화 가운데 있다고 본다. 각 문화는 다른 문화에 줄 수 있는 어떤 것을 갖고 있지만 추방할 것도 갖고 있다.357) 따라서 하나님의 계시는 성경의 특수한 문화들 안에서 역사적으로 제한된 것으로 이해되며, 특수하게 문화적으로 조건화된 메시지를 갖는다. 그러나 동시에 자신의 상황에서 문화적 변혁과 사회변화를 통하여 주어진 상황을 완성하기 위해 사람들을 부르는 영향력 있는 것으로 이해된다.358)

상황화 신학을 실제로 구축하는 사람들을 고려할 때, 종합적 모델은 특수한 문화의 평범한 주제들로부터 발생하는 신학을 위해 이상적일 수도 있다. 그러나 반면 그것은 항상 가능한 것이 아니라 최상의 것으로 진행되지도 않는다.359) 종합적 모델을 지지하는 에일워드 쇼터(Aylward Shorter)는 상황화의 과정에 대하여 말하기를, "문화에 극단적으로 민감한 상황화 혹은 신학적 문화화의 과정은 이전의 기독교 문화화(Christiantity's previous inculturation)가 아니며 지역문화와 더불어 시작되어야 한다."라고 하였다.360) 쇼터의 모델에는 인류학적 모델이나 실천 모델보다 개방성과 광범위한 기독교 전통에 대한 존중이 더욱 명백하게 나타난다. 종합적 모델에서 가장 두드러지게 나

356) Stephen B. Bevans, *Models of Contextual Theology*, 83.
357) Stephen B. Bevans, *Models of Contextual Theology*, 84.
358) Stephen B. Bevans, *Models of Contextual Theology*, 84.
359) Stephen B. Bevans, *Models of Contextual Theology*, 85.
360) Aylward Shorter, *Toward a Theology of Inculturation* (Maryknoll: Orbis Books, 1989), 256.

타나는 양상은 모델의 방법론적인 태도라고 할 수 있는 개방성과 대화일 것이다.361) 대화의 과정에서 상황화 신학이 한순간에 이루어지는 작업이 아니라 계속되는 작업인데 대화의 상황이 계속 변하는 것처럼 신학도 지속적으로 변화하는 것이다. 따라서 종합적 모델은 상황화 신학을 위한 강력하고 창조적인 모델이 될 수 있다.362) 이러한 모델의 관점에서 베반스는 태국의 상황화에 있어서 가장 적합한 신학으로 물소신학을 주장하였다.

1) 물소신학(Waterbuffalo Theology)

아시아의 대표적인 상황화 신학은 고수케 고야마(Kosuke Koyama)의 물소신학이다. 그의 신학은 세상과 인간의 경험을 더 잘 보기 위한 방법이며, 그런 것에 대해서 이야기하는 방법이다.363) 그의 상황화 신학의 방법론은 아래로부터의 신학으로 묘사한다. 물소신학에 대한 그의 접근 방법은 대부분 아퀴나스나 칼 바르트와 같은 신학자들이 주장하는 것들에 의해 결정되는 것이 아니라 태국 농부들이 경험하는 물소나 후추, 바나나와 닭싸움, 그리고 밥 같은 일상적인 실재들에서 신학이 결정된다고 말한 것이다. 그는 인간의 상황에 대해 말하

---

361) Stephen B. Bevans, *Models of Contextual Theology*, 85-86.

362) Stephen B. Bevans, *Models of Contextual Theology*, 86-88.

363) Stephen B. Bevans, *Models of Contextual Theology*, 89. 고야마는 아시아에서 가장 상상력이 뛰어나고 창의적이며 널리 읽히는 신학자로 불린다. 그는 아시아의 신학 지도자 중에 한 사람이며, 1961년부터 1969년까지 태국에서 선교사로 활동하였고, 태국연합신학교에서 교수로 일했다. 그는 1974년에 기독교신학을 태국에 토착화시킬 수 있는 하나의 신학적 전망으로 물소신학을 발표했다. 1980년 이후에는 미국 뉴욕의 유니온신학교에서 가르치고 있다. 고야마는 태국신학교(Thailand Theological Seminary)에서 가르쳤으며, 남동아시아신학교 연합회 실행총무였으며, 남동아시아신학교 학장이었으며, 남동아시아 신학저널(South East Asia Journal of Theology)의 편집인이었다.

는 것으로부터 자신은 계속해서 하나님을 실제적인 인간의 상황에서 불러내고 있다.364) 그 상황으로 요청되어진 하나님은 성서의 하나님이시다. 그러나 고야마는 종교 문화적 상황을 고려하는 데 애쓰는 까닭에 성서의 메시지는 만일 그것이 항상 태국적이거나 불교적인 용어가 아니라면 적어도 태국인의 마음에 참신하고 이해 가능한 방법을 거쳐서 들어온다고 보았다.365)

고야마는 성서 본문과 동시에 주변에서 본문을 살아 있게 만드는 종교 문화적인 자료들을 찾는 데 씨름하였다. 그것은 사람들의 존재론적인 상황 안에서 그들에 말하도록 허락하는 것이다. 그 결과는 어디에 위치하느냐에 따라서 행복과 불행으로 나눠진다.366) 고야마가 처음 태국 농부들에게 예수로부터 거절당하려 하지 않았던 병든 딸을 둔 가나안 여인의 이야기인 마태복음 15:21-28의 내용을 설교했을 때, 그는 이 이야기에 대한 루터의 해석이 거부당한 느낌에도 불구하고 하나님 안에서 강인한 믿음을 설명하는 해석에 전적으로 의존했다고 말했다. 그러나 고야마의 결정적인 메시지에 그들은 가까이 접근하지 못했다. 그래서 그가 어눌한 태국어로 그 구절에 대한 루터의 해석을 설교한 결과 재난이었다. 청중들은 어떤 노이로제와 같은 것이 기독교 신앙의 중대한 부분을 차지한다는 인상을 받고 돌아갔다.367) 이에 대하여 그가 깨달은 것은 본문이 전혀 다른 방법으로 해석될 수 있다는 것이다. 예수님의 거절에도 불구하고 믿음을 가졌던 그 가나안 여인의

---

364) Stephen B. Bevans, *Models of Contextual Theology*, 89-90.
365) David J. Hesselgrave & Edward Rommen, *Contextualization: Meanings, Methods and Models*, 96.
366) David J. Hesselgrave & Edward Rommen, *Contextualization: Meanings, Methods and Models*, 141.
367) Stephen B. Bevans, *Models of Contextual Theology*, 90.

신앙에 초점을 맞추는 대신 그녀가 주장한 근원인 병든 딸을 위한 그녀의 강한 사랑에 초점을 두었을 때, 예수 안에서 신앙으로 변화된 이 자연적인 사랑은 태국인들이 이해할 수 있었던 것이다. 물론 고야마는 16세기 루터의 해석을 부정하지는 않았지만 단순히 타문화와 다른 시대에 대해 더욱 민감한 해석을 제공하였다.[368]

그래서 상황화 신학은 복음 안에 담겨져 있는 의미를 구분하여 현지인의 땅에 뿌리를 내리도록 노력하고 관리하는 데 물을 주고 기르는 '재뿌리화(re-rooting)'의 개념으로부터 시작해야 한다는 것이다. 고야마는 태국의 선교사로서 성경 구절들을 태국 사람들의 관점에서 바라보았을 뿐만 아니라 복음이 그 땅에 심겨질 수 있도록 그들의 삶과 관련된 여러 가지 방법에서 효과적으로 전달되어질 수 있도록 '재뿌리화'를 통해 다시 번역하고 해석하려는 작업을 시도했던 것이다.[369]

고야마는 아시아의 상황으로부터 예수 그리스도에 관한 이야기를 이해하기 원했다. 그래서 하나님의 개념을 다음과 같이 네 가지 방식으로 이해했다.[370] 첫째, 구원에 대한 관점을 이 세상에서 비참여적인 것으로 보는 동양의 근본적인 개념하고는 다르게 보면서 현재의 상황 가운데 역사하시는 감동적인 하나님으로 이해되어져야 한다는 것이다. 둘째, 하나님은 자연적인 순환과 함께 조화를 이루는 동양적 구원의 개념과는 대조되는 것으로 비윤회적인 면에서 이해되어져야 한다고 보았다. 셋째, 물론 하나님은 초월적인 분이시지만 현실 가운데 하나님의 신성한 참여가 있다는 것을 보여 줄 필요가 있다는 것이

---

368) Stephen B. Bevans, *Models of Contextual Theology*, 90.
369) 정흥호, 『복음주의 입장에서 본 상황화신학』, 83-84.
370) Stephen B. Bevans, *Models of Contextual Theology*, 92.

다. 넷째, 하나님은 이 세상에서 억압받고 버려진 자들과 함께 연대성을 갖고 삶의 예민한 부분과 함께 이해되어져야 한다는 것을 강조하고 있다는 것이다.

이러한 물소신학이 기독교의 믿음을 상황화함에 있어서 기존의 것을 태국이라는 나라에 단지 이식한다는 정도가 아니라 적극적으로 상황화된 사고와 참여를 요구하고 있는 것이다. 그의 견해에 따르면, 먼저 태국의 역사에 뿌리를 두는 신학이 되어야 한다고 주장하였다. 특히 역사에 대한 태국인들의 해석과 이스라엘 역사에서 보여 준 신학적인 요소의 만남을 찾아야 한다는 것이다. 즉, 태국의 문화적 사고에 근거한 신학이 되어야 함을 강조하고 있다. 그들은 강력한 불교 문화권에 살고 있기 때문에 고려해야 점은 그 안에서 서구 문화의 접촉점을 찾도록 해야 한다. 그것은 무엇보다도 동포애를 가지고 이웃과 함께 하는 언어로 사회적인 문제와 신학을 함께 다루어야 한다는 것이다.[371]

따라서 불교 그 자체보다는 불교적인 삶과 관련된 신학에 초점을 맞추어야 할 필요성을 역설했던 것이다. 그러나 그들의 삶의 스타일로 인해 빚어진 현실을 도외시하지 않고 그들에게 적극적인 관심을 보여야 한다는 것이다. 사물은 일시적이고 변화하지만 불변하신 하나님 안에 있는 믿음은 소외당한 사람들의 세상과 분리되는 것이 아니라 그와 함께 참여하는 것으로 표현될 수 있다.[372] 이에 대하여 고야마는 태국인들에게 하나님에 대한 현존을 더욱 가깝게 느끼도록 상황화 신학의 작업을 시도하였다.

그래서 고야마는 오늘날 아시아에 있어서 예수 그리스도를 말하기

---

371) 정흥호, 『복음주의 입장에서 본 상황화신학』, 84-86.
372) 정흥호, 『복음주의 입장에서 본 상황화신학』, 86.

위해 하나님을 네 가지 측면에서 이해해야 한다고 주장하였다. 첫째, 비개입으로서 구원이라는 아시아의 기본 개념과는 다르게 하나님은 정열적인 분으로 묘사하였다. 둘째, 자연의 순환과의 조화 속에 혼합된 구원이라는 아시아의 기본적인 개념과는 대조적으로 하나님은 불연속적인 분으로 묘사하였다. 셋째, 하나님은 단순히 실재를 초월하는 분으로 묘사하기보다는 신적 개입 안에서 실재를 포용하는 분으로 묘사하였다. 마지막으로 넷째, 하나님은 이 세상에서 억압박고 버림받은 자들과의 연대 속에서 생의 가장자리에 계시기 때문에 사실 그 가장자리야말로 진정한 중심이라고 묘사하였다.[373] 그는 태국의 복음화의 진정이 미약한 이유를 현지인의 상황에 대한 충분한 고려가 없는 서구신학의 접근이라고 보면서, 불교의 개념으로 사랑이나 천국, 그리고 영생에 대한 개념이 태국 현지인에게 저항을 줄 수밖에 없다고 지적한 것이다.

따라서 상황화 작업을 거쳐 하나의 상황화 신학이 제시되었을 때, 이것이 적절한 상황화인지를 평가하는 기준은 신학의 성향에 따라 기준이 달라지겠지만 복음주의적 관점에서 평가하기 위한 기준을 제시해 보면 해당 문화에 적절한 형태를 전재로 한다는 것을 뛰어넘어 최소한 네 가지 기준에 의해 비추어 볼 수 있다.[374]

그것은 첫째, "성경적인가?"라는 것이다. 이것은 복음주의(Evangelism) 신학자들이 흔히 사용하는 표현인데, 이 의미 자체는 마치 지뢰밭과 같이 다양한 뇌관을 가지고 있다는 것이다. 이러한 표현은 각자 자신의 신학에 따라서 해석하지만 복음주의적인 관점에서는 최소한 성경

---

373) 최남식, "스티브 베반스의 종합모델에 관한 고찰", 『선교와 개혁』 제1권 (2006, 11월), 236.

374) 이현모, 『현대선교의 이해』 (대전: 침례신학대학교출판부, 2003), 110.

무오류성, 성경의 절대성, 문자적 해석, 문맥적 해석, 문법적 해석 방법론에 근거하여 그 의미의 성경적 개념에 대해 질문하는 것이다.

예를 들면, 물소신학은 과연 성경적인가? 이 질문은 성경의 본래 의미를 찾는 데 있어서 부족하다. 애매모호한 신학은 변질되는 위험이 있기 때문에 혼합주의(Syncretism)로 빠지기 쉽다. 태국의 상황에서 가장 잘 이해할 수 있도록 복음을 전하는 것은 매우 중요하다. 그래서 타협할 수 없는 진리가 있다면 부인하거나 혼합해서는 안 될 것이다. 만약 태국의 복음화에 관심을 가진 많은 사람들이 있다면 실제 선교방법이 주로 태만성을 깨우고 윤회적인 틀을 깨는 방법으로 제안하는 것은 바르지 못한 것이다.

둘째, "선지자적인가?"라는 것이다. 이것은 상황화가 문화의 종이 되어서는 안 된다는 것이다. 문화는 그 정체성이 악하다는 것은 아니며, 선도 아니라는 것이다. 그래서 지나치게 문화가 성경의 메시지를 지배해서는 안 된다. 오히려 문화는 성경의 지배하에 있기 때문에 성경의 메시지를 문화에 적합하게 맞추려고 하지 않아야 한다. 그리고 문화가 성경에 따라서 변화되어야 함을 요구해야 한다.

셋째, "대화가 가능한 것인가?"라는 것이다. 이것은 과도하고 독특한 문화적 영향을 받는 것을 경계하는 것으로 우주적인 차원의 다른 신학의 체계와 대화가 가능해야 한다.

마지막으로 넷째, "개방형 결론인가?"라는 것이다. 이것은 상황화 신학이 지속적인 작업이지만 결론이 최종적으로 완결형이 되어서는 안 된다. 따라서 문화의 적절한 형태를 가지고 있으면서, 이러한 네 가지 기준에 맞추어 무리가 없다면 건전한 상황화 신학이라고 인정할 수 있을 것이다.

5. 초월적 모델(The Transcendental Model)

마가복음에 나타난 예수님은 낡은 옷에 새 옷감을 대어 입을 수 없고, 새 술을 낡은 가죽 부대에 담을 수 없다고 말씀하셨다(막 2:21-22). 이러한 성경의 사례는 상황화 신학의 초월적 모델을 이해하는 데 아주 중요한 통찰력을 제시한다. 마음이 완전히 변화하지 않으면 이해할 수 없는 것들이 있기 마련이다. 어떤 것은 근본적인 관점의 변화와 사고의 범위의 변화로 회심이 일어나야 이해되는 것도 있다.[375]

초월적 모델은 상황화된 신학을 구축하는 과업이 어떤 종류의 본문에서든지 특정한 부분을 형성하는 것이 아니다.[376] 그것은 자기 초월적 주제 안에서 일어나는 감정적이고 인지적인 작용들에 귀 기울이는 것과 연관된다. 여기서 중요한 것은 특정한 신학이 그토록 많이 생겨나는 것이 아니라 신학을 형성하는 신학자가 진정 변화된 주체로서 영향을 미치는 것이다.[377] 초월적 모델의 기본적인 전제는 다음과 같다.[378]

첫째, 상황화 신학을 시작하는 것은 전통이나 복음 메시지의 본질에 초점을 맞추는 것이 아니다. 또한 문화나 문화를 표현하는 언어들을 주체화하거나 분석하려는 시도도 아니다. 그것은 오히려 그 출발점은 초월적이며, 자신의 종교적 체험과 스스로에 대한 경험과 관련된다.

둘째, 사적이고 개인적으로 보이는 한 문화와 한 나라, 그리고 한

---

375) Stephen B. Bevans, *Models of Contextual Theology*, 97.
376) 초월적이라는 용어는 18세기 임마누엘 칸트(Immanuel Kant)가 처음 시도한 초월적 방법을 의미한다. 당시 루셀로트, 마레칼, 라너 그리고 버나드 로나간과 같은 사상가들이 발전시켰다. 그들은 모두 토마스 아퀴나스에게서 발견된 순수 '주지주의(intellectualism)'를 현대의 주관성(modern subjectivity)과 역사의식의 관점에서 해석하고자 시도했다. Stephen B. Bevans, *Models of Contextual Theology*, 97.
377) Stephen B. Bevans, *Models of Contextual Theology*, 97.
378) Stephen B. Bevans, *Models of Contextual Theology*, 98-99.

세대의 구성원들이 기본적인 상황을 접해 보았던 다른 사람들의 경험을 통해 함께 설명할 수 있어야 한다는 것이다.

셋째, 신적 계시의 개념과 관계가 있다. 하나님의 계시는 외부에 있지 않고, 말씀이나 전통적인 교리나 문화의 복잡한 그물망 속에 숨겨진 것도 아니다. 하나님은 유일하게 자신을 나타내는 장소는 사람들이 성경을 읽을 때, 혹은 선포할 때 그 말씀이 열려지는 곳이다. 또한 일상생활이나 문화적 전통을 가지고 있는 가치에 열려질 때 그 사람들의 경험 속에 있게 된다.

마지막으로 넷째, 모든 사람들이 생각하는 내용은 역사와 문화로 제한되지만 사람의 마음은 모든 문화와 역사 속에서 동일한 방식으로 작용한다는 신념을 가지고 있다. 예를 들면, 아시아 사람과 아프리카 사람들이 이해하려는 개념이나 생각이 북미 사람들이나 유럽 사람들과는 다르다. 그러나 기본적인 인식 작용은 같을 것이다.

초월적 모델이 추구하는 것은 사람들이 자신의 믿음을 표현하는 데 있어 초월적이며 초문화적인 진전에 자신을 전적으로 맡겨 버린다면 그 사람은 반드시 역사적이며 문화적인 주체로써 진정한 자신의 정체성을 가진 믿음의 표현에 이르게 될 것이다.

따라서 진정한 상황화 신학을 하는 사람은 자신의 믿음과 함께 씨름해야 한다. 그리고 그것을 같은 문화 속에 있는 다른 사람들과 함께 나누는 데 있다. 자신의 진정한 신학을 행하며 믿음을 표현함에 있어서 신중하고 지성적이며 합리적으로 책임 있게 진행하는 것이 이 모델의 지침이 되는 것이다.[379]

---

379) Stephen B. Bevans, *Models of Contextual Theology*, 100.

참된 주제

문화적
↓
상황화 신학
↑
종교적
기독교적

〈도표 7〉 초월적 모델

버나드 로너건(Bernard Lonergan)은 해석의 과정을 설명하기 위해 가위의 운동 이미지를 사용한다. 가위의 위쪽 날은 특정한 역사와 문화에 속한 주체로서 한 개인을 나타낸다. 가위의 아래쪽 날은 기독교 상징체계의 상황 안에서 조명되고 심화된 그 주체가 하나님을 경험하는 것이다. 초월적 모델에 의하면, 이 두 가상의 날이 결합될 때 신학화가 이루어진다. 신학자는 자신이 하나님을 경험한 것을 개념화하거나 언어로 표현하려고 시도한다. 이러한 활동의 신학은 특정한 시공이나 문화적 환경 안에서 경험되는 것이다. 이것은 상황화된 주체의 활동이 필요하기 때문에 결과의 내용은 상황화된 신학이다. 따라서 산만하거나 추론적이지 않은 표현 방식들이 상황화 신학의 초월적 모델에 적합할 수 있다.380)

초월적 모델은 신학을 하는 새로운 방법이라 할 수 있다. 그것은 특정한 내용을 다루는 신학보다는 활동과 과정의 측면에서 신학을 강조한다. 이러한 모델은 신학이 여러 문화에 걸쳐진 영역에서 바른 해답을 찾는 것이 아니라 다만 신중하면서 열정적으로 자신의 종교와 문화적 정체성을 참되게 표현하려는 것이다. 이 모델의 장점은 신

---

380) Stephen B. Bevans, *Models of Contextual Theology*, 101.

학을 하는 사람이 상황에 따라 내린 결정을 분명히 인식하는 데 있다. 또한 사람의 지식과 의식 구조는 보편적이기 때문에 서로 간의 대화와 상호작용에 공통되는 근거를 제공한다.[381]

다섯 가지 모델 가운데 가장 보수적인 모델은 번역적 모델이다. 이 모델은 확실히 문화와 문화의 변화를 고려한다. 그러나 성경과 전통의 필수적인 항목을 고려해야 한다는 사실에 더 많은 강조점을 둔다. 모델들 가운데 가장 비평적 입장인 인류학적 모델은 문화의 정체성과 성경이나 전통보다 더 신학을 위한 관련성에 강조점을 둔다. 실천적 모델은 중요성 혹은 믿음의 연결에서 사화변화의 필요성에 있어 제로이다. 초월적 모델은 분명하게 되는 항목이 아니라 분명하게 하는 주체에 초점을 둔다.[382]

한국 교회는 상황화를 말할 때, 복음의 의미를 문자적으로 전달함에 있어서 한국 사람의 삶 속에 움직이는 언어로 말해야 한다. 이것이 번역적 모델이다. 이미 생소해질 과거의 문화를 겉으로 표현하는 차원을 넘어 본래 문화가 가지고 있는 내용을 신학적으로 재해석해야 한다. 이것이 인류학적 모델이다. 한국을 향한 하나님의 뜻이 무엇인가를 읽고 사람의 닫힌 자세를 버리고 보다 열인 마음으로 다른 사람들과 대화할 자세를 가져야 한다. 이것이 종합적 모델이다. 아울러 주입된 신학을 반복하는 자세를 버리고 주체적인 시각을 가지고 복음을 이해하려는 자세를 가져야 한다. 이것이 초월적 모델이다. 동시에 한국 교회 안에도 여러 다른 상황이 복합적으로 얽혀 있다는 사실과 복음의 실천에 대한 다양한 응답이 요구되고 있다는 현실을 받아

---

381) Stephen B. Bevans, *Models of Contextual Theology*, 102.
382) Stephen B. Bevans, *Models of Contextual Theology*, 26-28.

들이는 열린 자세도 가져야 할 것이다.383)

　지금까지 베반스가 제시한 다섯 가지 모델들은 정형화된 것이 아니지만 계속해서 변할 수 있는 가능성이 있는 것이다. 다만 각각의 상황 가운데서 일어날 수 있는 상황화의 차원들을 모색해 보았다. 따라서 상황화에서는 그 어떠한 모델만이 이상적이라 할 수 없다. 물론 상황화의 모델이 다양한 것처럼 적용에 있었어도 상황화될 각각의 문화에 맞게 모델이 적용되어야 한다. 그리고 현실에 적용 가능한 모델들이 연구되고 더 나아가 지속적으로 제시되어야 할 것이다.

〈도표 8〉 상황화 신학의 모델 지도

　이 모델에서는 그리스도인들의 행동을 중요시한다. 그리고 이런 행동은 사악한 이 세상과는 잘못된 구조에 대항하기 위해서는 필수적인 것이라고 말한다.384) 그러나 오늘날 급진적(radical) 다원성과 불확실성이 있는 세계 안에서 그 질문에 대한 가장 최상의 대답은 오직 "그것은 상황에 따라 다르다(It depends on the context)."라는 것이다.385)

383) 김동선, "선교와 복음의 상황화", 『신학이해』 (1997, 9월), 277-278.
384) Stephen B. Bevans, *Models of Contextual Theology*, 66.
385) Stephen B. Bevans, *Models of Contextual Theology*, 112.

제7장
비판적 상황화

선교는 타문화권(cross-cultural) 속에서 복음을 전하는 예수님의 지상위임령(the Great Commission) 성취의 과정이다. 이러한 과정에서 복음의 핵심적인 메시지를 보존하는 동시에 문화에 적응하며 궁극적으로 문화 변혁을 일으키는 것이 상황화의 과제이다.386) 그래서 복음을 전해야 하는 세계화(Globalization)의 관점에서 보면, 비판적 상황화가 요구된다. 비판적 상황화는 복음을 외부로부터 문화를 보는 계속적인 반응이다.387) 비판적 상황화(critical contextualization)의 개념은 폴 히버트(Paul G. Hiebert)에 의해서 발전되었다. 히버트는 종교적 혼합주의(Syncretism) 및 민족우월주의(Ethnocenturism)에 대한 대안으로 비판적 상황화를 세 가지로 제시하였다.388)

첫째, 비판적 상황화는 성서를 신앙과 삶의 기준으로서 심각하게 취급한다. 즉 성서가 문화를 판단하는 잣대의 역할을 해야 한다.

둘째, 비판적 상황화는 하나님의 인도하심을 따라 살아가는 신자

---

386) 정경호, 『바울의 선교신학』 (서울: 기독교문서선교회, 2009), 48.

387) Paul G. Hiebert, *Anthropological Reflections on Missiological Issues*, 64.

388) Paul G. Hiebert, 『선교와 문화인류학』, 261-270.

들의 삶 가운데서 성령의 역사를 인정한다.

셋째, 비판적 상황화는 교회로 하여금 해석학적 공동체의 역할을 감당하도록 한다. 따라서 교회는 성서 해석의 오류를 방지하도록 하며, 성서적 진리를 그들의 삶 속에 적용하기 위해 노력한다.

그러므로 비판적 상황화는 성령의 인도를 받는 자유와 성서를 떠나지 않는 재한 속에서 무비판적 상황화와 상황화의 거부 사이에서 균형을 유지하려고 한다. 더 나아가 복음과 문화 사이에서도 균형을 유지하려고 한다. 따라서 비판적 상황화는 다양한 문화적 형태를 매체로 하여 동일한 복음을 효과적으로 전하여 회심을 불러일으킬 뿐만 아니라 사회를 변화시키는 것을 촉구하는 것이다.

상황화에 임하는 목회자와 선교사는 무엇보다도 성령의 인도하심에 의지해야 하며, 성경의 지식을 성령의 인도에 따라 문화적 이해를 전제로 표현하도록 시도해야 할 것이다. 이러한 상황화의 패러다임은 세계관과 언어형태, 그리고 행위 패턴, 전달매체, 사회구조 등과 같은 모든 사회 현상들을 포함해서 문화적, 종교적 현상 속에서 상황화를 수행할 수 있는 참여 능력을 갖게 되는 것이다. 그래서 비판적 상황화에서 논의된 문제들은 끊임없이 점검되고 평가되어야 할 것이다.[389]

선교사들은 복음이 전해지지 않은 새로운 지역으로 갈 때 결코 종교와 문화의 진공 상태(black hole) 속으로 들어가는 것이 아니다.[390] 비록 성경이 절대성을 가진 고귀한 진리이지만 인간이 존재하는 상황을 무시할 수 없다.[391] 오히려 그들은 그 사회에 들어가 사람들의 필

---

389) 정흥호, 『복음과 상황화』, 177-189

390) Paul G. Hiebert, *Anthropological Reflections on Missiological Issues*, 75.

391) 조귀삼, "조상제사의 비평적 상황화 선교 연구", 122.

요를 공급해 주며, 인간의 삶을 가능하게 해 주는 잘 발달된 문화를 가지고 있다는 사실을 발견하게 된다. 또한 그들이 가지고 있는 심각한 많은 질문들에 대한 대답을 주는 종교와 철학의 신념들도 발견하게 된다. 그래서 선교사나 그리스도인들은 이러한 기존의 문화적 신념과 관습을 어떻게 다루어야 할 것인가? 그것이 악한 것인지 아니면 선한 것인가?[392] 이것이 선교전략에 있어서 우선 고려되어야 할 사항이다. 비판적 상황화(critical contextualization)는 네 가지 단계를 필요로 한다.[393]

민간 종교의 종교적 신념들과 행위들	적절한 방법들					결과
	1단계 현상학적 분석	2단계 존재론적 숙고	3단계 비판적 평가	4단계 선교학적 변혁	→	비판적 상황화
	부적절한 반응들				→	혼합주의
	옛 신념들과 신앙 행위들에 대한 부정과 정죄					
	옛 신념들과 신앙 행위들에 대한 무비판적 수용					

〈도표 9〉 비판적 상황화

첫째, 현상학적 분석 방법론이다. 이것은 지역의 문화를 현상학적으로 연구하는 것을 말한다. 사람들을 정죄하기 이전에 먼저 그들의 신념들을 이해하는 것이 중요하다. 그렇지 않으면 사람들은 신념들에 근거하여 행동함으로써 사람들을 깊이 이해하기도 전에 너무 쉽게 정죄한다.

따라서 교회들은 어떤 영역을 다룰 필요를 인식함에 있어서 그 지

---

392) Paul G. Hiebert, *Anthropological Insights for Missionaries*, 171.

393) Paul G. Hiebert, R. Daniel Shaw, Tite Tiennou, *Understanding Fork Religion* (Michigan: Baker Book House, 1999), 21-29.

역의 교회 지도자들과 선교사들은 다루려고 하는 문제들과 관련된 전통적 신념들에 대한 자료를 수집하고 분석하여 회중을 선도해야 한다. 예를 들면, 그리스도인들이 죽은 사람을 어떻게 장사 지낼지에 대한 물음에 대해 해당 지역의 그리스도인들은 그들의 전통적인 의식들을 분석함으로써 시작해야 한다. 우선적으로 옛 의식을 구성하는 각 노래, 춤, 송영, 의례를 묘사한 다음 전체적인 의식에서의 그 의미에 대해 토의해야 할 것이다.

한 문화를 연구한다는 것은 사람들이 세계를 구성하기 위해 사용하는 범부, 전체, 논리를 이해한다는 것을 의미한다. 이것은 조심스러운 관찰과 연구를 필요로 한다. 부분적이지만 인류학적 모델에 따르면, 선교사들은 한 종족 속에 사는데 그들의 언어를 배우고, 그들의 문화적 행위들을 연구하면서 그들에게 질문해 온 것이다. 선교사들은 묘사를 하고 범주화하는 것으로 시작해서 이것들을 더 큰 신념과 세계관의 체제의 일부로 이해하려고 하였다. 이 과정에서 선교사들은 그 사람들이 살아가는 세계를 부분적이지만 이해할 때까지 그 사람들이 말하는 것의 진실성에 대한 판단을 미루어야 한다. 왜냐하면 섣부른 판단이 일반적으로 잘못될 수 있으며, 외부자들이 의심하거나 충격을 받으면 사람들이 그들의 깊은 내적 갈등에 대해 말하지 않을 것이다. 이러한 단계에서 목적은 옛 방식들을 이해하는 것이지 정죄하는 것이 아니다.

또한 그 지역의 사람들이 사는 세계를 연구한 다음에 선교사는 자기 자신의 범주, 가정, 신념, 세계관들을 연구하여 이러한 것이 자신의 사고방식을 어떻게 형성해 왔는지를 이해해야 한다. 그들의 관점은 성경적인 진리에 기초했을 뿐만 아니라 그들의 문화적 편견을 보는 것이 다른 문화권의 편견들을 보는 것보다 더 어려운 것이다. 그러나 편견이라는 것은 사고의 대상이라기보다 사고를 하는 수단으로 작용하기 때문이다. 실재(reality)에 대한 이러한 두 내부자적 관점, 혹은 내관(emic)은 선교사들과 교회 지도자들이 먼저 그 사람들이 보는 대로 다음에 자신이 보는 대로 그 세계를 보도록 돕는다.394) 그러나 문화 간의 의사소통, 문화 간 비교의 틀을 위한 다리를 놓아주지는 않는다. 두 개 이상의 문화에서 깊이 사는 것을 배움으로써 사람들은 한 구체적인 문화의 밖에 존재하는 메타문화적인 구도, 혹은 분석적 틀을 구축하는 것을 배운다. 외부 관찰자의 이러한 외관은 선교사들과 같이 이중문화적인 사람들이 문화와 언어들 사이에서 번역을 하면서 비교할 수 있게 한다.

실재(reality)에 대한 내관과 외관은 서로에게서 분리되어서는 안 된다. 선교사들은 그들이 섬기는 사람들이 보는 대로 세계를 보는 법으로 배움으로써 시작해야 한다. 선교사들은 그들이 섬기는 구체적인 사람들을 오해하지 않기 위해서 끊임없이 내관적 분석을 반복해야 한다. 동시에 문화들을 묘사하고 비교하는 메타 문화적 구도를 개발해야 한다. 선교사들은 참여 관찰자로 현지인들과 동일시(identification)되고 이해하려고 노력해야 한다. 또한 관찰자로 다른 문화들을 연구하고 비교하여 평가해야 한다. 선교사들은 문화적 매개자들로서 구체적인 문화적 상황 사이에서 복음을 전해야 한다. 물론 새로운 문화적 상황에서 하룻밤 사이에 복음화가 이루어지지는 않지만 모국의 파송교회들은 선교지의 개척 교회들을 이해하도록 도울 뿐만 아니라 선교지의 개척

---

394) 내관적 묘사는 선교사 혹은 과학자로서가 아니라 현지인들의 입장에서 세계관을 이해하려고 하는 것을 말한다.

교회들이 파송교회들을 이해하고 감사하도록 도와야 할 것이다.

둘째, 존재론적 비평 방법론이다. 이것은 외부자들이 다른 문화들을 이해하며, 정확한 정보에 기초하여 판단을 내릴 수 있도록 돕는 것을 말한다. 그러나 그러한 판단의 기준을 제공하지 않으면 현상학적 분석에서 멈춰져 문화적 상대주의(Relativism)로 끝나는 경우가 있다. 결국 문화 상대주의(Relativism)는 과학과 종교, 그리고 모든 인간 지식의 체계를 총체적으로 불신하게 되는 오류를 범하게 된다. 따라서 목회자와 선교사, 혹은 그리스도인들은 현상학을 넘어서 다른 신념과 가치들에 속한 진리 주장들을 위해서 검증하는 존재론적 평가로 발전해야 한다. 그것은 두 가지 진리에 대한 검증으로 성경과 객관적 실재의 검증으로 볼 수 있다. 여기서 성경은 모든 그리스도인들에게 있어서 근본적인 진리를 검증하는 하나님의 관점이다. 예를 들면, 장례 문화에 있어서 지도자는 죽음과 부활에 대한 기독교의 세계관에 대해 가르쳐야 한다. 이것은 목회자와 선교사의 중요한 역할로 신학적인 기준의 전문성이 결여되면 안 될 것이다. 또한 실재의 검증은 모든 사람들이 자신의 생각들을 검증하기 위해 경험을 말한다. 예를 들면, 한 사람이 들판에 소가 열 마리 있다고 한다. 그러나 다른 한 사람은 열한 마리라고 한다면 누가 정확하게 맞는지 수를 센다. 물론 현대 과학은 실재 검증의 사용을 조직화하지만 모든 문화는 관찰과 이성적 추론, 그리고 독립적 증명에 근거한 과학들을 가지고 있다. 이러한 존재론적 비평 방법론은 사람들로 하여금 다른 문화들에 대한 진리 주장들을 비교할 뿐만 아니라 검증하도록 한다.

셋째, 비판적 평가 방법론이다. 이것은 교회들이 그들의 기존의 신념들과 관습들을 새로운 성경 이해에서 평가하고 새롭게 발견된 진리에 기초하여 결정하는 것을 말한다. 복음은 단순히 전달되는 것을 뛰어넘어 사람들이 반응해야 할 메시지이다.

선교를 함에 있어 이러한 상황화의 기능은 비평의 기능이다. 목회자와 선교사는 상황화를 하는 이유가 복음이 느껴지도록 하기 위함이다. 그러나 문화에 대한 복음적인 비평은 종종 사람들을 기분 상하게 할 수 있다. 그러나 그것은 잘못된 것이 아니라 정당한 이유 때문에 사람들을 기분 나쁘게 할 수 있음을 분명히 할 필요가 있다. 좋은 상황화는 교회로 하여금 올바른 이유 때문에 사람들을 마음 상하게 할 수 있다는 전제를 알 필요가 있다.395)

사람들은 지난 과거의 신념들에 대해, 그리고 신앙 행위들을 변형시켜서 거기에 명백한 기독교적인 의미를 부여하기도 한다. 예를 들면, 찰스 웨슬리(Charles Wesley)는 유흥업소의 대중가요의 멜로디를 사용하여 거기에 기독교적인 가사를 붙였다.

이러한 긍정적인 상황화는 초기 기독교인들이 유대 회당을 예배 양식으로 신앙에 적합하게 사용했던 것과 같다.396) 이것은 복음이 예루살렘 외각으로 퍼져 나가면서 회당은 유대인들 사이에 복음을 전하는 데 있어 선교의 중요한 모판의 역할을 하였기 때문이다. 그래서 현지인이 구체적인 문화에 자생적인 형태로 기독교 신앙을 전할 새로운 상징들과 의식들을 창조할 수도 있다.

그래서 웨슬리적인 기독교 방식은 **빠르게** 변화하고 있는 사회의

---

395) Charles H. Kraft, 『말씀과 문화에 적합한 기독교』, 103.

396) 사도 바울과 초기 전도자들은 유대인의 회당을 전도의 기회로 사용하였다. 10명의 남자 지도자들이 있는 곳에는 어디나 유대 공동체가 세워졌다. 회당은 주전 2세기 말까지 유대인의 예배 중심지나 핵심기관이 아니라 경건자들의 모임이었다. 회당은 모임장소, 기도장소, 성소, 기도처, 안식일 모임장소, 학당, 성전 등의 의미로 사용되었다. 그리고 대체로 회당은 접근이 쉬운 성문 곁이나 원형 경기장, 극장, 동물원, 체육관 근처에서 모임이 형성되어 옥외집회나 옥내집회를 가져 난민이나 이주민의 법정역할을 하였다.

대다수 사람들에게 보다 적합한 상황화이었다.397) 목회자와 선교사들은 그들이 선택한 신앙 행위들을 기독교적 의미를 표현하는 새로운 방식으로 정렬하도록 기도해야 한다.

마지막으로 넷째, 선교학적 변혁 방법론이다. 이것은 사람들이 있는 곳에서 하나님이 원하시는 곳으로 옮겨 가도록 돕는 변화를 일으키는 것을 말한다. 목회자와 선교사들은 사람들이 단순히 과거 방식들을 버리고 새로운 것들을 선택하기만을 기대할 수는 없다. 사람들은 변혁의 과정을 통해 지금 있는 곳에서 나아갈 수 있다. 이것은 사회와 문화 체제에 대해서뿐만 아니라 개인들에 대해서도 포함된다. 그래서 복음은 구체적인 장소와 시간에 살고 있으며, 고유한 딜레마에 처해 있는 사람들을 위한 진리이다. 이러한 관점에서 비판적 상황화(critical contextualization)의 개념을 제시해서 그리스도인들이 당면하는 민간종교에 대해 성경 선교신학적인 생각을 할 수 있도록 하는 것이다. 그것은 민간종교를 다루는 간단한 성경선교신학적인 지침을 제공하고 관련된 공통의 위험에 대해 다루고, 지역 교회들이 성령의 인도하심 아래 성경을 탐구하도록 하는 단계들을 제시하여 사람들이 비그리스도적 상황에서 예수 그리스도의 신실한 일꾼으로 살도록 돕는다.

비판적 상황화(critical contextualization)라는 것은 문화 속에 있는 악하지 않는 요소들을 찾아내어 기독교적 기능적 대체를 만들어 주는 것이다.398) 따라서 목회자와 선교사는 이런 비판적 상황화의 평가의 결과를 통해 계속 유지할 것인지, 아니면 거부해 버릴 것인지, 그것도 아니면 의미의 수정을 통해서 수용할 것인지를 견지해야 할 것이다.399)

---

397) Charles H. Kraft, 『말씀과 문화에 적합한 기독교』, 104.
398) 이재완, 『선교인류학적 관점에서 본 선교와 문화이해』, 237.
399) 조귀삼, "조상제사의 비평적 상황화 선교 연구", 124.

제8장
성육신적 모델

예수님의 성육신은 타문화권(cross-cultural) 선교사역에서 최고의 모델이다. 상황화 과정에서 가장 중요한 핵심은 예수 그리스도의 성육신 사건에서 찾아볼 수 있다. 선교를 함에 있어서 현지인들에게 진정으로 필요한 것은 예수 그리스도와 하나님의 나라의 복음이다. 이 방법은 예수님의 총체적인 선교전략으로 그분은 각성과 마을로 두루 다니시며 말씀을 선포(preaching)와 제자양육(teaching), 그리고 섬김(serving, Healing, Feeding, Forgiving, Freeing)이었다. 그리고 배고픈 무리들을 먹이셨고, 병든 자들을 치유하셨고, 장애인들을 온전히 하셨다. 또한 예수님께서 무리를 보시고 불쌍히 여기셨고, 그를 십자가에 처형한 자들을 위하여 용서의 기도를 하셨다(마 9:35-38; 눅 23:34). 이러한 예수님의 선교의 방법은 성육신의 모델을 통해서 엿볼 수 있다.

찰스 크래프트(Charles H. Kraft)는 성육신에 대하여 말하기를, "타문화 사역에 대한 하나의 모델로서 우리에게 복음은 상황화되어야 하고, 기독교는 다른 문화권 가운데에 적합한 방법으로 의사소통이 이루어져야 하며 실천되어야 한다."라고 하였다.400) 하나님께서는 성육신하신 예수님을 통해 유대 문화에 접근하여 침투하셨다. 이처럼 목회자와 선교사는 섬기는 사람들의 문화 외곽을 겉도는 것이 아니라 그들의 문화 중심 속에 깊이 스며들어 그들의 심장으로 언어를 구사하여 그들의 깊은 문화 속까지 적응해야 한다.401)

이러한 상황화의 성육신적 의미는 구체적으로 하나님의 말씀이 우리 가운데 상황화된다는 말이다. 그것은 예수 그리스도가 바로 하나님과 인간과의 화해자로 오신다는 것이다. 하늘에 머물러 있지 않으시고 이 땅에 내려 오셔서 인간과의 대화를 시작하시는 것이다. 그래서 그리스도인에게 있어서 상황화는 하나님이시며, 인간이신 예수 그리스도의 중재 없이는 하나님이시든 인간이든 이해할 수 없다는 의미로 상황화는 신학적 필수적인 조건이라고 강조한다.402) 이러한 성육신적인 원리의 위반은 선교를 함에 있어 역기능을 만드는 지름길이다. 성육신적인 원리를 위반하는 선교는 머리 잘린 삼손과 오일이 떨어진 등불과 같은 것이며, 성령을 떠난 교회와 같아서 겉만 화려한 알맹이가 없는 빈 선교에 불과하다.403)

그러나 18세기 평신도 선교의 신선한 바람을 일으켰던 모라비안 선교사들은 노예에게 복음을 전하기 위해서 그들 스스로 노예가 되었다. 모라비안 형제들은 사람들의 영혼을 사랑하는 최고의 비밀이 그들이 구원자이신 하나님을 사랑하는 데서부터 시작된다고 배웠기 때문에, 그들이 노예를 얻기 위해서 노예가 되는 것은 성육신의 원리라고 볼 수 있다.404)

---

400) Charles H. Kraft, 『말씀과 문화에 적합한 기독교』, 97.

401) 김대순, "21세기 선교 발전을 위한 성육신(成肉身) 원리의 재평가", 『한국선교 KMQ』 통권 32호 (2009, 12월), 133.

402) 이재완, 『선교인류학적 관점에서 본 선교와 문화이해』, 280.

403) 김대순, "21세기 선교 발전을 위한 성육신(成肉身) 원리의 재평가", 131.

이러한 관점의 원리는 존 웨슬리의 선교사역 방법론에서 볼 때, 성육신적인 모델의 사역이었다.405) 웨슬리는 성육신적 사역(incarnational ministry)에 대하여 말하기를, "교회를 개척하는 일은 하나님과 사람이 함께 하는 작업이다. 하나님께서는 사람들의 삶 가운데 역사하셔서 죄에서 불러내시며, 당신의 부르심에 응답하도록 능력을 주시며 그리고 궁극적으로 그들

중국 내지 선교의 선봉자 허드슨 테일러

을 믿음의 공동체로 모으신다. 어떤 의미에서 교회는 거룩하면서도 인간적이라는 측면에서 성육신을 반영한다. 한편 사람들은 다른 이들을 교회로 이끌어서 그들을 성숙한 그리스도인으로 훈련시킨다. 복음전도자들과 교회 개척자들은 사람들을 초대하여 하나님과 만나게 하며, 지역교회에서 서로 간에 영적인 삶을 나누게 한다."라고 언급하였다.406) 그것뿐만 아니라 웨슬리는 영국 사회의 종교와 사회 현실을 외면하지 않았고, 선교적(missional) 대안을 가지고 응답하는 선교방법론의 펼쳤다.407)

19세기 중국에서 선교했던 허드슨 테일러(Hudson Taylor, 1832~1905)의 경우, 그는 중국 사람처럼 옷을 입고 식생활을 하였으며, 그들의

404) 김대순. "21세기 선교 발전을 위한 성육신(成肉身) 원리의 재평가", 134.

405) 이재완. 『요한 웨슬리와 선교』 (서울: 한들출판사, 2004), 246.

406) Paul G. Hiebert & Eloise Hiebert Meneses, *Incarnational Ministry: planting churches in band, tribal, peasant, and urban societies*, 367-369.

407) 이재완. 『요한 웨슬리와 선교』, 247.

캐나다 조선선교사 파송의 개척자,
윌리엄 매켄지 선교사

가슴 깊은 언어를 구사하면서 선교사에게 필수적인 성육신의 삶을 살려고 몸부림을 쳐서 위대한 성육신의 건전한 모델을 남겼다. 이제 147년이 지났지만 21세기 선교에 있어서 여전히 성육신의 원리는 실행되고 있는지 재평가가 필요하다.[408]

1893년 10월 캐나다를 출발해 부산과 제물포를 거쳐 그해 12월에 도착한 윌리엄 매켄지(William J. Mckenzie, 1861~1895) 선교사는 서울에서 두 달을 보내고 가능한 빨리 한국어를 배우고 한국인들을 위해 일하려고 선교사들이 없는 지역으로 가기로 하였다. 1894년 2월 황해도 장연군 대구면 솔내(소래)로 갔다. 이미 이곳에는 선교사가 입국하기 전에 1883년에 한국인들에 의해 설립된 자생적인 교회인 솔내(소래)교회가 있었다. 여기서 그는 서경조와 그의 동료들의 도움과 협조를 받으며 동역하였다. 이곳에서 매켄지는 한국에 온 대부분의 선교사들과는 다른 방식으로 살았다.[409]

사실 미국은 세계 선교에 적극적으로 참여하기 시작한 1830년대 이후 서양의 선교사들 경우 피선교지에서 자신들의 문화와 생활양식을 선교지에 점진적으로 적응하여 이상적인 모형으로 여기고 있었다. 그러나 매켄지는 그와 반대로 피선교지인과의 밀접한 관계와 동일시

---

408) 김대순, "21세기 선교 발전을 위한 성육신(成肉身) 원리의 재평가", 132.
409) 이상규, "윌리엄 매켄지", 『한국선교 KMQ』 통권 7호(2003, 3월), 95-96.

월리엄 매켄지 선교사가 살다 돌아가신 초가집

를 위해서는 신속한 문화적 적응이 필요하다고 보았다. 그래서 그는 한복을 입고 한국음식을 먹었으며, 한옥에서 살았다.[410] 그러나 초기 내한 미국 선교사들은 자기들의 방식으로 주택을 지었으며, 미국이나 일본에서 가져온 음식을 먹으며 살았다. 매켄지는 한국인들의 생활 습관을 배우며, 농번기 때는 한국인들과 함께 농사일에 동참하기도 하였다. 이런 그의 삶의 방식은 곧 한국인들의 존경과 신뢰를 받게 되었고, 그의 선교사역에도 상당한 효과적인 열매를 가져다주었다. 1895년 7월 3일에는 외국 선교부의 도움이나 후원 없이 한국인들의 헌금과 봉사로 새로운 예배당을 건축하고 헌당식을 거행하였다. 이 교회는 예배뿐만 아니라 교육 공간과 치료소로도 활용되었다.[411] 매 켄지는 34세라는 짧은 생애를 살았지만 그의 성육신적인 선교사역은 새로운 결실을 가져다주어 캐나다 장로교가 한국 선교를 시작하게

410) 이상규, "윌리엄 매켄지", 96.
411) 이상규, "윌리엄 매켄지", 96.

된 것이다.

인간의 몸을 입고 인간의 문화 속으로 들어오신 성육신 사건 안에 계시된 하나님의 사랑은 현재라는 시간과 장소, 그리고 현재의 구체적인 상황 안에서도 계속된다. 이때 선교는 한 인간으로 오셔서 하나님의 선교(Missio Dei)에 응답한 예수의 삶에 주어진 상황 안에서 재현하는 새로운 공동체(community)를 위한 하나님의 초대를 기꺼이 받아들이는 행위라고 본다. 그래서 상황은 그 본질상 성례적인 특성을 가진다. 이러한 점에서 상황화는 복음의 진리를 감추거나 왜곡시키고 있다는 부정적인 시각에서보다는 계시의 보다 풍성함을 찾아가는 모험이라는 긍정적인 측면에서 이해되어야 한다.412)

선교사역을 함에 있어 선교사는 성경 본문과 인간적 상황을 넘어서는 이해를 해야 한다. 왜냐하면 선교사는 사람들의 다양한 삶의 현장 속에서 거룩한 계시를 선포해야 하기 때문이다. 이러한 부분에서 성육신은 선교사가 사역에 임할 때 좋은 모델이 된다. 예수 그리스도께서는 특정 시대와 환경 속에서 생활을 선택하셨다. 이처럼 선교사의 사역도 섬기는 사람들의 삶의 상황 속으로 성육신되어야 한다.413) 만일 우리가 복음을 상황화하지 않고, 한국의 언어로 선포하여 한국의 문화적 관점에서 선교를 진행한다면, 사람들은 복음을 이해할 수 없을 뿐만 아니라 외국 문화로 인식하여 복음을 거부하게 될 것이다.

---

412) 김동선, "선교와 복음의 상황화", 279.

413) Paul G. Hiebert & Eloise Hiebert Meneses, *Incarnational Ministry: planting churches in band, tribal, peasant, and urban societies*, 370.

1. 사회적 상황화(Social Contextualization)

성육신은 인간관계의 모델이 된다. 선교사는 자신이 섬기고 있는 사람들과 자신을 동화시켜야 한다. 선교사는 현지인들과 더불어 살아야 하며, 그들의 언어를 습득해야 한다. 또한 그들의 문화적 방식에 적응해야 하며, 그들과 더불어 사역을 해야 할 것이다. 사람들과 하나됨은 신뢰를 얻을 수 있을 뿐만 아니라 그 결과로 해당되는 현지인들은 선교사가 전하는 말을 듣게 된다.414) 예수 그리스도는 자신이 완전한 인간이 되셨을 때에도 동시에 완전한 하나님이셨다. 선교사들 역시 이런 점을 고려해야만 할 것이다.

따라서 선교사들은 사회와 문화적으로 내부자(insider)이면서 동시에 외부자(outsider)가 되어야 한다.415) 선교사들은 신뢰를 받고 현지인들로 하여금 자신의 말을 듣게 한다는 면에서 내부자이어야 한다. 동시에 그는 예수 그리스도의 구원과 그의 왕국에 대한 소식을 전하기 위해 보내심을 받은 전파자이어야 하는 것이다.416) 예를 들면, 교회의 시스템의 방식이 지역의 사회 질서에 적응되어야 한다는 인식들이 확산되고 있다. 교회의 리더십 유형이 해당 사회의 지도자들이

---

414) Paul G. Hiebert & Eloise Hiebert Meneses, *Incarnational Ministry: planting churches in band, tribal, peasant, and urban societies*, 371.

415) 외부자의 문제는 기독교의 전파에 대해 수용자 중심의 접근방법에 대해 관심을 기울어야 하는 타문화 사역자가 직면하는 문제를 말한다. 이러한 외부주의 문제점들을 살펴보면, 첫째, 상황화의 더 넓은 개념이다. 둘째, 실행의 부족이다. 셋째, 알지만 행하지 않는 것이다. 넷째, 훈련의 부족이다. 마지막으로 다섯째, 비상황화된 교회들이 흔히 더욱 성공한 것으로 보이기 때문이다. 또한 내부자의 문제점을 살펴보면, 첫째, 기대들과 평판이다. 둘째, 좀처럼 죽지 않는 전통이다. 셋째, 혼합주의에 대한 두려움이다. 마지막으로 셋째, 모든 회심자들이 대가를 치러야 하기 때문이다. Charles H. Kraft, 『말씀과 문화에 적합한 기독교』, 121-139.

416) Paul G. Hiebert & Eloise Hiebert Meneses, *Incarnational Ministry: planting churches in band, tribal, peasant, and urban societies*, 371.

조직하는 방식에 따르고 있다. 결정이 사회적 합의에 기초하여 이루어지는 사회들에 있는 교회는 조화와 일치를 강조할 것이다. 민주적인 사회의 교회에서는 행동을 결정하기 위해 투표가 실시된다. 만일 선교사가 투표를 실시한 적이 없는 사회에서 투표를 실시한다면 그 결과는 혼란을 야기할 수 있다.[417] 선교사는 복음뿐만 아니라 교회의 정치제도도 역시 상황화해야 할 것이다.

2. 문화적 상황화(Cultural Contextualization)

메시지의 상황화는 문화적 차원에서 이루어져야 한다. 선교사는 해당 언어를 잘 습득하는 것으로부터 시작함으로써 섬기고 있는 현지인들의 사고방식으로 복음을 전할 수 있다. 선교사가 그렇게 하지 않으면 해당 현지인들은 전혀 이해할 수 없는 범주들을 통해 말하려는 위험성을 저지르게 될 것이다.[418] 선교사는 성경을 지역 언어로 번역해야 한다. 예수 그리스도께서 인간의 몸을 입고 이 세상에 오신 것은 완전한 하나님의 뜻이었다. 그래서 다른 언어로 번역된 성경은 거룩한 계시가 되어야 한다. 물론 성경을 번역하는 것은 쉬운 일이 아니다. 번역은 단순히 어떤 언어의 단어를 다른 언어로 바꾸는 것이 아니라 언어는 사고의 범주와 신앙, 그리고 사람들의 세계관을 표현한다.[419] 따라서 선교사가 언어를 번역할 때 현지인의 언어가 지니는

---

417) Paul G. Hiebert & Eloise Hiebert Meneses, *Incarnational Ministry: planting churches in band, tribal, peasant, and urban societies*, 371.

418) Paul G. Hiebert & Eloise Hiebert Meneses, *Incarnational Ministry: planting churches in band, tribal, peasant, and urban societies*, 371.

419) Paul G. Hiebert & Eloise Hiebert Meneses, *Incarnational Ministry: planting churches in band, tribal, peasant, and urban societies*, 372.

깊은 의미들을 다루어야 한다. 그렇지 않으면 메시지의 의미가 엄청나게 왜곡될 것이다.

상황화는 이보다 더 진전되어 선교사들은 현지인들이 이해하고 자신들이 받아들인 새로운 신앙을 표현할 수 있는 상징들과 문화 형태들을 찾아야 한다. 예를 들면, 의상이라든지 건축형태와 예배형태, 그리고 결혼식과 장례식, 노래 등을 적용시키는 것을 포함한다. 이렇게 복음의 소식은 사람들이 이해하는 방식으로 전달되어야 한다. 문맹자들이 있다면 그들에게 이야기나 의례 혹은 드라마가 복음을 전하는 데 효과적인 수단이 될 것이다. 글을 이해하는 사람들에게는 소책자와 팸플릿, 그리고 그 외에 다른 문서를 이용할 수도 있다.[420] 복음을 전달하는 사고의 범주들과 비유들 역시 사람들이 이해할 수 있게 만드는 도구가 된다. 선교사들은 신학화 작업을 위해 배워야 한다. 현지인들이 소유하는 신학적 사고의 많은 부분은 그들이 직면하는 삶의 주제들과 연관 지어야 할 것이다. 상황화는 이러한 사람들의 믿음과 충성심을 형성해 주는 세계관들을 다룬다. 세계관(worldview)은 사람들의 눈에 보이지 않기 때문에 이러한 차원의 상황화를 무시할 수도 있다. 만일 선교사가 복음을 명백히 드러난 신앙의 차원에서만 전한다면 회심하지 않은 세계관이 말씀의 의미를 희석시키고 왜곡시킬 것이다.[421]

상황화는 상대방의 세계관을 이해하지 않고는 불가능하다. 예를 들면, 이슬람권에서 상황화를 하기 위해서는 모슬렘들이 가지고 있는

---

420) Paul G. Hiebert & Eloise Hiebert Meneses, *Incarnational Ministry: planting churches in band, tribal, peasant, and urban societies*, 373.

421) Paul G. Hiebert & Eloise Hiebert Meneses, *Incarnational Ministry: planting churches in band, tribal, peasant, and urban societies*, 372-373.

문화적 접촉점을 이해하고, 그다음 거기서 시작해서 그들이 갖고 있는 신, 죄, 인간, 심판 등의 세계관을 알아야 한다. 이러한 과정을 통해서 그들에게 성서로부터 나온 적합한 메시지를 전달할 수 있다.[422] 이러한 상황화를 위한 선교사의 노력에는 다소간의 갈등이 있을 수 있다. 선교사는 거룩한 메시지를 선포하지만 이러한 선포는 인간의 언어와 문화로 선포되어야 한다. 선교사는 복음의 메시지를 전하는 일에 헌신된 사람으로 각각의 상황 속에 처해 있는 사람들에게 복음을 전해야 한다.[423]

이런 상황화된 의사 전달의 목표는 궁극적으로 모슬렘이 예수 그리스도를 통해 진정한 하나님을 알게 되는 것이다. 이는 곧 새로운 성경적 세계관을 갖는 출발점이 된다. 그러나 반대로 상황화를 하지 않는다면, 상대방이 성경적 세계관을 갖도록 세계관의 변화에 영향을 줄 수 없는 결과를 초래하게 된다.[424] 따라서 선교사들은 세계관의 변화를 위해서 문화적 상황화에 대한 충분한 이해가 되어 있어야 현지인이 성경적 세계관을 갖게 할 수 있다.

3. 성육신하신 예수 그리스도(The Incarnate Jesus Christ)

많은 선교사들과 미국 내 도시교회 개척자들의 가장 어려운 점은 삶의 자리를 옮겨야 한다는 것이다. 그것이 가난한 자들을 위한 사람이라면 가난한 자들 가운데 행해져야 한다는 점이다. 예수님은 우리

---

422) 이태웅. "성숙한 선교는 세계관의 변화를 목표로 해야 한다",『현대선교』12권 (1999, 10월), 10.

423) Paul G. Hiebert & Eloise Hiebert Meneses, *Incarnational Ministry: planting churches in band, tribal, peasant, and urban societies*, 373.

424) 이태웅. "성숙한 선교는 세계관의 변화를 목표로 해야 한다", 10.

를 위해 자신의 삶의 자리를 옮기셨다. 따라서 우리는 그분이 죽기까지 사랑하신 사람들을 위해 우리의 삶의 자리를 옮겨야 한다. 이것은 지리적인 차원에서만의 이전을 뜻하지 않고 생활방식의 패러다임의 전환을 의미한다.425)

가난한 자들에게 복음을 전하기 위해 선교사와 목회자는 먼저 가난한 자들의 속으로 들어가야 한다. 이러한 성육신적 접근에 대해 선교사나 목회자들이 부담을 가질 수도 있지만 성육신은 반드시 필요하다.426)

"그러므로 우리가 그리스도를 대신하여 사신이 되어 하나님이 우리를 통하여 너희를 권면하시는 것같이 그리스도를 대신하여 간청하노니 너희는 하나님과 화목하라"(고후 5:20)

고린도후서 5:20에 의하면, 타문화권(cross-cultural)에서 성육신적 목회자와 선교사, 그리고 그리스도인이 된다는 것은 무엇보다도 예수 그리스도의 대사가 되어 예수 그리스도께서 사신 것처럼 복음을 따라 살고, 예수 그리스도께서 말씀하셨던 것처럼 말하며, 예수 그리스께서 섬기셨던 것처럼 섬기는 것이다.427)

성육신적 사역(incarnational ministry)은 선교가 시작부터 마지막까지 하나님의 사역이라는 점이다. 하나님께서 선교 사역 가운데 임재하셔서 계시지 않는다면 선교사와 메시지, 그리고 교회의 성육신은 의미를 잃고 말 것이다. 선교사는 선교지에 도착하기도 전에 하나님께서 복음의 소식을 들을 수 있도록 그들의 마음을 준비시키고, 성령

---

425) Harvie M. Conn & Manuel Ortiz, 『도시목회와 선교』, 412.

426) Harvie M. Conn & Manuel Ortiz, 『도시목회와 선교』, 412.

427) Harvie M. Conn & Manuel Ortiz, 『도시목회와 선교』, 412.

께서 그들에게 말씀을 통해 나타내시고, 십자가의 능력을 통해 그들을 변화시킴으로 그들 가운데 성육신하셨기 때문에 우리도 성육신해야만 할 것이다.[428]

하나님은 예수님의 성육신을 통하여 선교가 성취된 것처럼, 예수님은 그 당시 제자들과 21세기 교회들을 향하여 명확하게 요한복음 20:21을 통해 "예수께서 또 이르시되 너희에게 평강이 있을지어다 아버지께서 나를 보내신 것같이 나도 너희를 보내노라."라고 말씀하셨다.

그래서 예수님은 제자훈련을 통하여 가르치셨다. 첫째, 예수님은 아버지 하나님과 제자들과의 관계 속에서 상황화를 실천하셨으며, 그러한 관계를 통해 자신을 친히 보여 주셨다. 이러한 상황 속에서, 예수님은 사람들을 자유케 하기 위해 어떻게 권능과 능력으로 일하는지를 보이셨다. 그리고 그는 관계에 대해 설명하였고, 더 나아가 더 든든한 관계를 보여 주기 위해 그의 진리에 대한 가르침을 그것에 대한 실천과 함께 보이셨다.[429] 따라서 목회자와 선교사는 반드시 성육신적인 관계와 사역, 그리고 가르침을 상황화해야 한다. 왜냐하면 이러한 가르침에 대한 학교 중심의 접근과 신학화를 위한 지식 중점의 접근에 익숙해짐으로써 스스로의 문제를 어렵게 만들기 때문이다.[430]

목회자와 선교사는 현지인들에게 기독교의 올바른 그림을 제시해야 한다. 몇 년 전에 인도에서는 40개나 되는 기독교 마을이 힌두교로 되돌아갔다. 그들은 소위 말하는 "쌀 신자(Rice Christian)"로 선교사들이 사용하는 의료 혜택과 물질적인 도움, 그리고 여러 가지를 기

---

428) Paul G. Hiebert & Eloise Hiebert Meneses, *Incarnational Ministry: planting churches in band, tribal, peasant, and urban societies*, 373.

429) Charles H. Kraft, 『말씀과 문화에 적합한 기독교』, 185.

430) Charles H. Kraft, 『말씀과 문화에 적합한 기독교』, 185.

독교가 준다는 눈앞에 보이는 매력에 끌려서 겉으로 개종을 했던 마을이었다. 그들은 이러한 매력이 없어지자 옛날 종교인 힌두교로 돌아가 버렸다. 쌀이 제공될 때는 자신의 이름도 바꾸고, 종교까지 바꿨다. 즉, 그들은 참된 복음의 의미를 깨닫지 못했다. 이러한 잘못된 그림을 그려 준 것은 선교사들로 그들에게 예수 그리스도를 따르는 것이 어떤 의미인지, 그리고 예수 그리스도를 따르게 되면 어떤 것을 얻을 수 있는지에 대한 전혀 다른 그림을 보여 준 것이다.[431]

그래서 선교사들은 아프리카를 선교할 경우에 성육신적인 사역의 모델을 아프리카에서 찾을 수 있어야 한다. 그것은 지난 2000년 교회사를 통한 고통 가운데 있었던 아프리카 교회의 성장을 위하여 영성의 모델을 아프리카에서 찾는 것은 아프리카 교회에 큰 도전이 된다. 그들은 깊은 애정을 가지고 더욱 세밀한 정보를 알려고 노력할 것이다. 지난 4세기와 5세기의 아프리카의 위대한 교회 지도자였던 알렉산드리아에 아다나시우스(Athanasius)와 히포에 어거스틴(Augustine)인데, 그들은 옛 아프리카인들과 전 세계의 그리스도인들에게 마땅히 누려야 할 참된 기쁨과 영광을 가르쳤다.[432] 따라서 아프리카에서의 한국 선교사들은 이러한 성육신적인 영성 모델을 가지고 복음을 전하여 아프리카인들이 하나님의 형상을 되찾고, 그들이 큰 기쁨과 영광 가운데 들어가도록 도와주어야 한다. 과거의 선교사들은 복음과 문명을 함께 전하려고 했다면, 오늘날 선교사는 복음을 전하여 그들이 새로운 문화를 만들어 가도록 도와야 할 것이다.[433] 하나님이 사

---

431) 중남부아프리카 한인선교사회 편저, 『아프리카를 위로하라』, 20.
432) 중남부아프리카 한인선교사회 편저, 『아프리카를 위로하라』, 62.
433) 중남부아프리카 한인선교사회 편저, 『아프리카를 위로하라』, 62-63.

람이 되셔서 오신 성육신의 사건은 선교사에게 현장의 문제를 숙고할 뿐만 아니라 현지인들과 더불어 가능한 빨리 현지인이 사역의 주도적인 역할을 할 수 있게 하는 것을 가르쳐 주는 것이다. 그것은 왕이신 예수 그리스도께서 우리에게 맡겨 주신 것처럼 우리도 현지인에게 맡기는 것은 분명히 옳은 것이다.[434]

결론적으로 성육신적 모델은 목회자와 선교사가 현지인들에게 복음을 이해시키는 것이 아니다. 성육신적 모델은 선교사를 통해 현지인들로 하여금 하나님의 초대에 응답하게 하는 것이며, 하나님의 능력으로 현지인들을 변화시키는 것이다. 그래서 현지인들은 예수 그리스도를 통하여 새로운 피조물이 되어 새로운 공동체인 지역 교회(local church)의 일원이 될 것이다. 이러한 적극적인 상황화는 현지인들이 소속해 있는 사회나 공동체에 영향을 미치게 될 것이다. 그리고 성육신을 경험한 현지인들은 다른 사람에게 기독교 세계관을 알리는 기회가 될 것이다.

---

434) 서정운, "에딘버러와 선교", 『선교와 신학』 제25집 (2010년. 2월호), 21. 서정운은 성육신적 선교의 요체를 세 가지로 말하기를, "첫째, 온유하고 겸손하게 가는 길이다. 둘째, 함께하는 선교이다. 마지막으로 셋째, 상황화에 힘쓰는 선교이다."라고 주장하였다.

제9장
상황화와 커뮤니케이션

복음을 상황화하는 것은 타문화권(cross-cultural) 커뮤니케이션의 과제이다. 이것은 세 가지 중심 혹은 초점을 갖게 되는데, 그것은 문화를 내재화한 복음으로의 성경과 다른 문화에 속한 전달자 혹은 발신자, 그리고 자기 자신의 문화 상황 안에서 반응하는 복음의 수용자가 그것이다.[435] 그래서 복음의 전달자인 선교사는 복음의 수용자가 복음을 듣도록 하기 위하여 상황화를 한다.

상황화란 우리의 말과 행위로 복음에 대한 커뮤니케이션을 이루기 위한 시도이다. 그리고 그 지역 문화권 내부에 있는 사람들에게 타당한 방법인 사람들의 가장 깊은 필요를 채워 주고, 그 세계관(worldview)을 관통하여 그들로 하여금 예수 그리스도를 따르게 하되 자신들의 문화권에서 머물러 있도록 하는 방법이다. 그래서 기독교가 드러나도록 교회를 세우는 것이다.[436] 이렇게 선교는 문화와 전혀 분리될 수 없는 관계를 가지고 있다. 선교는 언제나 현지인들의 특별한 상황인 문화 가운데 있는 사람들을 향하기 때문에 그들의 언어로 커뮤니케이션이

---

435) Bruce J. Nicholls, 『상황화: 복음과 문화의 신학』, 73.
436) Charles H. Kraft, 『말씀과 문화에 적합한 기독교』, 100-101.

이루어져야 한다.437)

특히 사도 바울은 자기와 다른 수용자를 위해 문화에 대한 전 이해를 형성하여 복음을 전할 때마다 현지의 문화적 차이와 마주쳤다. 사도 바울은 이런 문화적 차이의 충돌에 대해 충분히 파악하고 있었으며, 그래서 보다 효과적으로 복음을 전달하기 위해 수용자에게 많은 노력을 기울였다. 그러면 사도 바울은 어떻게 선교 현지에서 관습과 복음의 메시지를 상황화시켰는지에 대해 살펴보고자 한다.

1. 현지 관습의 상황화

현지 관습들의 상황화에 대한 사도 바울의 노력은 할례문제와 예전문제에 대한 순서로 나눌 수 있을 것이다.

1) 할례문제

예루살렘 공회에서 토론된 첫 번째 주제는 안디옥 교회가 제출한 할례가 구원 조건인가에 대한 문제였다(행 15:5-6). 공회의 결론은 이방인 출신으로서 기독교인이 된 사람들이 진정한 기독교인이 되기 위한 조건으로서 할례를 행하거나 모세의 율법을 꼭 지킬 필요는 없다는 것이었다(행 15:19). 공회의 또 다른 의제는 역시 안디옥 교회가 제출한 것으로서 유대인 기독교인들과 이방인 기독교인들 사이의 식탁 교제 때에 먹을 것과 먹지 말아야 할 것에 관한 조건들은 무엇인

---

437) Charles H. Kraft, 『말씀과 문화에 적합한 기독교』, 93.

가 하는 것이었다.[438] 두 번째 주제에 대한 결론은 "우상의 제물과 피와 목매어 죽인 것과 음행을 멀리할 것"이었다(행 15:29).

이러한 결정에 의해 이방 기독교인들은 동등한 신분으로써 유대 기독교인들과 교제를 가질 수 있었다. 예루살렘 공회는 두 사이에 있던 문화적인 분리의 벽을 제거하였다.[439] 예루살렘 공회의 결정은 이방인 새신자들을 할례하지 않는 사도 바울의 입장을 명확하게 만들어 주었다. 그러나 사도 바울은 예루살렘 회의 이후 디모데에게 할례를 행했다(행 16:3). 이와 달리 사도 바울은 디도에게는 할례를 행하지 않았다(갈 2:3).

사도 바울은 디모데에게 할례를 행한 첫 번째 이유는 디모데가 믿는 유대인의 모친에서 태어났기 때문이며, 따라서 디모데는 유대인이기 때문이었다(행 16:1). 두 번째 이유는 만약 디모데가 할례를 받지 않으면 그는 배교한 유대인이 되기 때문이었다. 디모데로 하여금 할례를 받게 한 세 번째 이유는 실제적인 이유로서 할례를 받는 것이 디모데가 유대인들 속에서 복음 전파하는 일에 더욱 유익했기 때문이었다.[440] 디도는 유대인이 아니므로 할례를 행할 필요가 없었다. 따라서 사도 바울은 유대인에게는 유대인처럼, 이방인에게는 이방인처럼 대처하는 동일시(identification)를 실천하였던 상황화의 좋은 사례라고 볼 수 있다(고전 9:19-22).

---

438) Frederick F. Bruce, *New Testament History* (New York: Doubleday & Co, 1971), 286.
439) Norman R. Ericson, *Theology and Mission* (Grand Rapids: Baker Book House, 1978), 75.
440) Frederick F. Bruce, *The Book of The Acts* (Grand Rapids: Eerdmans Publishing Company, 1988), 304.

2) 예전문제

사도 바울이 살았던 첫 세기의 세계는 정치적으로는 로마가 다스렸지만 문화적으로 헬레니즘이 통치하였다.441) 그래서 사도 바울은 헬레니즘적 로마 세계에서 여러 다른 종교들을 접할 수 있었을 것이다.442) 유신론자인 유대인들과는 달리 헬라파 이방인들은 범신론자나 다신론자 혹은 우상 숭배자들이었다. 사도 바울은 구약에 있는 율법과 일치하는 우상의 제물과 피와 목매어 죽인 것과 음행을 멀리할 것을 요구하는 예루살렘 공회의 결정을 받아들였다. 예루살렘 공회는 이 네 가지 금기사항들을 결정의식의 최소한의 조건으로 요구했다. 그의 두 번째 선교여행에서 사도 바울은 신자들에게 예루살렘 공의회에서 나온 결정들을 전달하고 이 요구들을 지키라고 부탁했다(행 16:5).

사도 바울은 무엇을 먹든 모든 것은 주님이 만든 것으로 믿었기 때문이다. 그는 아무거나 먹었고 간수의 집에서도 이런 믿음에 따라서 먹었다(행 16:34). 그러나 그의 자유로움이 다른 사람들에게 문제를

---

441) 헬레니즘은 알렉산더 대왕이 페르시아와 이집트, 그리고 지중해까지 점령하여 이루어 놓은 제국을 지배하였던 문화를 말한다. 헬라문화와 동양문화를 융합하여 이루어진 헬레니즘은 천 년이나 지속되었고, 사도 바울은 당시 로마 제국의 길리기아의 수도인 다소에서 출생하였다(행 22:3, 21:39). 그래서 그는 팔레스타인 본토 출신의 유대인이 아니라 디아스포라 유대인이라는 사실을 알 수 있다. 당시 다소는 인구 약 50만 명으로 안디옥 지역의 80만과 더불어 가장 중요한 도시로서 상업과 무역의 중심지이며, 교통의 요지로 모피산업, 특히 직물이나 피혁 공업으로도 유명하였다. 또한 다소는 학문의 도시로 수사학파 철학으로도 유명하였다. 스토아학파의 본산으로 다소의 안티파드로스는 스토아학파의 거두였다. 황제 아우구스투스는 자신의 스토아 철학 교사인 아테노도로스로 하여금 이 도시를 새로이 조직하도록 하였다. 이러한 다소에서 사도 바울이 출생하고 성장하였기 때문에, 그는 당대의 철학에 대해서 능통할 수밖에 없었다. 이승호, 『바울의 선교와 신학』(서울: 대한기독교서회, 2009), 28. 조광호, 『자신과 세상을 바꾼 사람 바울』(서울: 비블리카 아카데미, 2006), 15-18. 사도 바울이 태어난 헬레니즘적 로마 세계는 급속한 변화와 확장의 시대라고 볼 때, 여러 민족의 문화가 혼합됨으로 실리적, 경제적, 사회적, 정치적, 문화적인 모든 경계선이 무너지고 새로운 물결이 밀려오고 있었다. 헬라적인 혼합주의적 종교들을 여러 종교, 철학들을 동원하여 그 시대적인 요청에 응하려고 노력하였다. 디아스포라 유대인이었던 사도 바울은 이러한 때에 헬레니즘적 유대교에서 출생하였다. 김연태, 『바울해석』(서울: 대한기독교서회, 1996), 25-27.

442) 윤기순, 『사도바울의 선교와 21세기 한국교회 선교방향』(용인: 도서출판 목양, 2011), 36.

일으키면 그는 먹는 것을 삼갔다(고전 10:25-30). 사도 바울은 복음의 순수성을 위해 싸웠다. 그는 우상숭배를 거부하고 '아가페'라고 하는 새롭고도 긍정적인 가치를 소개하였다.443)

2. 복음의 상황화

사도 바울은 이방인 세계에 복음을 전할 때 모든 가능한 상황화된 선교적인 방법론들을 동원하였다.

1) 선교지 언어 사용

사람들은 자신들의 언어로 복음을 듣지 못하면 우선 복음을 이해하지 못할 뿐만 아니라 다른 이들이게 메시지를 전달하는 것도 불가능하게 된다. 사도 바울의 새신자들은 복음을 자신들의 언어로 들었고 훈련받았다.444) 사도 바울이 현지 지방 언어를 말할 수 있었던 것은 매우 중요하다. 예를 들면, 예루살렘 성전에서 체포되었을 때 그는 지휘관에게 연설한 기회를 달라고 요청할 때 헬라어를 사용했다. 이 때에 사도 바울은 그를 죽이려고 하는 사람들의 주목을 끌기 위해서 아람어로 헬라어를 대체하였다.

가말리엘 문하에서 수업하고 랍비가 된 사도 바울은 구약 언어인 히브리어를 알고 있는 듯하다(행 22:3). 히브리어 이외에도 사도 바울

---

443) Daniel Patte, *Paul's Faith and the Power of the Gospel* (Philadelphia: Fortress Press, 1983), 69-70.

444) Charles Brock, *The Principles and Practice of Indigenous* Church Planting (Nashville: Broadman Press, 1981), 39-40.

은 루가오니아 언어를 이해할 수 있었고(행 14:11-12), 로마에서 정치와 군사 언어인 라틴어도 이해했다. 그러므로 사도 바울이 로마(행 19:21)와 당시에 세상의 끝이라고 알려진 스페인에도 복음을 전할 계획을 가진 것으로 보인다.445)

2) 선교지 상징들의 메시지 사용

복음주의 선교신학자인 브루스 니콜스(Bruce J. Nicholls)는 선교 역사를 통해 타문화권(cross-cultural)에서 선교하는 선교사들이 메시지를 전할 때 메시지의 순수성을 지키려는 열정에 차서 메시지를 받는 현지인 문화의 중요성과 그 영향력에 민감하지 못하거나 무시할 때가 많았음을 지적했다.446) 목회자와 선교사는 문화가 다른 상황 속에서 하나님의 말씀을 전할 때 문화적 차이로 인해 발생될 수 있는 오해와 장애를 최소한으로 줄이는 동시에 의사소통이 효과적으로 이루어지도록 노력할 필요가 있다. 또한 현지인이라는 수신자 중심의 의사소통 방식을 사용해 메시지를 수신자가 이해할 수 있는 방식으로 전해야 한다.447) 상황화는 주어진 상황에 적합하게 한다는 의미를 갖고 있는데, 메시지의 상황화는 하나님의 말씀을 특정한 상황에 정확하면서도 상황에 적절한 방식으로 전하고자 하는 작업이라고 할 수 있다. 그래서 메시지의 상황화의 목표는 계시자의 입장에서는 계시의 본래성과 존엄성을 보존하며 메시지를 받는 현지인들을 위해서 메시

---

445) Johannes Blauw, *The Missionary Nature of the Church* (New York: McMraw-Hill, 1962), 103.
446) 김승호, "선교를 어떻게 설교할 것인가", 78.
447) 김승호, "선교를 어떻게 설교할 것인가", 78.

지를 쉽게 이해하기 쉽고 자신의 삶에 구체적으로 적용할 수 있도록 돕는 데 있다.[448] 따라서 상황화된 메시지는 철저한 본문 중심이며, 철저한 상황 중심의 설교이어야 한다. 왜냐하면 성경 전체는 성령의 감동하심으로 기록된 영원불변의 진리이지만 특정한 상황에 효과적으로 전달되기 위해서는 상황화 작업은 필수적이다.

목회자와 선교사는 메시지를 전하는 중요한 임무가 있는데, 그것은 타문화적 성격을 띤 하나님의 말씀을 다양한 상황에서 본문이 말씀하시는 것과 동일하게 전하는 동시에, 쉽고 의미 있게 수용자의 가슴에 와 닿도록 전해 삶의 현장에서 구체적으로 적용할 수 있도록 돕는 것이다.[449]

사실 우리 예수님은 상황화의 전문가이셨다. 많은 무리들이 예수님에게 매력을 느끼며 따라다녔던 이유는 다름 아닌 예수님 당시 풍습과 문화를 누구보다도 더 잘 알고 계셨고, 자신의 언어뿐만 아니라 메시지와 가르침은 보통 사람들도 이해할 수 있는 친근한 상징의 소재들로 구성하였기 때문이다(마 5:13-16; 눅 13:6-9).

사도 바울의 경우도 그의 청중들의 수준에 맞추어 메시지를 전하였다. 그렇게 하지 않으면, 그의 메시지가 청중들에게 전혀 다른 나라의 이야기로 들리기 때문이다. 그래서 사도 바울은 현지 사람들에게 친숙한 현지 상징들을 사용함으로써 모든 사람들이 그의 메시지를 이해할 수 있도록 노력하였다.[450]

---

448) 김승호. "선교를 어떻게 설교할 것인가", 78.
449) 김승호. "선교를 어떻게 설교할 것인가", 79.
450) David J. Hesselgrave, *Planting Churches Cross-Culturally* (Grand Rapids: Baker Book House, 1980), 207-208.

① 일신론자를 위한 상황화 메시지

사도 바울이 회당을 방문할 때 만난 청중들을 구약성경에 대해 지식이 있는 유대인들과 하나님을 경외하는 이방인 신자들이었다. 그러므로 사도 바울은 그들의 상징인 히브리 역사를 사용하여 메시지를 시작하였다. 회심 바로 직후에 다메섹 회당에서 행한 사도 바울의 첫 메시지는 '예수님은 하나님의 아들"이라는 말이 시편 2:7에서 나오는 "메시아"와 동일한 것임을 증거한 것이다(행 9:20).[451]

> "내가 여호와의 명령을 전하노라 여호와께서 내게 이르시되 너는
> 내 아들이라 오늘 내가 너를 낳았도다"(시 2:7)

> "즉시로 각 회당에서 예수가 하나님의 아들이심을 전파하니"
> (행 9:20)

최근 무슬림 사이에서 상황화 사역의 결과물로 '이사 알 마시(Isa al-Masih)'를 따르는 대중운동이 일어나고 있다.[452] 이 '이사 알 마시' 추종자들의 경우, 자신들을 기독교인이라고 부르지 않지만 성경 말씀에 비춰 삶을 디자인하며 새롭게 상황화된 신앙 양식을 만들어 가고 있다. 그래서 선교사들은 이에 따라 현지 무슬림이 거부감을 느끼지 않는 상황을 연출하고 사역의 열매를 맺고 있다. 그들은 이슬람 예배 때처럼 모자를 쓰고 아랍어를 사용하는 외형적 상황화를 통해 '인질(Injil)'과 '이사 알 마시(Isa al-Masih)' 등을 전한다고 한다.[453] 이런 경

---

451) Charles W. Carter and Ralph Earle, *The Acts of the Apostles* (Grand Rapids: Zondervan Publishing House, 1978), 130.

452) 이사 알 마시(Isa al-Masih)는 문자적으로 "예수 그리스도"를 뜻한다. 이것은 꾸란에서 발견되는 예수 그리스도의 이슬람식 호칭이다.

453) 인질(Injil)은 복음서와 신약성경의 일반적인 이슬람식 명칭이다.

우 기독교에 대한 거부감이 사라지기 시작한다. 이에 훈련된 현지 출신 전도자들이 짝을 이뤄 디모데후서 2:2에서와 마찬가지로 바울이 디모데를 훈육한 것처럼 마을공동체에 머물며 회심자들을 조심스럽게 양육해 나가고 있다. J시 B지역의 경우, 이 방법을 통해 마을 지도자는 물론 25명이 집단 회심하기도 하였다.454)

따라서 상황화 메시지의 목적은 예수 그리스도에 대한 인식을 바로잡는 것이다. 물론 예수 그리스도에 관한 우리의 복음이 무슬림 친구들의 종교를 정죄하거나 문화를 공격하는 행위로 오해받지 않도록 신중히 행동해야 한다. 물론 우리가 무슬림 문화의 가치와 미덕, 그리고 통찰력을 인정한다고 해서 우리가 이슬람 종교, 모하메트, 혹은 꾸란을 모두 승인하는 것은 아니다. 오히려 그것은 예수 그리스도를 보지 못하게 하는 그들이 가지고 있는 장애물을 제거하는 역할을 하는 데 있다.455) 그래서 이슬람의 가장 권위 있는 책인 꾸란에 성경을 읽어도 좋다는 허락이 이미 담겨 있음을 알려 주어 예수님이 누구신지를 생각하도록 하는 것이다. 그리고 꾸란 구절 중에 예수 그리스도에 관해 호의적이거나 성경의 신뢰성을 확증하는 내용을 취합하여 오랫동안 무슬림이 진리에 접근하지 못했던 제한된 세계관이 사슬을 풀수 있도록 도와줄 것이다.456)

② 다신론자를 위한 상황화 메시지
루스드라의 청중들은 일신론자들과는 다른 상징을 가진 완전한 다

---

454) 국민일보 2003년 7월 20일자 신문.
455) Kevin Greeson, 『모슬렘을 위한 낙타 전도법』, 28.
456) Kevin Greeson, 『모슬렘을 위한 낙타 전도법』, 29.

신론자들이었다. 제우스 신당의 제사장과 군중들이 사도 바울과 바나바에게 제사하려고 할 때 사도 바울은 앉은뱅이를 고친 것은 사람이 아니라 하나님이라고 강조하면서 설교했다(행 14:15-17).[457] 사도 바울은 빌립보에서 점하는 노예 여종으로부터 귀신을 쫓아내었다. 이 영적전쟁으로 인해 사도 바울과 실라는 매를 맞고 옥에 갇혔으나 이 일로 빌립보에 복음이 널리 전파되었다(행 16:16-21).

③ 범신론자를 위한 상황화 메시지

범신론적으로 기울었던 아테네 철학자들을 위해 사도 바울은 "알지 못하는 신"의 제단과 같은 현지 상징과 헬라의 시와 우상을 사용하여 그의 메시지를 전달하였다(행 17:23, 17:28-29).[458] 그는 그의 청중들인 에피쿠로스파와 스토아학파 철학자들의 마음을 꿰뚫고 그들의 문화 상황화에 맞게 적절한 메시지를 제시하였다. 그의 메시지에서 사도 바울은 철학의 세 가지 기본적인 질문에 답했다. 첫째는 '어디서'라고 하는 모든 사물의 기원에 대하여 해답을 주었다. 둘째는 '무엇'이라고 하는 모든 사물의 본성에 대하여 해답을 주었다. 마지막으로 셋째는 '어디로'라고 하는 모든 사물의 종말에 대하여 해답을 주었다(행 17:24-43).[459] 이러한 세 가지 질문은 이 철학자들로서는 도저히 대답할 수 없는 것들이었다. 사도 바울이 말씀으로 모든 것을 창조하신 인격적이고 지고하시고 초월적이신 하나님을 소개함으로써 철학자들이 그동안 헛되게 찾아왔던 기원에 대한 문제에 해답을

---

457) Frederick F. Bruce, *The Book of The Acts*, 292.
458) David J. Hesselgrave, *Planting Churches Cross-Culturally*, 208.
459) Charles W. Carter and Ralph Earle, *The Acts of the Apostles*, 259-263.

주었다. 사도 바울은 현지 사람들과 다른 세계관으로 논쟁하지 않았다. 그는 현지 사람들의 문화적 상황들을 이해하고 그들의 지식 구조 안으로 들어가서 효과적으로 복음을 전파하였다.

하나님은 자신의 백성들을 향하여 종교적인 상황에서 나타나고 있는 거짓된 종교적 중심을 예수 그리스도의 이름으로 바꾸고, 세상의 문화 가운데 있는 하나님의 모범된 문화를 하나님의 계시와 진리인 말씀으로 분별하여 살아가도록 촉구하고 계신다.[460] 하나님은 결코 인간의 문화를 떠나서 하나님의 나라에서 혼자 활동하시는 분이 아니시다. 하나님은 그 당시 인간들이 당면하고 있는 종교적 상황과 문화, 그리고 역사의 현장에서 우상숭배와 비인간적인 문화를 개혁하셨다.[461] 이처럼 복음의 상황화 원리가 얼마나 중요한지를 선교신학(Theology of Mission)을 구성하고 있는 성경적 평가를 통해 알 수가 있다.

따라서 과거나 현재, 그리고 미래에도 목회자와 선교사들이 직면한 도전은 자신들이 활동하고 있는 현지인들의 마음과 문화 상황화에 잘 어울릴 수 있도록 생각하는 원리를 배워야 한다. 예수님도 자신의 생애와 활동에서 그 예로 보여지고 있다. 이미 예수님은 당시의 문화 상황화 속에서 성장하였고, 주변 사람들에게 공통되는 모든 학습과 사회적 활동에 참여했다는 점이다.[462] 예수님은 이러한 관점에서 너무나 평범했기 때문에 주변 사람들로부터 그의 가르침과 사역을 받아들이기를 거부했던 것으로 보여졌다(마 13:54-58).

---

460) William J. Larkin, *Culture and Biblical Hermeneutics: Interpreting and Applying the Authoritative Word in a Relativistic Age*, 222.

461) 노윤식, 『종교현상학 이론과 실제』 (서울: 한울림, 2000), 107.

462) Sherwood G. Lingenfelter & Marvin K. Mayers, *Ministering Cross-Culturally: An Incarnational Model for Personal Relationships* (Grand Rapids: Baker Book House, 1986), 61-62.

제10장

현대 선교 사역을 위한
교회의 상황화

사람은 자신의 사고에서 균형을 잃는 경향이 있다. 이런 균형은 교회도 예외가 될 수 없는 것처럼 선교도 마찬가지이다. 현대 선교는 신학과 사역에서 균형을 조화롭게 이룰 때 비로소 건강한 교회의 상황화를 이룰 수 있다고 본다. 그래서 목회자와 선교사는 하나님의 사람들의 새로운 공동체인 강한 교회들을 건설할 필요가 있다. 따라서 현대 선교 사역을 위해 교회의 대표적인 상황화라 할 수 있는 의식, 정치와 행정, 교회개척과 건축, 예배, 음악 등에 대해서 살펴보고자 한다.

1. 의식에 대한 상황화

교회는 문화적 상황 속에서 두 가지 의식의 문제라는 상황화의 실제를 피할 수 없다. 첫째, 문화는 이미 현지인의 예식들을 가지고 있기 때문이다. 둘째, 기독교는 여러 가지 의식들을 가지고 있기 때문이다.463) 예를 들면, 선교지에서의 의식 가운데 출생의례, 성년식, 결혼

---

463) Paul G. Hiebert, *Cultural Anthropology* (Grand Rapids: Baker Book House, 1983), 375-376.

식, 장례식 등은 전통적인 삶과 연관된 통과의례와 축제들이다. 이러한 종교 의식들은 대부분 점쟁이와 마술사, 그리고 무당과 다른 종교 지도자들에 의해 수행되고 있다. 그래서 교회는 비기독교적인 의례를 가지고 있는 선교지 문화에 의해 요청을 받는다.[464]

한국 교회의 경우는 출생의례와 결혼예식, 그리고 활발한 사회참여로 요청된 환갑, 설, 추석 등의 전통적 통과의례를 수용해 왔다. 그러나 이러한 전통적인 장례식과 조상숭배를 거부했던 한국 교회는 그런 행위들이 온전한 종교적 의미가 되기 때문이며, 이러한 의례로부터 과거의 의미를 분리하는 것이 불가능한 것으로 생각했기 때문이다.[465] 그래서 한국 교회는 이러한 전통적인 의례들을 기독교적인 의례들로 상황화하였다.

이런 문제는 목회자와 선교사들이 일하는 현지에서 이루어지는 장례식의 방법이다. 영적 세계에서 죽은 자와 관계를 가지는 것에 대한 전통적인 관심은 상당히 심각하게 취급할 필요가 있다. 그리고 그러한 해답은 사람들을 만족시키는 문화적으로 적합한 의식을 통하여 죽음이 크게 부각되는 장례식에서 그들의 영적 차원의 삶을 적절하게 돌보아 줄 수 있을 것이다. 이것이 이루어지지 않으면 사람들은 만족시키지 못한 영들과 신들로부터 보복을 받게 될 것이라고 생각한다.[466] 그래서 장례식이 거행될 때 조상들이 관계한다고 사람들이 이해할 때 이런 믿음은 심각하게 취급해야 하며, 대치할 이해와 의식이 개발되어야 할 필요가 있다. 이렇게 찰스 크래프트(Charles H. Kraft)는 하나님

---

464) Paul G. Hiebert, *Anthropological Insights for Missionaries*, 183-192.
465) Paul G. Hiebert, *Anthropological Insights for Missionaries*, 189.
466) Charles H. Kraft, 『말씀과 문화에 적합한 기독교』, 597.

을 최우선으로 경배하는 한, 문화적으로 적합한 방법으로 조상을 공경하는 것이 가능하다고 보았다.467)

영적 능력 차원의 타문화권(cross-cultural) 복음 사역자인 목회자와 선교사는 예수 그리스도께 사람들을 인도하기 위해 이러한 의식을 치를 때, 반드시 해당 사람들의 마음속에 있는 의미에 대해 인지하고 있어야 한다. 하나님의 메시지는 형식의 메시지가 아니라 의미가 부여된 메시지이다. 형식은 매우 중요한 것으로 의미가 전달되는 매개체로의 역할을 하기 때문이다. 목회자와 선교사들이 사용하는 문화형식은 하나님께서 의도하신 의미를 전달할 수 있으며, 반대로 작용을 할 수도 있다. 이렇게 적절한 의미를 전달하려고 할 때, 자신이 다루는 문화 형식에 대해 신중한 주의를 기울여야 할 것이다.468)

이러한 영적 능력 차원에서의 상황화는 선교 접근 방법을 통해 문화를 받아들이는 수신자 입장에서 기독교의 의식들을 상황화한 것이다. 예를 들면, 결혼 예식 때 반지를 교환하고, 성경 위에 손을 얹고 기도하는 일, 촛불점화 등은 중요한 메시지를 담고 있는 기독교적 상징이다. 이러한 행위들을 통해서 모든 사람은 이제 한 몸이라는 기독교 공동체의 삶은 하나로 합해 빛을 발하는 의미를 깨닫게 하기 때문이다.469) 이러한 시대적 상황과 선교적(missional) 상황에서 상황화된 의식과 상징을 개발하는 것은 선교지에서 필요하다. 특히 조상숭배가 강한 선교지에서 정장차림으로 설교한다면, 그 장례식과 추모식은 조상에 대한 무시와 소홀히 한다는 비판을 받기 쉽다. 이런 선교지에서

---

467) Charles H. Kraft, 『말씀과 문화에 적합한 기독교』, 597.
468) Charles H. Kraft, 『기독교문화인류학』, 안영권·이대헌 역 (서울: 기독교문서선교회, 2005), 290-291.
469) 이종우, 『선교·문화 커뮤니케이션』 (서울: 기독교문서선교회, 2005), 212-213.

목회자와 선교사는 검은 가운을 입고, 죽은 자를 위해 슬퍼하는 엄숙한 의식을 통해 죽은 자에 대한 충분한 존경심은 오히려 사람들에게 감동을 줄 뿐만 아니라 복음을 전하는 데 큰 공헌을 할 것이다. 이러한 의식들을 통해 목회자와 선교사는 비기독교인들에게 영의 본질이 무엇인가를 가르치며, 하나님의 말씀을 자유로이 전파하며, 예수 그리스도를 위하여 바쳐질 수 있도록 계속되어야 할 것이다.

2. 정치와 행정에 대한 상황화

선교사들은 선교의 많은 영역에서 교회의 정책을 펼치는 것도 중요하지만 무엇보다 복음을 전하기 위해 지역사회의 질서를 고려하여 교회 정치와 행정이 조화를 이루는 데 노력해야 한다. 예를 들면, 의사를 결정하는 데 있어 서구교회들은 다수결을 좋아하지만 동양의 경우들은 혼란을 초래한다. 그것은 여론과 만장일치, 그리고 어떤 사회에서는 교회장로들의 합의로 결정하는 것이 바람직하다.[470] 한국교회는 장로를 선출할 때, 투표로 결정하는데 장로교회의 강한 영향을 받아 교회문화의 한 부분이 되었다. 그러나 미국 순복음교회들은 지도자들을 지명하는 데 반해 한국 순복음교회들은 담임목사를 세우는 데 이러한 정책을 선택하였다.

따라서 선교사들은 교회 내의 조직을 구성할 때 제직회 중심으로 하든지, 사역팀을 중심으로 하든지, 지역 단위로 구성하든지, 혹은 다양한 방법들이 있다는 것을 기억해야 한다. 그리고 목회자의 선교 마

---

470) 이종우, 『선교 · 문화 커뮤니케이션』, 213-214.

인드에 따라 결정할 수도 있고, 그 상황의 맞게 사회적인 정서를 감
안하는 것이 바람직할 수 있을 것이다.

3. 교회개척과 건축에 대한 상황화

선교전략의 관점에서 교회개척 이론이 시작된 것은 19세기 중엽
의 삼자원리가 처음이었다. 아마도 이때부터 선교영역에서 타문화권
(cross-cultural) 교회개척에 대한 다양하고 유용한 이론들이 등장하였다.
그 가운데 가장 큰 공헌을 한 도날드 맥가브란(Donald A. McGavran,
1897~1990)이 제시한 교회성장이론이었다.471) 과거뿐만 아니라 오늘
날에도 유용하게 적용해야 하는 선교적(missional) 수용성의 원리에
따라 한국 선교사들이 가장 많이 사용하는 선교전략은 교회개척과
건축일 것이다. 건물은 크기와 형태, 그리고 공간의 사용, 장식물 등
은 여러 가지 상징적인 의미를 부여한다. 특히 교회 건물은 그 자체
의 성격 때문에 보다 상징적인 필요성을 갖는다. 현대 그리스도인들

---

471) 침례신학대학교 세계선교훈련원, 『선교지 교회개척이야기』, 30. 맥가브란은 인도의 다모에서 삼대 째
선교사로 선교사 가정에서 출생. 교육자, 현지 행정가, 전도자, 교회 개척자, 연구원으로 사역하였다.
1923년에서 1955년까지 인도에서 미국 그리스도인 선교회(예수제자회)와 함께 헌신했다. 이에 앞서 그
는 인도의 인디아나폴리스에 있는 버틀러대학교에서 1933년에 철학박사학위 공부를 마쳤다. 그의 박사
학위 논문은 힌두교 가족들로 부터 종교적인 믿음을 가진 학생들에게 미치는 그리스도인 학교들의 영향
을 통계학적으로 분석한 것이다. 1930년 초부터 맥가브란은 왜 어떤 교회들은 전도를 효과적으로 하고
성장하는 반면 어떤 교회들은 쇠퇴하는가 의문을 가지기 시작하여 『How to Teach Religion in Mission
School』을 썼고, 1936년에 『The Mass Movement Survey of Mid-India』에서 사람들의 운동들에 관한
초기 고전을 썼고 이것은 1958년 『Church Growth and Group Conversion』으로 개정 증보되었다.
1955년 『Bridges of God』 출판, 1970년 『Understanding Church Growth』를 출판하였다. 1957년 미국
으로 돌아온 맥가브란은 호주 출신 인류학자 알렌 티펫(Alan R. Tippett)과 함께 오레곤의 유진시에서 교
회성장연구소를 시작했다. 1964년부터 1980년까지 교회성장회보를 출판했고, 1965년 풀러신학대학원
으로 학회를 옮기고 세계 선교의 백화점이라고 할 수 있는 풀러신학교와 교회성장학회의 설립학장이 되
었다. 그는 교회성장의 요인, 장벽, 원칙에 대한 연구, 역사적 분석, 관찰과 인터뷰 등의 데이터 수집 방
법과 사례연구 방법을 활용하여 성장하는 교회에 대한 현지조사 방법론을 개발했다(행동과학과 통계적
인 데이터를 도구로 한 통찰력과 연구를 도입). 그는 83세에 가르치는 것을 그만두었지만 매일 자신의
신학교에서 연구 조사하고, 집필하고, 여행하고, 선교하며 일하는 스케줄을 계속하기도 하였다.

은 교회 건축과 관련 장식 등으로 교회의 수준을 결정하는 경향성이 많다. 교회는 아파트나 주택의 구조와 공원, 그리고 마트나 레스토랑 등과 같은 것은 아니다.[472] 교회는 성경에 나타난 성전으로써 이해되고 있다. 첫째, 성전은 하나님의 임재, 즉 하나님이 우리와 함께 하심을 나타내는 상징적인 공간이란 의미이다. 둘째, 성전은 예배하는 곳이라는 의미이다. 셋째, 성전은 구별된 하나님의 백성들이 머무는 곳이라는 의미이다. 넷째, 성전은 구원받은 공동체(community)라는 의미이다. 마지막으로 다섯째, 성전은 선교센터라는 의미이다.[473]

이런 선교적(missional) 의미에서 성전은 사람들에게 필요한 생활공간으로 쉽게 사람들을 만날 수 있는 장소로 인식한다. 그리고 복음을 가르치고 선포되는 곳으로 선교가 이루어지는 장소로 본다. 다시 말하면, 성전의 의미는 선교의 주체로써 말씀을 선포하는 공동체(community)가 차지하는 선교적인 공간이다.[474] 따라서 성전은 하나님의 백성들을 위한 공간이기도 하며, 더 나아가 하나님의 백성이 될 사람들을 위한 선교적(missional) 열린 공간이라는 사실을 인식할 필요가 있을 것이다.

그래서 선교사는 그 문화적 상황 속에서 교회를 빨리 건축하기를 원한다. 그러나 선교사는 성도들의 신앙 성숙보다는 한국 교회를 통해 일방적으로 교회 건축을 하는 것은 그들의 신앙을 약화시킬 뿐만 아니라 결국 선교사가 떠나게 되면 교회는 텅 비게 된다.[475] 선교사의 할 일은 먼저 교회를 건축하기에 앞서 성도들의 믿음을 세워야 한다.

---

472) 정병관, 『크리스천 커뮤니케이션』 (서울: 총신대학교출판부, 2009), 313.

473) 정병관, 『크리스천 커뮤니케이션』, 313-316.

474) 정병관, 『크리스천 커뮤니케이션』, 316.

475) 이종우, 『선교·문화 커뮤니케이션』, 215.

한국 교회의 경우, 중국 지푸에서 활동하던 미국 프린스톤신학교(Princeton Theological Seminary) 출신인 존 네비우스(John L. Nevius, 1829~1893) 선교 정책의 상황에 따라 미국 교회가 한국 교회를 지원하지 않았고, 스스로 교회를 건축할 수 있도록 자립을 펼쳤기 때문에 오늘날 한국 교회가 성장하게 된 것이다.476) 그러나 중국에서 고안된 네비우스 자립 원칙이 중국에서 실패하고 한국에서 성공한 이유는 처음부터 자립 원칙을 엄격하게 적용하지 않았기 때문이다.477) 사실 중국에서 네비우스만이 자립을 주장했지만 나머지 선교사들은 선교부의 자금으로 교회 건축을 하였고, 유급 전도인을 고용한 것이었다. 이렇게 비자립 원칙에 익숙해진 중국의 관행을 자립으로 바꾼다는 것을 쉽지가 않았지만 한국은 처음부터 모든 선교사에 의해 자립 원칙을 수용했기에 크나큰 성공을 할 수가 있었던 것이다.478) 따라서 자립교회를 설립할 경우는 교회가 개척될 지역의 계층과 지역민에 대한 세밀한 연구 조사가 필요하겠다.

---

476) 초기 한국교회는 네비우스의 선교 정책을 통해 성장하였다. 1890년 네비우스는 한국에서 두 주간 동안 지내면서 자신의 평생 선교 사역에서 가장 중요하게 생각했던 선교이론을 한국에 온 초기 선교사들에게 가르쳤다. 한국 복음 전파의 문을 연 20대의 젊은 기독교 선교사들은 그들의 사역이 바른 궤도 위에 있기를 소원하였다. 그래서 그들은 이제 60세가 넘은 선교사 네비우스를 강사로 모시고, 그때 이미 그는 중국에서 40년을 선교한 경력을 가지고 있었다. 그가 중국에서 사용했었고, 한국에서 가르친 이 선교 방법은 19세기 가장 영향력 있었던 선교학의 사상가들로 두각을 나타내었던 영국의 헨리 벤(Henry Venn, 1796~1873)과 미국의 루푸스 앤더슨(Rufus Anderson, 1796~1880)이 이미 개발하여 서부 아프리카 선교에 적용한 이론이다. 이 방법이 중국에서는 큰 성공을 거두지 못했다. 네비우스 선교방법은 자치, 자립, 자전의 삼자 정책이다. 한국에 와 있던 초기 선교사들은 이것을 열심히 배워서 그들의 선교 원칙으로 채택하였다. 그리고 이 원칙이 한국 선교에 정착하도록 하기 위해 후배들이 새로 한국에 부임하면 이 원리를 가르쳤다. 새로 들어온 선교사들이 얼마나 이 선교 원칙을 잘 이해했는지 알기 위해서 시험까지 쳤다는 것이다. 그러나 엄밀한 의미에서 이 정책은 1890년부터 1895년까지 북장로회의 선교 정책으로 정착되자 그 후에 들어온 다른 장로교 선교회들도 대체적으로 이의 없이 그 정책을 수용하였다. 그래서 이 정책은 한국 장로교회 선교 정책으로 정착하게 되었다. 한국기독교역사연구회, 『한국기독교의 역사 I』 (서울: 기독교문사, 1989), 223.

477) John L. Nevius, The Planting and Development of Missionary Churches, 4th edition (Philadelphia: Presbyterian & Reformed Publishing Co, 1958), 8.

478) 변창욱, "선교지 자립교회 개척방안", 『영암국제학술회의 논문집』 제3권 (2009, 12월), 104.

선교사는 교회 건축을 통해 자신의 업적을 세우는 것이 아니라 성도들 스스로가 교회를 건축을 할 수 있도록 믿음을 세워 주어야 한다. 그래서 현지인들 스스로가 자원하여 주도권을 갖고 일어서도록 동기를 유발해야 한다. 선교사가 모든 재정을 책임지고 해결할 것이 아니라 현지인 스스로가 십일조와 헌금을 하도록 가르쳐서 책임지도록 해야 한다. 뿐만 아니라 교회의 장소에 대한 고정관념은 그 나라 혹은 지역의 특성상 상황 판단을 잘해야 한다. 사실 초대 교회는 주후 3세기에 들어 교회를 지었으며, 교회 건물 없이 예배를 드렸다. 오늘날 전통적으로 이사 자마아트(모슬렘 교회)의 경우에도 시골 마을의 가정집이나 집안 정원, 혹은 나무 아래에 모여 금요일에 예배를 드린다.

또한 교회 건축의 양식의 경우 선교사가 현지의 건축 양식에 따라 자신의 양식이 아닌 현지 성도들이 원하는 양식에 맞춰 상황화가 필요하다. 따라서 선교 현지에 맞는 상황화의 노력은 선교신학(Theology of Mission)의 메시지를 확실하게 전달하는 데 효과적인 커뮤니케이션의 방법이다. 예를 들면, 선교 현지에 세우는 교회 건물을 예배와 교회 활동에 제한시키지 않고 선교 현지인들을 위해 지역 공동체가 필요한 것은 무엇이든지 할 수 있도록 다용도의 공동체 공간으로 만들어야 한다. 이러한 공간은 종교적 행사뿐만 아니라 공동체 회의와 교육 등 다양한 용도로 사용하며, 태풍이나 공동체의 안전을 위협하는 재앙을 만났을 때 피할 수 있는 피난처의 역할도 할 수 있다. 그러나 선교사가 이국적인 교회 건축을 선호하게 될 때, 현지인들의 마음은 교회와 멀어질 수밖에 없을 것이다.

4. 예배에 대한 상황화

베드로전서 2:9에 의하면, 교회는 예배 공동체를 건설하기 위해 부름을 받았다. 에베소서 1:11-12에 의하면, 교회는 예배의 영광을 통해 이 땅에서 하나님 나라를 맛보게 된다. 그래서 인간은 예배의 목적을 위해 하나님의 택하심과 부르심을 입은 것이다.

> "그러나 너희는 택하신 족속이요 왕 같은 제사장들이요 거룩한 나라요 그의 소유가 된 백성이니 이는 너희를 어두운 데서 불러내어 그의 기이한 빛에 들어가게 하신 이의 아름다운 덕을 선포하게 하려 하심이라"(벧전 2:9)

> "모든 일을 그의 뜻의 결정대로 일하시는 이의 계획을 따라 우리가 예정을 입어 그 안에서 기업이 되었으니 이는 우리가 그리스도 안에서 전부터 바라던 그의 영광의 찬송이 되게 하려 하심이라"(엡 1:11-12)

윌리엄 니콜스(William Nicholls)는 예배에 대하여 말하기를, "기독교의 가장 숭고하고 필수적인 활동이며, 교회의 다른 모든 활동은 사라지게 되지만 오직 예배만은 하나님 나라에까지 남아 있게 될 것이다."라고 하였다.479) 따라서 문화를 초월하여 예배 공동체를 만드는 것이 하나님 나라의 선교 사역이다.

중국 교회의 경우는 예배를 가정에서 드리며, 중국 한인교회는 호텔을 임대하여 예배 장소로 사용하기도 한다. 미국 한인교회의 경우는 미국 교회를 빌려 오후에 예배드리기도 한다.

이슬람권 지역의 경우는 예배와 관련하여 공식적으로 기독교의 교

---

479) William Nicholls, *Jacob's Ladder: The Meaning of Worship* (Richmond: John Knox Press, 1958), 9.

회가 예배하는 것은 극히 어려운 일이다. 예배와 전도는 여러 가지 제약을 받기 때문에 일대일 또는 소그룹과의 접촉이 매우 중요하다. 그래서 무형의 교회라도 예배를 통해 진리를 선포해야 하기 때문에 예배의 상황화가 필요하다.[480] 예배에 대한 상황화의 경우에 무슬림 교회는 긴 나무 의자가 있는 전통적 교회와는 달리, 예배자들은 바닥에 앉고, 기도할 때는 손바닥을 위로 향해 앞으로 뻗치는 경우도 있다.[481] 또한 성서협회는 1997년 그들의 상황에 맞게끔 친숙한 무슬림의 공용어로 성경을 출판하였다. 그래서 현지 기독교인들은 열정적으로 그 성경을 사용했으며, 성경의 보급은 마치 휘발유를 흠뻑 적신 나무토막을 불 속에 던지는 것과 같은 효과를 내기도 하였다.[482]

물론 기독교의 전통적인 예배의식을 가지고 이슬람 지역에서 선교한다는 것은 어려운 일이지만 상황에 맞는 사역을 이룬다면 세계 복음화는 얼마든지 가능하다. 이슬람을 위한 선교적(missional) 상황화는 무슬림에게 불쾌감을 불러일으킬 요소를 최소화하는 작업과 함께 그들과 상호적 신뢰를 이룰 필요가 있을 것이다.[483]

5. 음악에 대한 상황화

문화인류학적 측면에서 보면, 어떤 특정한 분야의 음악이 모든 종족과 사회 구성원들의 정서에 똑같은 감동을 준다고 인식하는 것은

---

480) 장훈태, "마그레브 地方의 무슬림 宣敎를 위한 基督敎 敎會의 狀況化에 관한 硏究", 『기독신학저널』 제3권 (2002, 10월), 237-239.
481) Kevin Greeson, 『모슬렘을 위한 낙타 전도법』, 58.
482) Kevin Greeson, 『모슬렘을 위한 낙타 전도법』, 58.
483) Roger Steer & Sheila Groves, 『사랑으로 가는 길』, 조은혜 역 (서울: 죠이선교회출판부, 1995), 105.

지나친 과장이 아닐 수 없다.[484] 음악은 사람의 사람에서 어떤 형태로든지 음악이 없는 문화는 없다. 문화에 따라서 음악이 상이한 가치와 기능을 행할지라도 모든 종족들은 어떤 형태로든지 음악적인 표현을 갖고 있다. 이러한 음악 표현들은 그 구성의 사고와 감정, 그리고 행동에 영향을 미쳐서 결집력을 높여 준다.[485] 이러한 음악은 개인이나 구성원들의 관심을 유발시키고 붙잡는 능력이 있다. 음악은 벨과 트럼펫, 그리고 노래 소리 등으로 무리의 주목을 끄는 신호의 역할을 하기도 한다. 그리고 음악은 때로 중요한 발표를 기다릴 때나 침묵을 요청할 때도 사용하기도 하며, 교회의 경우는 하루 중 기도 시간을 알리는 역할을 하기도 하다.[486]

음악은 그 문화와 시대에 따라 다른 특징을 가지고 있다. 중세 시대의 경우, 교회에서는 삼박자로 된 음악을 사용했는데, 처음 사박자 곡이 나왔을 때 삼위일체에서 벗어났기 때문에 사단의 음악이라고 생각되어 부르지 못하고 금지되었다. 지금 생각하면 웃고 있지만 사역자가 음악에 대해 한 장르만을 고집한다면 그것은 자신의 편견이지 하나님의 뜻이 아니다. 목회자와 선교사는 자신의 음악이 아닌 성도들이나 현지인의 음악 정서를 이해하는 가운데 찬송하도록 해야 한다.[487] 찬송과 음악의 사용은 마음과 행동에 변화를 가져와 인간의 마음에 영감을 불러일으켜 평화와 기쁨을 얻게 하는 영적으로 도움을 준다.[488]

---

484) 정병관, 『크리스천 커뮤니케이션』, 232.

485) John Mark Terry, Ebbie Smith, Justice Anderson, 『선교학 대전』, 한국복음주의선교신학회 역 (서울: 기독교문서선교회, 2003), 744.

486) John Mark Terry, Ebbie Smith, Justice Anderson, 『선교학 대전』, 744.

487) 이종우, 『선교 · 문화 커뮤니케이션』, 217-218.

사무엘상 16:14에 의하면, 다윗은 마음을 가누지 못하는 사울 왕을 진정시키기 위해 수금을 연주하였다. 에베소서 5:9와 골로새서 3:16에 의하면, 인간의 마음으로 주께 노래하며, 하나님께 감사함으로 찬양할 때 예수 그리스도의 말씀이 인간의 삶을 풍성케 하였다.

그래서 음악은 자율신경계를 자극하여 근육이완을 증진시킬 뿐만 아니라 불안과 통증, 호흡수와 같은 생리적인 스트레스 반응을 감소시키며, 불안한 반응을 감소시키는 데 효과적이라고 한다.[489]

지혜로운 목회자와 선교사는 자신의 정서를 뛰어넘어 보편적인 청중의 정서를 잘 파악하여 교회 음악을 적용하는 상황화의 열린 자세가 필요하다. 예를 들면, 한국은 청중의 대상을 10대와 20대, 30대와 40대, 50대와 60대로 나누는데, 그들의 음악적 취향에 맞게끔 선교해야 한다. 청중들의 정서를 너무 앞서거나 너무 뒤떨어진 찬양은 청중을 은혜의 강가로 인도할 수 없다. 그래서 목회자와 선교사는 그들을 위한 영적인 집과 같은 찬송을 은혜의 노래라고 느낄 수 있도록 지혜로운 상황화의 작업이 필요할 것이다.[490]

음악의 상황화의 경우에 찬송은 전통적으로 기독교 음악에 무슬림 문화에 맞도록 개사하여 사용하거나 혹은 회심자들이 직접 만든 곡들을 사용하기도 한다.[491] 적절한 음악의 사용을 통해 보다 많은 사람들이 하나님을 발견하도록 도와주며, 복음에 대한 긍정적인 태도를 개선하며, 효과적인 메시지 전달과 선교와 목회에 대한 지원의 역할

---

488) 전석재 · 박현식, 『21세기 복지와 선교』 (서울: 도서출판 대서, 2001), 318.

489) 이혜란, "이완음악이 급성심근경색증 환자의 스트레스 반응에 미치는 효과", 『박사학위논문』 (대구: 계명대학교 대학원, 2001).

490) 이종우, 『선교 · 문화 커뮤니케이션』, 218.

491) Kevin Greeson, 『모슬렘을 위한 낙타 전도법』, 58.

을 할 수 없다면, 사역에 있어서 그리스도인들은 가장 강력한 도구와 통로를 포기하고 있다는 것을 잊어서는 안 될 것이다.492) 이런 음악의 특성들을 제대로 이해하고 활용한다면, 음악은 복음전파를 촉진시키고, 교회성장과 성숙을 고무시킬 뿐만 아니라 그리스도인의 예배 생활을 강화시켜 줄 것이다.493)

물론 교회는 두 가지 측면인 인간적인 차원과 신적인 차원의 상황이 있지만 상황화는 선교사역에 전부가 아니며, 하나님의 은혜와 성령의 능력을 간과해서는 안 된다. 현대 선교를 위한 교회의 상황화는 성령의 인도하심으로 개발되어야 한다. 단지 인간의 노력이 아니라 목회자와 선교사는 전심으로 하나님께 기도하며, 경건의 제사로 상황 가운데 다양하게 역사하시는 하나님께 나아가야 한다. 그러므로 복음주의 입장을 통한 상황화는 혼합주의로 전락할 수 있는 오류를 차단하여 목회와 선교 사역의 다양한 방향에서 자신의 사역을 점검하여 문화적으로 상황화의 적절한 교회를 발전시키도록 노력해야 할 것이다.

---

492) 정병관, 『크리스천 커뮤니케이션』, 247.
493) John Mark Terry, Ebbie Smith, Justice Anderson, 『선교학 대전』, 744.

나가는 글

상황화 선교신학은 각각의 독특한 문화적인 상황 속에 있는 사람들에게 효과적인 방법으로 기독교 신앙을 전달하며, 기독교 신앙의 삶을 변화시키고, 그들의 문화적 상황에 잘 맞는 교회를 이루어 나가고자 하는 선교해석학적 작업이다.

이러한 관점에서 본서는 제6장에 베반스의 상황화 신학의 5가지 모델을 제시하였다. 하지만, 이 베반스의 모델은 성경에 대한 기초가 약하다는 데 문제점이 있다. 또한 제7장에서는 히버트의 복음적인 상황화 신학의 모델이라고 할 수 있는 비판적 상황화를 제시하였다. 제8장에서는 성육신적인 모델을 제시하였다. 그러나 무리한 상황화의 시도는 혼합주의(Syncretism)로 인해 복음의 본질이 상실될 수 있으므로 세심한 상황화 신학의 작업이 요구된다. 반면에 지나친 보수로 인해 타문화권(cross-cultural)에서 상황화가 이루어지지 않아 복음의 의미를 전달하는 데 더딜 수가 있다. 그래서 상황화 선교신학은 혼합주의(Syncretism)에 빠지지 않도록 계시된 성경의 본문과 현실적인 상황을 바르게 연결시키려는 신학적인 노력이 필요하다.

그래서 상황화는 그 최상으로서 목회자와 선교사들에게 다음의 세 가지의 도전을 남기고 있다. 첫째, 상황화는 상황을 비평할 뿐만 아니라 변화시키고 변혁시킨다. 이것은 예언자적인 도전이다. 둘째, 상황화는 이제 목회자와 선교사가 다른 문화의 렌즈를 통하여 복음을 바라보기 때문에 그들은 복음에 대한 이해를 확장시킨다. 이것은 해석학적인 도전이다. 마지막으로 셋째, 상황화는 목회자와 선교사들이 자신들의 문화와 다른 상황에서 그리스도의 몸의 일부가 된 다음에 이전과 동일하지 않기 때문에 목회자와 선교사들을 변화시킨다. 이것은 개인적이고 공동체적인 도전이다.494) 따라서 상황화에 있어서 선교 신학적 작업에 임하는 목회자와 선교사는 무엇보다도 올바른 선교 신학적 바른 자세가 중요하다.

왜냐하면 신학자들과 마찬가지로 목회자와 선교사는 항상 복음과 상황이라는 어느 하나를 희생시킬 만큼 다른 하나를 지나치게 강조하고 싶은 유혹을 받게 된다. 그것은 목회자와 선교사가 조심해야 할 위험의 요소이다. 자유주의(Liberalism) 신학은 상황을 강조해서 메시지를 희생시켰지만, 근본주의(Fundamentalism)는 메시지를 강조한 나머지 상황을 제대로 이해하지 못했다.495) 따라서 목회자와 선교사는 이러한 위험성을 의식하고, 그것을 극복하여 복음과 상황을 잘 조화시키려고 노력해야 할 것이다.

그렇지 않으면 관념론적이거나 이론적으로 흐르게 되어, 결코 올바른 상황화 선교신학의 방향과 목적을 이룰 수 없게 된다. 성경에는 매우 중요한 신학의 두 가지 전제가 있는데, 첫째는 하나님은 복음의 저자이신 것과, 둘째는 예수 그리스도가 복음의 주체자라는 관점이다.496) 그래서 요한복음 3:16에 의하면, 하나님께서는 이 세상을 사랑

---

494) Charles H. Kraft, 『말씀과 문화에 적합한 기독교』, 120.
495) 목창균, 『현대복음주의』 (서울: 황금부엉이, 2005), 229.

하셔서 독생자를 주셨다. 또한 고린도후서 5:15에 의하면, 예수 그리스도께서는 모든 사람들을 위하여 죽으셨다. 이러한 관점은 선교 핵심의 중요한 내용으로서 예수 그리스도를 알지 못하는 사람들에게 그분에 대하여 충성심이 없는 사람들을 위하여 문화의 장벽과 문화의 충격을 뛰어넘어 하나님의 복음을 전달하는 것이다.

상황화 선교신학은 언어적인 것뿐만 아니라 비언어적인 행동의 신학화의 작업으로 성경 번역을 포함하여 말씀에 대한 해석과 적용, 그리고 성육신적인 삶의 스타일, 선교와 교회개척, 선교교육과 예배의 형태, 이 모든 분야들이 하나님의 지상위임령(the Great Commission)을 수행하는 데 있어서 그 초점이 맞춰져야 할 것이다.497)

그래서 효과적인 하나님의 선교 사역을 잘 감당하기 위해서 상황화 선교신학은 반드시 필요하다. 특히 문화적 상황 가운데 혼합주의(Syncretism)에 노출되어 있는 목회자와 선교사는 전통적인 제의들과 관련하여 성경의 관점을 살펴보아야 한다. 이러한 상황화 선교신학의 지식을 지닌 목회자나 선교사는 매우 중요한 역할을 하게 된다. 그래서 그들은 성경해석학적 방법론과 관련된 성경 본문을 연구해야 한다. 이 단계가 그만큼 중요한 이유는 만약 사람들이 성경적 관점을 이해하지 못하고 자기 자신들의 문화적 방식만을 고집한다면 변혁할 수 없기 때문이다.

선교에 있어서 상황화 선교신학의 중심 과제는 메시지를 전하는 것이 아니라 하나님의 본체이시오, 교회의 머리가 되시는 예수 그리

496) Herbert J. Kane, *The Christian World Mission: Today and Tomorrow* (Grand Rapids: Baker Book House, 1981), 39.

497) David J. Hesselgrave & Edward Rommen, *Contextualization: Meaning, Methods and Models*, 200.

스도를 소개하는 것이다. 더 나아가 어느 상황에서든지 선교사역의
완성은 복음을 복음되게 하는 성령의 놀라운 역사가 있어야 하며, 하
나님의 은혜로 말미암아 더 넓은 세계를 섬길 수 있어야 할 것이다.

참고문헌

국문도서

강승삼 편저. 『한국교회의 새로운 도전 전방개척선교』. 서울: 한선협, 2005.

김동선 편. 『초기 개신교 선교사들』. 서울: 한들출판사, 2001.

김성욱. 『현대 평신도 전문인선교』. 서울: 프라미스 키퍼스, 2010.

김승호. 『복음주의 선교신학애 대한 이해』. 서울: 예영B&P, 2008.

_____. 『선교적 관점에서 본 설교방법론』. 서울: 도서출판 토라, 2006.

_____. 『선교와 상황화』. 서울: 도서출판 토라, 2007.

김연태. 『바울해석』. 서울: 대한기독교서회, 1996.

김영동. 『교회를 살리는 선교학』. 서울: 장로회신학대학교 출판부, 2003.

노윤식. 『새천년 성결선교신학』. 안양: 성결대학교 출판부, 2001.

_____. 『종교현상학 이론과 실제』. 서울: 한울림, 2000.

목창균. 『현대복음주의』. 서울: 황금부엉이, 2005.

민경배. 『한국기독교회사』. 서울: 기독교문사, 1989.

변창욱. 『아시아 복음화를 위한 새 마음』. 서울: 미션아카데미, 2007.

복음신학대학교대학원 오순절신학연구소. 『21세기에 읽는 오순절신학』. 대전: 복음신학대학원대학교, 2009.

배춘섭. 『기독교와 조상숭배』. 서울: 도서출판 목양, 2010.

서울신학대학교 성결교회연사연구소 편. 『환태평양 시대의 웨슬리안 성결운동: 환태평양 웨슬리안 성결신학자 학술대화 논문집』. 부천: 서울신학대학교 출판부, 2006.

신국원. 『신국원의 문화 이야기』. 서울: 한국기독학생회 출판부, 2002.

_____. 『포스트모더니즘: 우리 시대의 사상과 문화에 대한 기독교적 조망』. 서울: 한국기독교학생회출판부, 1999.

신상언. 『이제는 문화 패러다임입니다』. 서울: 낮은울타리, 1998.

신성주.『타문화 선교 리더십』. 서울: 도서출판 생명의 양식, 2009.

안승오.『사도행전에서 배우는 선교 주제 28가지』. 서울: 대한기독교서회, 2008.

안승오 · 박보경.『현대 선교학 개론』. 서울: 대한기독교서회, 2008.

안희열.『시대를 앞서 간 선교사 말콤 펜윅』. 대전: 침례신학대학교출판부, 2006.

이성주.『조직신학 (1)』. 안양: 성지원, 1989.

이승호.『바울의 선교와 신학』. 서울: 대한기독교서회, 2009.

이응호.『한국성결교회의 역사Ⅰ』. 서울: 성결문화사, 2000.

이용원 · 정원범.『선교의 핵심 가이드』. 서울: 한국장로교출판사, 2006.

이종우.『선교 · 문화 커뮤니케이션』. 서울: 기독교문서선교회, 2005.

이재완.『선교인류학적 관점에서 본 선교와 문화이해』. 서울: 기독교문서 선교
       회, 2008.

_____.『요한 웨슬리와 선교』. 서울: 한들출판사, 2004.

이현모.『현대선교의 이해』. 대전: 침례신학대학교출판부, 2003.

임윤택.『풀러 선교학 핵심이론/용어정리』. Pasadena: Fuller Theological Seminary,
       2009.

윤기순.『사도바울의 선교와 21세기 한국교회 선교방향』. 용인: 도서출판 목
       양, 2011.

전석재.『21세기 세계선교전략』. 서울: 도서출판 대서, 2010.

전호진.『선교학』. 서울: 개혁주의신행협회, 1985.

_____.『종교 다원주의와 타종교 선교전략』. 서울: 개혁주의신행협회, 1997.

_____.『한국교회와 선교Ⅱ』. 서울: 도서출판 엠마오, 1985.

정경호.『바울의 선교신학』. 서울: 기독교문서선교회, 2009.

정병관.『크리스천 커뮤니케이션』. 서울: 총신대학교출판부, 2009.

정흥호.『복음과 상황화』. 서울: 기독교문서선교회, 2004.

_____.『복음주의 입장에서 본 상황화신학』. 서울: 한국로고스연구원, 1996.

조광호.『자신과 세상을 바꾼 사람 바울』. 서울: 비블리카 아카데미, 2006.

중남부아프리카 한인선교사회 편저.『아프리카를 위로하라』. 용인: 도서출판
       목양, 2010.

침례신학대학교 세계선교훈련원.『선교지 교회개척이야기』. 대전: 그리심어소
       시에이츠, 2010.

최정만.『월드 뷰와 문화이론』. 서울: 도서출판 이레서원, 2006.

채은수.『선교학총론』. 서울: 기독지혜사, 1991.

한국기독교역사연구회.『한국기독교의 역사Ⅰ』. 서울: 기독교문사, 1989.

한국선교신학회.『선교학 개론』. 서울: 대한기독교서회, 2001.

한국복음주의 선교신학회. 『선교를 위한 문화인류학』. 서울: 도서출판 이레서원, 2001.

허긴. 『한국침례교회사』. 대전: 침례신학대학교출판부, 1999.

영문도서

Bevans, Stephen B. *Models of Contextual Theology*. New York: Maryknoll, 1992.

Bosch, David J. *Transforming Mission: Paradigm Shifts in Theology of Mission*. New York: Orbis Books, 1991.

Bonino, Jose Miguez. *Doing theology in a Revolutionary Situation*. Philadelphia: Fortress Press, 1975.

Brock, Charles. *The Principles and Practice of Indigenous Church Planting*. Nashville: Broadman Press, 1981.

Bruce, Frederick F. *New Testament History*. New York: Doubleday & Co, 1971.

_____. *The Book of The Acts*. Grand Rapids: Eerdmans Publishing Company, 1988.

Carter Charles W. and Earle, Ralph. *The Acts of the Apostles*. Grand Rapids: Zondervan Publishing House, 1978.

Conn, Harvie M. *Eternal Word and Changing Worlds*. Grand Rapids: Academie Books, 1984.

_____. *Evangelicals and Liberation*. NJ: Presbyterian and Reformed, 1977.

Costas, Orlando E. *Christ Outside the Gate*. New York: Orbis Books, 1984.

Crawley, Winston. *Global Mission*. Nashville: Broadman Press, 1985.

Dupertuis, Atilio Rene. *Liberation Theology*. Michigan: Andrew University Press, 1982.

Engen. Charles Ven, *God's Missionary People*. Grand Rapids: Baker Book House, 1991.

Ericson, Norman R. *Theology and Mission*. Grand Rapids: Baker Book House, 1978.

Erickson, Milliard J. *Christian theology*. Grand Rapids: Baker Book House, 1985.

Fenwick, Malcolm C. *The Church of Christ in Corea*. New York: George H. Doran Co., 1911.

Fleming, Bruce C. E. *Contextualization of Theology*. California: William Carey

Library, 1980.

Gilliland Dean S. and Kraft, Charles H. *The Contextualized Theology*. California: Fuller, 1980.

Gilliland, Dean S. *The Word Among Us*. Dallas: Word Publishing, 1989.

Glasser, Arthur F. *A Contemporary Theologies of Mission*. Grand Rapids: Baker Book House, 1983.

Grenz, Stanley J. *Revisioning Evangelical Theology*. Downers Grove: Inter Varsity Press, 1993.

Gustavo, Gutierrez. *A Theology of Liberation*. New York: Orbis Books, 1973.

Handy, Robert. *New 20th-century encyclopedia of religious knowledge*. Grand Rapids: Baker Book House, 1991.

Hesselgrave David J. & Rommen, Edward. *Contextualization: Meaning, Methods and Models*. Grand Rapids: Baker Book House, 1989.

Hesselgrave, David J. *Planting Churches Cross-Culturally*. Grand Rapids: Baker Book House, 1980.

_____. *Theology and Missions*. Grand Rapids: Baker Book House, 1978.

Hiebert, Paul G. *Anthropological Insights for Missionaries*. Grand Rapids: Baker Book House, 1985.

_____. *Anthropological Reflections on Missiological Issues*. Grand Rapids: Baker Book House, 1994.

_____. *Cultural Anthropology*. Grand Rapids: Baker Book House, 1983.

_____. & Meneses, Eloise Hiebert. *Incarnational Ministry: planting churches in band, tribal, peasant, and urban societies*. Grand Rapids: Baker Book House, 1995.

_____. Shaw, R. Daniel. Tiennou, Tite. *Understanding Fork Religion*. Michigan: Baker Book House, 1999.

Hillman, Eugene. *Polygamy Reconsidered: African Plural Marriage and the Christian Churches*. New York: Orbis Book, 1975.

Johannes Blauw, *The Missionary Nature of the Church*. New York: McMraw-Hill, 1962.

Kraft, Charles H. *Christianity in Culture*. New York: Orbis Books, 1979.

Larkin, William J. *Culture and Biblical Hermeneutics: Interpreting and Applying the Authoritative Word in a Relativistic Age*. Grand Rapids: Baker Book

House, 1988.

Lingenfelter Sherwood G. & Mayers, Marvin K. *Ministering Cross-Culturally: An Incarnational Model for Personal Relationships.* Grand Rapids: Baker Book House, 1986.

Luzbetak, Louis J. *The Church and Cultures.* IL: Divine Word, 1963.

_____. *The Church and Culture.* New York: Orbis Books, 1995.

_____. *The Church and Cultures.* Pasadena: William Carey Library, 1970.

Marquardt, Manfred. *John Wesley's Social Ethics: Praxis and Principles.* Nashville: Abingdon Press, 1992.

McCurry, Dom M. *The Gospel and Islam.* California: MARC, 1979.

Mercado, Leonardo N. *Elements of Filipino Theology.* Tacloban: Divine Word University Publication, 1975.

Mirbt, Carl. *Quellen zur Geschichte des Papsttums und des Romischen Katholizismus.* Tubingen: Bibliolife, 1911.

Neill, Stephen. *Christian Missions.* Baltimore: Penguin Books, 1964.

Nevius, John L. *The Planting and Development of Missionary Churches, 4th edition.* Philadelphia: Presbyterian & Reformed Publishing Co, 1958.

Nicholls, William. *Jacob's Ladder: The Meaning of Worship.* Richmond: John Knox Press, 1958.

Nida, Eugene A. *Customa and Culture.* Pasadena: William Caret Library, 1975.

Ogletree, Thomas W. *New Theology No 8.* New York: The Macmillan Company, 1971.

Parshall, Phil. *New Paths in Muslim Evangelism.* Grand Rapids: Baker Book House, 1981.

Patte, Daniel. *Paul's Faith and the Power of the Gospel.* Philadelphia: Fortress Press, 1983.

Peters, George W. *Evangelical Missions, Tomorrow.* Pasadena: William Carey Library, 1977.

Rosenkranz, Dr. *Zeitschrift fur Mission und Religionswissenschaft.* Berlin-Steglitz: OStasien Mission, 1934.

Schreiter, Robert J. *Constructing Local Theologies.* New York: Orbis Book, 1985.

Shorter, Aylward. *Toward a Theology of Inculturation.* Maryknoll: Orbis Books, 1989.

Sugden, Chris. *Radical Disciplieship*. London: Marshalls, 1981.

Theological Education Fund. *Ministry in Context*. London: Theological Education Fund, 1972.

Van Til, Henry R. *The Calvinistic Concept of Culture*. Grand Rapids: Baker Book House, 1959.

번역도서

Bevans, Stephen B. 『상황화 신학』. 최형근 역. 서울: 죠이선교회출판부, 2002.

Bosch, David J. 『변화하고 있는 선교』. 김병길 · 장훈택 역. 서울: 기독교문서선교회, 2000.

Conn, Harvie M. 『도시교회 개척부터 폭발적인 성장까지』. 강승삼 · 홍용표 역. 서울: 도서출판 서로사랑, 2000.

_____. & Ortiz, Manuel, 『도시목회와 선교』. 한화룡 역. 서울: 기독교문서선교회, 2006.

France, R. T. 『마태신학』. 이한수 역. 서울: 도서출판 엠마오, 1995.

Frost Michael & Hirsch, Alan. 『새로운 교회가 온다』. 지성근 역. 서울: 한국기독학생회 출판부, 2009.

Garrison, David. 『하나님의 교회 개척 배가운동』. 이명준 역. 서울: 요단출판사, 2005.

Gibbs, Eddie. 『NEXT CHURCH』. 임신희 역. 서울: 교회성장연구소, 2000.

Guthrie, Stan. 『21세기 선교』. 정홍호 역. 서울: 기독교문서선교회, 2008.

Hesselgrave. David J. 『선교 커뮤니케이션』. 채은수 역. 서울: 한국로고스연구원, 1993.

Hiebert, Paul G. 『선교와 문화인류학』. 김동화 · 이종도 · 이현모 · 정홍호 역. 서울: 죠이선교회출판부, 1996.

_____. 『21세기 선교와 세계관의 변화』. 홍병룡 역. 서울: 도서출판 복 있는 사람, 2010.

_____. 『인식론적 전환의 선교학적 의의』. 문상철 역. 서울: 한국해외선교회출판부, 2006.

Huntington Samuel & Harrison, Lawrence. 『문화가 중요하다』. 이종인 역. 서울: 김영사, 2001.

Kane, Herbert. 『기독교 세계선교사』. 박광철 역. 서울: 생명의말씀사, 1981.

Kevin Greeson. 『모슬렘을 위한 낙타 전도법』. 이명준 역. 서울: 요단출판사,

2009.

Kraft, Charles H. 『기독교문화인류학』. 안영권 · 이대헌 역. 서울: 기독교문서선
　　교회, 2005.

Küng, Hans & Ching, Julia. 『중국 종교와 그리스도교』. 이낙선 역. 왜관: 분도
　　출판사, 1994.

Mccurry, Don. 『무슬림은 무엇을 믿는가?』. 주지현 역. 고양: 도서출판 예수전
　　도단, 2008.

Moltmann, Jurgen. 『希望의 神學』. 전경연 · 박봉랑 역. 서울: 대한기독교서회, 1996.

Nissen, Johannes. 『신약성경과 선교』. 최동규 역. 서울: 기독교문서선교회, 2005.

Nicholls, Bruce J. 『상황화: 복음과 문화의 신학』. 김성웅 역. 서울: 생명의말씀
　　사, 1992.

Netland, Harold. 『선교와 종교다원주의: 선교신학과 선교훈련에 있어서의 쟁점
　　들』. 안점식 역. 서울: 한국해외선교회 출판부, 1997.

Núez C, Emilio A. & Taylor, William D. 『라틴 아메리카의 위기와 희망』. 변진
　　석 역. 서울: 기독교문서선교회, 2004.

Parshall, Phil. 『무슬림 전도의 새로운 방향』. 채슬기 역. 서울: 도서출판 예루살
　　렘, 2003.

Pocock, Michael. Rheenen, Gailyn Van. McConnell, Douglas, 『변화하는 내일의
　　세계선교』. 박영환 · 백종윤 · 전석재 · 김영남 역. 인천: 도서출판 바
　　울, 2008.

Shenk, Wilbert R. 『선교의 새로운 영역』. 장훈태 역. 서울: 기독교문서선교회,
　　2001.

Sills, M. David. 『선교사 소명』. 김태곤 역. 서울: 생명의말씀사, 2010.

Steer, Roger & Groves, Sheila. 『사랑으로 가는 길』. 조은혜 역. 서울: 죠이선교
　　회출판부, 1995.

Tucker, Ruth A. 『선교사열전』. 박해근 역. 서울: 크리스챤 다이제스트, 1990.

학위논문

이성용. "해방 후 한국기도원운동에 대한 상황화신학 관점에서의 연구: - 용문
　　산의 나운몽을 중심으로-". 『박사학위논문』. 양평: 아세아연합신학대
　　학교 대학원, 2006.

이혜란. "이완음악이 급성심근경색증 환자의 스트레스 반응에 미치는 효과". 『박
　　사학위논문』. 대구: 계명대학교 대학원, 2001.

학술논단

권영석. "상황화 신학의 당위성과 베반스의 인류학적 모델". 『선교와 개혁』 제
    1권, 2006. 11월.

김광건. "리더십 상황 이론에 대한 선교적 고찰". 『선교와 신학』 제23집, 2009.
    2월.

김동선. "선교와 복음의 상황화". 『신학이해』 1997. 9월.

김대순. "21세기 선교 발전을 위한 성육신(成肉身) 원리의 재평가". 『한국선교
    KMQ』 통권 32호, 2009. 12월.

김승호. "선교를 어떻게 설교할 것인가". 『그 말씀』 2010. 7월.

김준상. "개혁주의 선교적 상황화 모델". 『선교와 개혁』 제1권, 2006. 11월.

문상철. "도시 목회를 위한 복음의 상황화". 『목회와 신학』 2002. 3월.

박명수. "성결교회의 신학적 전통과 영성". 『예성을 사모하는 목회자 모임 제6
    회 종교개혁기념 학술 세미나』 2009. 11월.

변창욱. "선교지 자립교회 개척방안". 『영암국제학술회의 논문집』 제3권, 2009.
    12월.

배춘섭. "샤머니즘에 관한 성경적 증거". 『복음과 선교』 2010. 6월.

서정운. "에딘버러와 선교". 『선교와 신학』 제25집, 2010. 2월.

안승오. "상황화 개념의 기원과 전망". 『선교와 신학』 제14집, 2004. 12월.

이태웅. "성숙한 선교는 세계관의 변화를 목표로 해야 한다". 『현대선교』 12
    권, 1999. 10월.

이현모. "설교의 상황화, 어떻게 할 것인가?". 『그 말씀』 1998. 1월.

장훈태. "마그레브 地方의 무슬림 宣敎를 위한 基督敎 敎會의 狀況化에 관한 硏
    究". 『기독신학저널』 제3권, 2002. 10월.

전호진. "21세기 상황에서 복음과 선교". 『성경과 신학』 제42권, 2007. 4월.

정안덕. "기독종교와 불교의 호교론적 변론에서 본 명말청초 종교대화의 정
    신". 『제3회 한중국제학술대회 자료집』 2002. 10월.

조귀삼. "조상제사의 비평적 상황화 선교 연구". 『聖靈과 神學』 제24호, 2008.
    12월.

최남식. "스티브 베반스의 종합모델에 관한 고찰". 『선교와 개혁』 제1권, 2006. 11월.

채은수. "선교에 있어서 상황화". 『신학지남』 통권 제253호, 1997. 12월.

허은열. "스티브 베반스의 실천 모델에 관한 고찰". 『선교와 개혁』 제1권,
    2006. 11월.

Anderson, Allan. "한국에서의 상황화 신학으로서의 영산의 오순절 신학". 『聖
    靈과 神學』 제19권, 2003. 5월.

Bosch, David J. "An Emerging Paradigm for Mission. Missiology". *An International Review*. Vol. ⅩⅠ, No. 4. Oct. 1983.

Hodges, Melvin L. "Why indigenous Church Principles?". in *Readings in Dynamic Indigenrity*, ed. Kraft Charles H. & Wisely Tom N. Pasadena: William Carey Library, 1979.

Kraft, Charles H. "The Contextualization of Theology". *Evangelical Missions Quarterly* 14. 1978.

Peters, George W. "Current Theological Issues in World Missions". *Bibliotheca Sacra* 135. 1978.

Taber, Charles. "Is There More Than One Way to Do Theology". *Gospel in Context* Ⅰ. Jan. 1978.

Werff, Lyle van der. "Our Muslim Neighbors: The Contribution of Samuel M. Zwemer to Christian Mission". *Missiology* 10. April 1982.

Whatney, Paul. "Contextualization and Its Biblical Precedents". Ph.D. dissertation. Pasadena: Fuller Theological Seminary, 1985.

신문

국민일보 2003년 7월 20일자 신문.
국민일보 2005년 7월 10일자 신문.

인터넷

그리스도연합교회. "목사님 소논문". http://www.joonim.com/board/bbs/tb.php/ pastorreport/95.

김명혁 칼럼. "중세의 십자군 운동". http://www.christiantoday.co.kr/view.htm?id= 175570.

김재성. "신학이란 무엇인가?". http://cosamo.net/bbs/zboard.php?id=data&no=41.

권호영. "인터넷과 핸드폰시대에 생각해 볼 수 있는 미디어 전략". http://roma 0522.egloos.com/2168873.

사랑NEW우리. "미국의 기독교가 곧 지구촌 전체의 기독교인가". http://news. sarang.org/frameindex.asp.

안승오. "상황화, 사회변혁 쪽에 치우쳤다". http://www.newspower.co.kr/

subread.html?uid=17415.

정세진. "선교와 지역연구, 상황화 전략에 대한 한 고찰(考察): 카프카즈 분쟁
　　의 모델화를 중심으로". 『선교와 신학』 제17집, 2006. 6월.

한국선교훈련원. "선교산책: 이과수 선언문(IGUASSU AFFIRMATION)".
　　http://www.gmtc.or.kr/5gmtc_subject.htm.

missionmagazine. "선교지에서의 신학교육을 위한 제언2".
　　http://missionmagazine.com/main/php/searchview.php?idx=3305.

이수환

이수환 박사는 성결대학교 신학사(B.A.), 총신대학교 대학원에서 국제리더십 전공으로 선교
학 석사(M.A.), 한세대학교 신학대학원 선교학으로 목회학 석사(M.Div.), 계명대학교 연합신학
대학원 조직신학(Th.M.)으로 수학, 성결대학교 신학전문대학원 선교신학으로 신학석사(Th.M.),
성결대학교 일반대학원에서 선교신학으로 철학박사(Ph.D.) 학위를 취득하였다.
현재 한국디아스포라선교회 회원, 한국다문화진흥학회 서기와 한국세계선교협의회 국제문화
예술기구(TCI) 전문이사로, 한국성결선교학회 회장과 고천성결교회 수석부목사로 섬기고 있
으며, 미국 웨스턴커버넌트대학교(Werstern Covenant University)와 성결대학교 외래교수로 강
의하고 있다.
저서로는『선교와 영적 전쟁』,『성경을 보면 선교가 보인다』,『전문인 선교론』,『21세기 선교
와 종교현상학』외 공저와 다수의 논문이 있다.

상황화
선교신학

초판인쇄 | 2011년 10월 20일
초판발행 | 2011년 10월 20일

지 은 이 | 이수환
펴 낸 이 | 채종준
펴 낸 곳 | 한국학술정보㈜
주　　소 | 경기도 파주시 문발동 파주출판문화정보산업단지 513-5
전　　화 | 031) 908-3181(대표)
팩　　스 | 031) 908-3189
홈 페 이 지 | http://ebook.kstudy.com
E-mail | 출판사업부　publish@kstudy.com
등　　록 | 제일산-115호(2000. 6. 19)

ISBN　　978-89-268-2809-0 93230 (Paper Book)
　　　　　978-89-268-2810-6 98230 (e-Book)